全国高职高专物业管理专业系列规划教材

物业设备设施与管理

主　编　于孝廷
副主编　张统华

内 容 简 介

本书分别介绍了物业设备设施与管理基础、建筑室内给水、建筑室内排水、小区给排水及热水、饮水供应、建筑消防系统、供暖与燃气供应、建筑通风与防烟排烟、空气调节、建筑供配电系统、电梯、电气照明、建筑物防雷及安全用电、建筑弱电系统、建筑智能化简介。本书重点突出了物业设备与设施的维护管理，注重实用性。本书既可作为高等职业院校物业管理专业的教材，也可为民建专业、监理专业、房地产经营管理及相关专业学生和有关专业人员提供参考。

图书在版编目(CIP)数据

物业设备设施与管理/于孝廷主编. —北京：北京大学出版社，2010.3
（全国高职高专物业管理专业系列规划教材）
ISBN 978-7-301-15846-3

Ⅰ. 物… Ⅱ. 于… Ⅲ. 物业管理－设备－高等学校：技术学校－教材 Ⅳ. F293.33

中国版本图书馆 CIP 数据核字（2009）第 167699 号

书　　　　名：	物业设备设施与管理
著作责任者：	于孝廷　主编
策 划 编 辑：	葛昊晗
责 任 编 辑：	葛昊晗
标 准 书 号：	ISBN 978-7-301-15846-3/F · 2298
出　版　者：	北京大学出版社
地　　　址：	北京市海淀区成府路 205 号　100871
网　　　址：	http://www.pup.cn
电　　　话：	邮购部 62752015　发行部 62750672　编辑部 62765126　出版部 62754962
电 子 信 箱：	zyjy@pup.cn
印　刷　者：	三河市博文印刷有限公司
发　行　者：	北京大学出版社
经　销　者：	新华书店
	787 毫米×980 毫米　16 开本　19 印张　415 千字
	2010 年 3 月第 1 版　2020 年 1 月第 8 次印刷
定　　　价：	32.00 元

未经许可，不得以任何方式复制或抄袭本书之部分或全部内容。

版权所有，侵权必究
举报电话：010-62752024；电子信箱：fd@pup.pku.edu.cn

前　言

  在编写过程中，我们力求体现高等职业教育的特点，即突出实用性。本教材在现有各种物业设备管理教材的基础上，充分汲取了近年来高等职业院校在物业技能型人才培养方面的成功经验，在注重教材的系统性和全面性的基础上，对近年来在建筑中推广使用的新设备、新材料和新技术等均有所体现，而且更加注重实用性。通过对本课程的学习，学生可以掌握物业设备与设施的工作原理、类型及维护管理知识，为以后的工作打好基础。

  《物业设备设施与管理》共十四章，第一章为物业设备设施与管理基础；第二章为建筑室内给水；第三章为建筑室内排水；第四章为小区给排水及热水、饮水供应；第五章为建筑消防系统；第六章为供暖与燃气供应；第七章为建筑通风与防烟排烟；第八章为空气调节；第九章为建筑供配电系统；第十章为电梯；第十一章为电气照明；第十二章为建筑物防雷与安全用电；第十三章为建筑弱电系统；第十四章为建筑智能化简介。

  《物业设备设施与管理》是高等职业院校物业管理专业教材，也可供其他相近专业学生以及物业管理企业的工作人员参考。《物业设备设施与管理》第一章、第十二章、第十四章由于孝廷编写，第二章、第三章由高杰编写，第四章、第五章、第六章、第十一章由张统华编写，第七章、第八章、第九章、第十章、第十三章由于洋编写。

  由于编写时间仓促，编者水平有限，本教材在编写过程中难免有错漏和不妥之处，敬请广大读者、同行和专家批评指正。

编　者
2010 年 1 月

目 录

第一章 物业设备设施与管理基础 1

【项目一】物业设备设施管理的意义和目标 2
- 【任务一】物业设备设施 2
- 【任务二】物业设备设施管理的意义 2
- 【任务三】物业设备设施管理的目标 2
- 【任务四】判断物业设备设施完好的标准 2

【项目二】物业设备管理的内容 3
- 【任务一】物业设备基础资料的管理 3
- 【任务二】物业设备运行管理 3
- 【任务三】物业设备维修管理 4
- 【任务四】物业设备更新改造管理 5
- 【任务五】备品配件的管理 5
- 【任务六】固定资产（设备）的管理 5
- 【任务七】工程资料的管理 6

【项目三】物业设备管理的机构和职责 6
- 【任务一】物业设备管理的机构 6
- 【任务二】物业设备管理人员的岗位职责 6

【项目四】物业设备管理制度 7
【项目五】物业设备管理的要求及标准 8
复习思考题 8

第二章 建筑室内给水 9

【项目一】建筑室内给水系统概述 10
- 【任务一】建筑室内给水系统的分类与组成 10
- 【任务二】建筑室内给水系统的给水方式 12

【项目二】建筑室内给水系统的常用设备 17
- 【任务一】建筑室内给水系统的管材、管件及附件 18
- 【任务二】建筑室内给水系统的设备 21

【项目三】建筑室内给水管道的布置与敷设 24
- 【任务一】建筑室内给水管道布置的原则 24
- 【任务二】建筑室内给水管道的敷设 26

【项目四】建筑室内给水系统的管理与维护 28
- 【任务一】建筑室内给水系统管理的相关知识 28
- 【任务二】建筑室内给水系统的日常维护 30

实训练习 34
复习思考题 34

第三章 建筑室内排水 35

【项目一】建筑室内排水系统概述 36
- 【任务一】建筑室内排水系统的分类与组成 36
- 【任务二】建筑室内排水系统的排水体制 38

【项目二】建筑室内排水系统的常用设备 39
  【任务一】建筑室内排水系统的管材、管件及附件 39
  【任务二】建筑室内排水系统的基本设备以及设备的安装 41
【项目三】建筑室内排水管道的布置与敷设 55
  【任务一】建筑室内排水管道的组合类型 55
  【任务二】建筑室内排水管道的布置与敷设 56
【项目四】屋面雨水排放 59
  【任务一】屋面雨水排放的类型与排放方式 59
  【任务二】建筑室内排水系统的布置与敷设 62
【项目五】建筑室内排水系统的管理与维护 63
  【任务一】建筑排水系统管理的相关知识 63
  【任务二】建筑排水系统的日常维护 64
复习思考题 65

第四章　小区给排水及热水、饮水供应 66

【项目一】小区给排水概述 67
  【任务一】小区给排水系统的分类 67
  【任务二】小区给排水的特点 67
【项目二】小区给水系统 67
  【任务一】小区给水的方式与选择 67
  【任务二】不同类型小区给水系统的确定 68
  【任务三】给水管道的布置与敷设 69
  【任务四】小区给水加压站 69
【项目三】小区排水系统 70
  【任务一】小区排水体制 70
  【任务二】小区排水管道系统的组成及敷设要求 70
  【任务三】小区雨水管渠系统的布置特点 70
  【任务四】小区排水提升和污水处理 71
【项目四】水景及游泳池系统 72
  【任务一】水景工程概述 72
  【任务二】游泳池给排水系统 74
【项目五】热水供应系统 76
  【任务一】热水供应系统概述 76
  【任务二】热水用水定额、水温和水质 78
  【任务三】热水的加热方式和供应方式 79
  【任务四】加热设备的类型 81
  【任务五】加热设备的选择和布置 82
  【任务六】热水管网的布置与敷设 83
【项目六】饮水供应 83
  【任务一】饮水的类型和标准 83
  【任务二】饮水制备 84
  【任务三】饮水的供应方式 84
实训练习 85
复习思考题 85

第五章　建筑消防系统 86

【项目一】建筑消防系统概述 87
  【任务一】建筑火灾的成因及特点 87

【任务二】建筑消防系统的特点
　　　　　和重要性 87
【任务三】建筑物的高度分界线 87
【任务四】建筑消防系统的组成
　　　　　与结构 87
【项目二】室内消火栓给水系统 88
【任务一】设置室内消火栓给水
　　　　　系统的原则 88
【任务二】室内消火栓给水系统的
　　　　　组成 89
【任务三】室内消火栓给水系统的
　　　　　类型 90
【任务四】消火栓给水系统的
　　　　　设备 90
【任务五】消火栓给水系统的布置
　　　　　要求及用水量 91
【项目三】自动喷水灭火系统 92
【任务一】自动喷水灭火系统的
　　　　　分类 92
【任务二】闭式自动喷水灭火系统 92
【任务三】开式自动喷水灭火系统 94
【项目四】建筑消防系统的管理与维护 94
【任务一】消防设备设施管理的
　　　　　内容 94
【任务二】消防管理的制度 98
【任务三】室内消火栓给水系统的
　　　　　管理与维护 99
【任务四】自动喷水灭火系统的管理
　　　　　与维护 99
实训练习 100
复习思考题 100

第六章　供暖与燃气供应 101
【项目一】供暖系统概述 102
【任务一】供暖系统的基本构成 102

【任务二】供暖系统的分类 102
【任务三】热水供暖系统 103
【任务四】蒸汽供暖系统 108
【项目二】供暖设备 108
【任务一】供暖系统的设备组成 108
【任务二】供暖设备 109
【项目三】供暖系统的维护与管理 111
【任务一】供暖系统的维护
　　　　　与管理 111
【任务二】锅炉及锅炉房的维护
　　　　　与管理 113
【项目四】燃气供应 114
【任务一】燃气供应概述 114
【任务二】燃气供应系统的维护
　　　　　与管理 115
实训练习 116
复习思考题 117

第七章　建筑通风与防烟排烟 118
【项目一】建筑通风的基本知识 119
【任务一】建筑通风的任务 119
【任务二】通风系统的分类 119
【项目二】通风管道及设备 125
【任务一】通风管道 125
【任务二】通风系统的主要设备 127
【项目三】高层建筑的防烟排烟 131
【任务一】烟气扩散原理 131
【任务二】防烟系统 131
【任务三】排烟系统 133
【项目四】通风与防排烟系统的管理
　　　　　与维护 138
【任务一】通风与防排烟系统的
　　　　　管理 138
【任务二】通风与防排烟系统的
　　　　　维护 139

实训练习 139
复习思考题 140

第八章 空气调节 141

【项目一】空气调节系统的工作原理 142
　【任务一】空调的任务与作用 142
　【任务二】人对空调需要的舒适
　　　　　　因素 143
　【任务三】空调系统的工作原理 143
【项目二】空气调节系统的分类
　　　　　　与组成 144
　【任务一】空调系统的分类 144
　【任务二】空调系统的组成 148
【项目三】常用的空气调节设备 150
　【任务一】空调的输配系统 150
　【任务二】空气处理设备 153
【项目四】空气调节系统的制冷 163
　【任务一】空调冷源 163
　【任务二】空调的制冷原理
　　　　　　与制冷设备 165
　【任务三】制冷机房 168
【项目五】空气调节系统的管理
　　　　　　与维护 169
　【任务一】空调系统的管理 169
　【任务二】空调系统的维护 170
　【任务三】空调系统的常见故障
　　　　　　与排除 171
实训练习 172
复习思考题 173

第九章 建筑供配电系统 174

【项目一】电工的基本知识 175
　【任务一】电路的基本概念 175
　【任务二】三相交流电 177
　【任务三】变压器 179
【项目二】建筑供配电系统概述 181
　【任务一】电力系统概述 181
　【任务二】供电质量 182
　【任务三】建筑用电的负荷容量、
　　　　　　类别和分级 183
　【任务四】建筑低压配电系统的
　　　　　　配电方式 185
　【任务五】建筑低压配电线路 186
【项目三】变配电室 187
　【任务一】变配电室的位置 187
　【任务二】变配电室的形式
　　　　　　及布置 187
　【任务三】变配电室对建筑的
　　　　　　要求 188
【项目四】低压配电系统的保护装置 188
　【任务一】刀开关 189
　【任务二】熔断器 189
　【任务三】自动空气开关 189
　【任务四】漏电保护器 190
【项目五】建筑供配电系统的管理
　　　　　　与维护 191
　【任务一】建筑供配电系统的
　　　　　　管理 191
　【任务二】建筑供配电系统的
　　　　　　维护 193
实训练习 193
复习思考题 194

第十章 电梯 195

【项目一】电梯的种类和组成 196
　【任务一】电梯的种类 196
　【任务二】电梯的组成 199
【项目二】电梯的工作原理 202
　【任务一】电梯的工作原理 202
　【任务二】电梯的控制功能 202
【项目三】电梯的使用管理与维护 204
　【任务一】电梯的使用管理 204

【任务二】电梯的检查维护..............208
实训练习..211
复习思考题..211

第十一章　电气照明..............212

【项目一】照明的基本知识..............213
　　【任务一】照明的分类..............213
　　【任务二】照明的质量..............213
【项目二】常用电光源、灯具及其
　　　　　选用..............................214
　　【任务一】常用的电光源..........214
　　【任务二】电光源的选用..........214
　　【任务三】灯罩......................215
　　【任务四】灯具......................215
【项目三】照明供电系统..................216
　　【任务一】照明供电系统的组成...216
　　【任务二】布置照明供电线路...216
　　【任务三】敷设室内照明线路...217
【项目四】电气照明的常见故障
　　　　　与维护..........................218
　　【任务一】短路故障的分析
　　　　　　　与排除..................218
　　【任务二】断路故障的分析
　　　　　　　与排除..................218
　　【任务三】漏电故障的分析
　　　　　　　与排除..................218
实训练习..218
复习思考题..219

第十二章　建筑物防雷及安全用电......220

【项目一】建筑物防雷......................221
　　【任务一】雷电的形成
　　　　　　　及作用形式..........221
　　【任务二】雷电的危害..............223
　　【任务三】建筑物的防雷装置
　　　　　　　及接地..................224

【任务四】对建筑物采取
　　　　　防雷措施..................228
【项目二】建筑物的安全用电..........230
　　【任务一】电气危害的种类......231
　　【任务二】电对人体的危害因素...231
　　【任务三】触电方式..............233
　　【任务四】触电急救..............234
　　【任务五】供电系统的接地形式......237
　　【任务六】电击的防护措施......239
实训练习..243
复习思考题..243

第十三章　建筑弱电系统..............244

【项目一】火灾自动报警系统..........245
　　【任务一】火灾自动报警系统的
　　　　　　　组成及工作原理..........245
　　【任务二】火灾探测器..............246
　　【任务三】火灾自动报警控制器...248
　　【任务四】消防联动控制系统......251
【项目二】广播及有线电视系统......254
　　【任务一】广播音响系统..........254
　　【任务二】有线电视系统..........257
【项目三】安全防范系统..................260
　　【任务一】安全防范系统的作用
　　　　　　　和组成..................260
　　【任务二】安全防范子系统......261
【项目四】电话通信与计算机网络系统...264
　　【任务一】电话通信系统..........264
　　【任务二】计算机网络系统......266
【项目五】建筑弱电系统的管理和维护...269
　　【任务一】电话通信系统的
　　　　　　　维护管理..............269
　　【任务二】有线电视系统的
　　　　　　　维护管理..............270
　　【任务三】安全防范系统的
　　　　　　　维护管理..............271

【任务四】火灾自动报警系统的
　　　　　　　维护管理 271
　实训练习 272
　复习思考题 273
第十四章　建筑智能化简介 274
　【项目一】建筑智能化的基本概念 275
　　【任务一】建筑智能化 275
　　【任务二】建筑智能化的组成
　　　　　　　和功能 275
　　【任务三】建筑智能化的特点 276
　　【任务四】建筑智能化的
　　　　　　　发展趋势 277
　【项目二】建筑智能化系统简介 277
　　【任务一】综合布线系统 277
　　【任务二】3A 系统 278
　　【任务三】建筑智能化系统的
　　　　　　　集成 282

　【项目三】住宅小区的智能化系统 283
　　【任务一】小区智能化系统的
　　　　　　　组成 283
　　【任务二】家庭智能化系统的
　　　　　　　组成 283
　　【任务三】小区智能物业管理
　　　　　　　系统 286
　　【任务四】小区通信网络系统 286
　【项目四】建筑智能化物业管理 287
　　【任务一】建筑智能化物业管理
　　　　　　　及特点 287
　　【任务二】建筑智能化设备的
　　　　　　　运行与维护管理 288
　　【任务三】建筑智能化的
　　　　　　　节能管理 289
　复习思考题 292
参考文献 293

第一章
物业设备设施与管理基础

【学习目标】

1. 在物业设备设施管理岗位中,灵活运用相关制度和标准,解决实际问题。
2. 熟悉物业设备管理的内容和要求。

【能力目标】

◆ **项目一:物业设备设施管理的意义和目标**
  1. 认识物业设备设施
  2. 认识物业设备设施管理的意义
  3. 能够在岗位中履行物业设备设施管理的目标
  4. 能够判断物业设备设施是否处于完好状态

◆ **项目二:物业设备管理的内容**
  1. 熟悉物业设备基础资料的管理
  2. 熟悉物业设备运行管理
  3. 熟悉物业设备维修管理
  4. 熟悉物业设备更新改造管理
  5. 熟悉备品配件的管理
  6. 熟悉固定资产(设备)的管理
  7. 熟悉工程资料的管理

◆ **项目三:物业设备管理的机构和职责**
  1. 熟悉物业设备管理机构设置
  2. 熟悉物业设备管理人员岗位职责

◆ **项目四:物业设备管理制度**
  熟悉物业设备管理制度

◆ **项目五:物业设备管理的要求及标准**
  熟悉物业设备管理的要求及标准

【项目一】物业设备设施管理的意义和目标

【任务一】物业设备设施

物业设备设施既包括室内设备，也包括物业红线内的室外设备与设施系统，具体主要有给排水、供电、供暖、消防、通风、电梯、空调、燃气供应以及通信网络等设备，这些设备构成了物业设备的主体，是物业全方位管理与服务的有机组成部分。

作为现代物业，无论是住宅、商业，还是写字楼、工业厂房或其他不同的物业类型，物业设备是其不可缺少的重要组成部分，是为了满足人们生活的基本需求，同时还是人们追求生活更舒适、更安全的物质保证。只有这些设备、设施正常运作，物业的功能和作用才能够得以实现。

【任务二】物业设备设施管理的意义

物业设备设施管理的基本内容包括管理和服务两个方面，也就是说，需要做好物业设备设施的管理、运行、维修和保养等方面的工作。

管理、使用好物业设备设施有以下几个方面的意义：

（1）物业设备设施管理在为人们提供良好的工作、学习及生活环境中，起到基础性管理的作用，并提供了有力保障；

（2）物业设备设施管理是实现物业高效率发挥使用功能，促进物业与设备现代化、规范化的强有力手段；

（3）物业设备设施管理是提高现有设备和设施性能与完好率、延长设备使用寿命、节约资金投入、保障设备安全运行的保证；

（4）物业设备设施管理是城市文明建设和发展的需要，对文明卫生、环境建设与物质文明建设起到保驾护航的作用；

（5）物业设备设施管理能强化物业管理企业的基础建设。

【任务三】物业设备设施管理的目标

物业设备设施在整个物业内处于非常重要的地位。它是物业运作的物质和技术基础。用好、管好、维护检修好、改造好现有设备设施，提高设备设施的利用率及完好率，是物业设备设施管理的根本目标。

衡量物业设备设施管理质量的两个指标指设备有效利用率和设备的完好率。

【任务四】判断物业设备设施完好的标准

物业设备设施是否完好的标准主要包括以下几方面。

（1）零部件完整齐全；

（2）设备运转正常；

（3）设备技术资料及运转记录齐全；
（4）设备整洁，无跑、冒、滴、漏现象；
（5）防冻、保温、防腐等措施完整有效。

【项目二】物业设备管理的内容

物业设备管理的内容主要包括物业设备基础资料的管理、物业设备运行管理、物业设备维修管理、物业设备更新改造管理、备品配件管理、固定资产（设备）管理和工程资料的管理等。

【任务一】物业设备基础资料的管理

物业设备基础资料的管理主要包括设备原始档案、设备技术资料以及政府职能部门颁发的强制性文件。

1. 设备原始档案

设备原始档案包括设备清单或装箱单，设备发票，产品质量合格证明书，开箱验收报告，产品技术资料，安装施工、水压试验、调试、验收报告。

2. 设备技术资料

设备技术资料包括设备卡片，设备台账，设备技术登录簿，竣工图，系统资料。

3. 强制性文件

政府职能部门颁发的有关政策、法规、条例、规程、标准等强制性文件。

【任务二】物业设备运行管理

物业设备运行管理实际上包括了物业设备技术运行管理和物业设备经济运行管理两部分。物业设备运行管理应取得以下两个方面的成果。

1. 设备的运行始终处于最佳状态

要使设备的运行在技术性能上始终处于最佳状态需要做到以下几点。
（1）针对设备的特点，制定科学、严密且切实可行的操作规程。
（2）对操作人员进行专业的培训教育。对政府规定的某些需持证上岗的工种，必须严格要求持证才能上岗。
（3）加强维护保养工作。
（4）设备中的仪表（如压力表、安全阀等）、安全附件必须定期校验，确保灵敏可靠。
（5）对运行中的设备不能单凭经验用直观的方法来管理，而应在对运行状态进行监测和对故障进行技术诊断的基础上，做深入、透彻、准确的分析。

（6）对事故的处理要严格执行"三不放过"原则，即事故原因未查清不放过、对事故责任者未处理不放过、事故后没有采取改善措施不放过。

2. 设备管理的各项费用最经济

从设备的购置到运行、维修与更新改造中，寻求以最少的投入得到最大的经济效益，即设备的全过程管理的各项费用最经济。设备的经济运行管理，可从以下两个方面进行。

（1）初期投资费用管理，在购置设备时，应综合考虑以下因素：①设备的技术性能参数必须满足使用要求，并注意考虑到发展的需要；②设备的安全可靠程度、操作难易程度及对工作环境的要求；③设备的价格及运行时能源的耗用情况；④设备的寿命；⑤设备的外形尺寸、重量、连接和安装方式、噪声和震动；⑥注意采用新技术、新工艺、新材料及新型设备。

（2）运行成本的管理应注意以下因素：①能源消耗的经济核算；②操作人员的配置；③维修费用的管理。

【任务三】物业设备维修管理

设备在使用过程中会发生污染、松动、泄漏、堵塞、磨损、震动、发热、压力异常等各种故障，这不仅会影响设备的正常使用，严重时还会酿成设备事故。

1. 维护保养方式

维护保养方式主要是指"清洁、紧固、润滑、调整、防腐、防冻以及外观表面检查"。对长时期运行的设备要巡视检查，定期切换，轮流使用，进行强制保养。

2. 维护保养工作的实施

维护保养工作主要分日常维护保养和定期维护保养两种。

（1）日常维护保养工作要求设备操作人员在班前对设备进行外观检查，在班中按操作规程操作设备，定时巡视并记录各运行参数，随时注意运行中有无异声、震动、异味、超载等现象，在班后对设备做好清洁工作。

（2）定期维护保养工作主要是以操作人员为主、检修人员为辅进行维护保养。它是有计划地将设备停止运行，进行维护保养。

定期维护保养，应做好以下工作：彻底内外清扫、擦洗、疏通；检查运动部件运转是否灵活及其磨损情况，调整配合间隙；检查安全装置；检查润滑系统油路和油过滤器有无堵塞；清洗油箱，检查油位指示器，换油；检查电气线路和自动控制的元器件的运行是否正常。

3. 物业设备的点检

设备的点检就是对设备有针对性的检查。设备点检时可以停机检查，也可以随机检查。设备的点检包括日常点检和计划点检。

（1）设备的日常点检由操作人员随机检查，日常点检内容主要包括：①运行状况及参数；②安全保护装置；③易磨损的零部件；④易污染堵塞、需经常清洗更换的部件；⑤在运行中经常要求调整的部位；⑥在运行中经常出现不正常现象的部位。

（2）设备的计划点检一般以专业维修人员为主，操作人员为辅进行检查，计划点检内容主要有：①记录设备的磨损情况，发现其他异常情况；②更换零部件；③确定修理的部位、部件及修理时间；④安排检修计划。

4. 物业设备的计划检修

对在用设备，根据运行规律以及计划点检的结果可以确定其检修间隔期。以检修间隔期为基础，编制检修计划，对设备进行预防性修理，这就是计划检修。实行计划检修，可以在设备发生故障之前就对它进行修理，使设备一直处于完好能用状态。计划检修工作一般分为小修、中修、大修和系统大修四种。

5. 计划检修和维护保养的关系

设备管理应建立"维护保养为主，计划检修为辅"的原则。

【任务四】物业设备更新改造管理

在使用设备时特别要注意的是，只要通过技术改造能达到同样的目的的，一般就不采用设备更新的方式。

【任务五】备品配件的管理

运转类的零部件必然会发生磨损、老化，进而降低设备的技术性能，因此需用新的零部件更换已磨损老化的零部件，这需要在检修之前就把新的零部件准备好，这就是备品配件管理的基本原则。备品配件管理工作的目的是：既要科学地组织备件储备，及时满足设备维修的需要，又要将储备的数量压缩到最低的限度，降低备件的储备费用，加快资金周转。

【任务六】固定资产（设备）的管理

固定资产是指使用年限在一年以上，单位价值在规定标准以上，并在使用过程中保持原有物质形态的资产，包括房屋及建筑物、机器设备、运输设备、工具等。不属于生产经营主要设备的物品，单位价值在2000元以上，并且使用期限超过两年的，也应当作为固定资产管理。

固定资产管理应考虑的以下两个问题。

（1）固定资产（设备）的利用程度，即利用率和生产率两个指标；设备折旧，要参考同类设备，并根据设备情况以及技术进步程度计算；设备的报废。

（2）固定资产的管理要求：保证其完整无缺；提高其使用程度和利用效率；正确核定其需用量；正确计算其折旧额，计划性地计提折旧；进行其投资预测。

【任务七】工程资料的管理

工程资料的管理需要注意以下几方面。

（1）物业工程资料主要指竣工验收资料、设备管理资料、二次装修设备改造变更资料。

（2）工程资料管理的方法分为文件档案管理和计算机管理两大类。

（3）工程资料管理的要求主要体现在归档（要求和时间）、保管（严格做到"七防"，即防火、防盗、防高温、防潮、防虫、防尘及防有害气体）和每年年底进行一次特别清理三方面。

【项目三】物业设备管理的机构和职责

【任务一】物业设备管理的机构

物业设备管理的机构设置如图 1-1 所示，机构设置要符合需要、责任明确、精简高效。

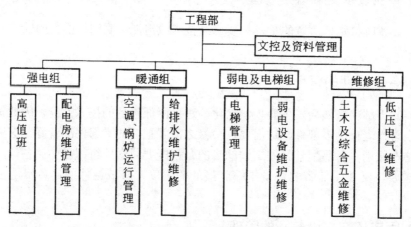

图 1-1　物业设备管理机构设置

【任务二】物业设备管理人员的岗位职责

物业设备管理人员的岗位职责主要有以下几方面。

（1）工程部经理：对物业设备进行管理、操作、保养、维修，保证设备正常运行的总负责人。

（2）各专业技术主管（工程师或技术员）：负责所管辖的维修班组的技术、管理工作，并负责编制所分管的机电设备的保养、维修计划、操作规程和有关资料，协助部门经理完成上级主管部门布置的工作。

（3）维修人员（技术工人）：执行公司的决定，服从管理、遵守纪律，树立良好的服务意识；熟悉物业辖区内楼宇的楼栋号、单元、户数和房屋结构、水管、电线等管线走向；严格遵守服务内容与服务标准，及时受理业主提出的各种报修；积极为业主提供多项便民服务，并做到服务周到、热情、规范，无投诉；工作时间按规定着装，佩戴工作牌，严格遵守操作规程以确保安全，预防意外事故的发生；工作完毕及时清理施工现场杂物，服务过程须请业主签字认可；爱护工具，杜绝浪费，按规定领用工具和维修材料；负责对公共设施的巡视和保养；按月做好报修、维修记录的汇总和材料采购的计划编制。

（4）保管员：对所有进库设备设施按照验收制度，按质量逐一验收；严格遵守设备设施领料制度，进货发货要核对实物并登记入册；按各种设备设施的性能和要求分类，妥善保管；认真搞好仓库环境卫生；库存账目要清楚，账、卡、物三相符。

（5）资料统计员：资料统计员在部门经理领导下，按照物业管理公司信息管理制度的有关规定，负责拟订具体管理实施细则和公司实用信息分类编码体系等职责。

【项目四】物业设备管理制度

现代物业管理都是专业化管理，因此最主要的内容就是要建立一套完整的管理制度。物业管理的规章制度有下列三大类，即生产技术规程方面的制度、管理工作方面的制度和责任方面的制度。

1. 生产技术规程方面的制度

生产技术规程方面的制度包括物业设备接管验收制度、物业设备的安全操作规程、物业设备的保养维修规程。

2. 管理工作方面的制度

管理工作方面的制度包括物业设备预防性计划维修保养制度、设备运行管理制度（包括巡视抄表制度，安全运行制度，经济运行制度，文明运行制度等）、工具领用保管制度。

3. 责任方面的制度

责任方面的制度包括各专业、技术工种及管理岗位责任制度，值班制度，交接班制度，报告记录制度。

通过这些制度的实行，从而达到专业化、制度化的物业设备管理。

【项目五】物业设备管理的要求及标准

物业设备管理的要求及标准包括三个方面的内容,即设备管理体制方面、设备技术与经济管理方面、设备管理现代化方面。

1. 设备管理体制

设备管理体制包括企业负责人管理职责、设备管理部门及其人员配备、健全必要的管理制度、技术经济指标应达到同行业或上级主管部门规定的要求。

2. 设备技术与经济管理

设备技术与经济管理包括设备前期管理、固定资产管理、设备技术管理、设备经济管理、设备使用与维护管理、设备检修管理、动力房管理以及特种设备管理。

3. 设备管理现代化

设备管理现代化包括采用计算机辅助管理;采用设备状况监测和故障诊断技术,实行预防性维修方式;设备制造、维修和改造中采用新材料、新工艺、新技术;逐步向实行全员化、社会化、规范化的方向努力。

复习思考题

1. 物业设备管理有何意义?
2. 物业设备维护保养一般包括哪些方式?维护保养工作应如何实施?
3. 什么是设备的点检?物业设备日常点检的主要内容包括哪些方面?

第二章

建筑室内给水

【学习目标】

1. 掌握建筑室内给水系统的组成和给水方式。
2. 了解建筑室内给水系统的常用设备。
3. 熟练掌握建筑室内给水管道的布置和敷设。
4. 掌握建筑室内给水管道日常管理与维护。

【能力目标】

➡ **项目一：建筑室内给水系统概述**
1. 掌握建筑室内给水系统的分类与组成
2. 识别建筑室内给水系统的给水方式

➡ **项目二：建筑室内给水系统的常用设备**
1. 了解建筑室内给水系统的管材、管件及附件
2. 了解建筑室内给水系统的设备

➡ **项目三：建筑室内给水管道的布置与敷设**
1. 熟悉建筑室内给水管道布置的原则
2. 熟悉建筑室内给水管道的敷设

➡ **项目四：建筑室内给水系统的管理与维护**
1. 掌握建筑室内给水系统管理的相关知识
2. 能够对建筑室内给水系统进行日常维护

【项目一】建筑室内给水系统概述

建筑室内的给水系统是将城镇给水管网或自备水源给水管网中的水引入室内，经配水管送至生活、生产和消防用水设备，并满足各用水点对水量、水压和水质要求的冷水供应系统。

【任务一】建筑室内给水系统的分类与组成

（一）建筑室内给水系统的分类

建筑室内给水系统按用途可分为以下三类。

1. 生活给水系统

生活给水系统为人们提供饮用、洗涤、沐浴和烹饪等方面的生活用水。其水质必须符合国家规定的饮用水质标准。

2. 生产给水系统

生产给水系统提供生产设备冷却、原料和产品洗涤以及各类产品制造过程中所需的生产用水。生产用水应根据工艺要求，提供符合水质、水量和水压条件的用水。

3. 消防给水系统

消防给水系统提供各类消防设备灭火用水。消防用水对水质要求不高，但必须按照建筑防火规范保证供给足够的水量和水压。

上述三类给水系统可独立设置，也可根据实际条件和需要组合成同时供应不同用途水量的生活—消防、生产—消防、生活—生产和生活—生产—消防等共用给水系统，或进一步按供水用途的不同和系统功能的差异分为饮用水给水系统、杂用水给水系统（中水系统）、消火栓给水系统、自动喷水灭火系统和循环或重复使用的生产给水系统等。系统的选择，应根据生活、生产、消防等各项用水对水质、水量、水压、水温的要求，结合室外给水系统的实际情况，经过技术、经济分析确定。

（二）建筑室内给水系统的组成

建筑室内的给水系统如图2-1所示，主要由下列各部分组成。

1. 引入管

自室外给水管将水引入室内的管段，也称进户管。

2. 水表节点

水表节点是安装在引入管上的水表及其前后设置的阀门和泄水装置的总称。水表是用以计量建筑用水量的装置。

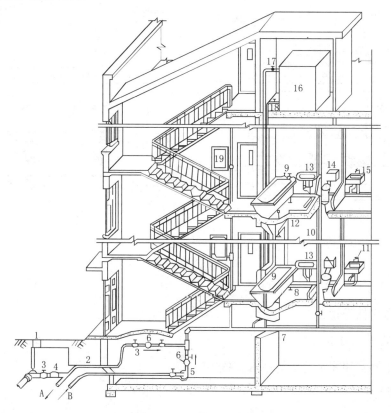

图2-1 建筑内部给水系统

1-阀门井；2-引入管；3-闸阀；4-水表；5-水泵；6-止回阀；7-干管；8-支管；9-浴盆；
10-立管；11-水龙头；12-淋浴器；13-洗脸盆；14-座便器；15-洗涤盆；16-水箱；
17-进水管；18-出水管；19-消火栓；A-进入贮水池；B-来自贮水池

水表前后的阀门用于水表检修、拆换时关闭管路；泄水口主要用于系统检修时放空管网内的余水，也可用来检测水表精度和测定管道进户时的水压值。为了使水流平稳流经水表，保证水表的计量准确，在水表前后应有符合产品标准规定的直线管段。

水表及其前后的附件一般设在水表井中（如图2-2a所示），当建筑物只有一条引入管时，宜在水表井中设置旁通管（如图2-2b所示）。温暖地区的水表井一般设在室外；寒冷地区为避免水表冻裂，可将水表井设在有采暖的房间内。

在建筑内部的给水系统中，除了要在引入管上安装水表外，在需要计量水量的某些部位和设备的配水管上也要安装水表。为了利于节约用水，住宅建筑内每户的进户管上均应安装分户水表。分户水表或分户水表的数字显示应设在每户门外的管道井中或集中于水箱间，以便于查表。

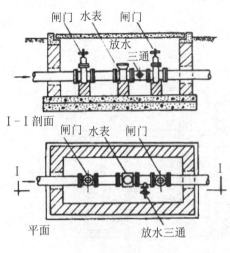
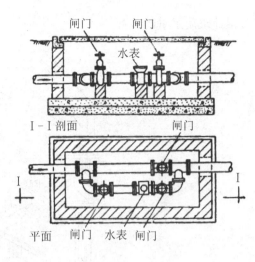

（a）无旁通管的水表节点　　　　　　（b）有旁通管的水表节点

图 2-2　水表节点

3. 给水管道

给水管道包括干管、立管和支管。

4. 配水装置和用水设备

各类卫生器具和配水龙头等用水设备。

5. 给水附件

管道系统中调节水量、水压，控制水流方向以及关断水流，便于管道、仪表和设备检修的各类阀门。

6. 增压和贮水设备

当室外给水管网的水压、水量不能满足建筑用水要求，或者要求供水压力稳定、确保供水安全可靠时，应根据需要在给水系统中设置水泵、气压给水设备和水池、水箱等增压、贮水设备。

【任务二】建筑室内给水系统的给水方式

（一）给水方式的基本类型

给水方式是指建筑室内给水系统的供水方案。合理的供水方案，应综合工程涉及的各项因素，采用综合评判法确定。例如，技术因素（供水可靠性、水质、对城市给水系统的影响、节水节能效果、操作管理、自动化程度等）、经济因素（基建投资、年经营费用、现值等）、社会和环境因素（对建筑立面和城市观瞻的影响、对结构和基础的影响、占地面积、对环境的影响、建设难度和建设周期、抗寒防冻性能、分期建设的灵活性、对使用带来的影响等）。

给水方式的基本类型主要有以下几种。

1. 直接给水方式

由室外给水管网直接供水，是最简单、经济的给水方式，如图 2-3 所示。适用于室外给水管网的水量、水压在一天内均能满足用水要求的建筑。

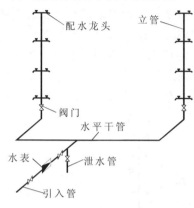

图 2-3　直接给水方式

2. 设水箱的给水方式

设水箱的给水方式宜在室外给水管网供水压力周期性不足时采用。用水低峰时，可利用室外给水管网水压直接供水并向水箱进水，水箱储备水量；用水高峰时，室外管网水压不足，则由水箱向建筑内给水系统供水，如图 2-4a 所示。当室外给水管网水压偏高或不稳定时，为保证建筑内给水系统的良好运作或满足稳压供水的要求，也可采用设水箱的给水方式，即室外管网直接将水输入水箱，由水箱向建筑内给水系统供水，如图 2-4b 所示。

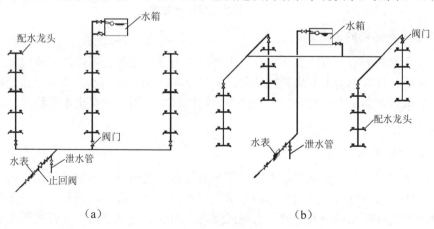

图 2-4　设水箱的给水方式

3. 设水泵的给水方式

设水泵的给水方式宜在室外给水管网的水压经常不足时采用。当建筑内用水量大且较均匀时，可用恒速水泵供水；当建筑内用水量不均匀时，宜采用一台或多台水泵变速运行供水，以提高水泵的工作效率。为充分利用室外管网压力、节省电能，当水泵与室外管网直接连接时，应设旁通管室外管网（如图2-5a所示）。当室外管网压力足够大时，可自动开启旁通管的逆止阀直接向室内供水。因水泵直接从室外管网抽水，会使室外管网压力降低，影响附近用户用水，严重时还可能造成室外管网负压，在管道接口不严密时，其周围土壤中的渗漏水会吸入管内，污染水质。当采用水泵直接从室外管网抽水时，必须征得供水部门的同意，并在管道连接处采取必要的防护措施，以免水质污染。为了避免上述问题，可在系统中增设贮水池，采用水泵与室外管网间接连接的方式，如图2-5b所示。

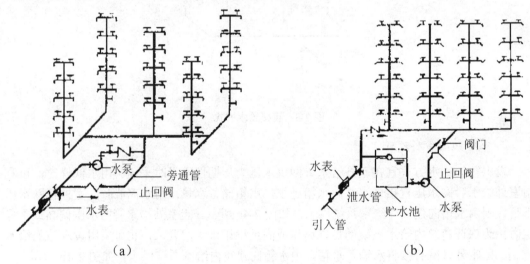

图2-5 设水泵的给水方式

4. 设水泵和水箱的给水方式

设水泵和水箱的给水方式宜在室外给水管网压力低于或经常不能满足建筑室内给水管网所需的水压，且室内用水不均匀时采用。如图2-6所示，该给水方式的优点是水泵能及时向水箱供水，可缩小水箱的容积，又因有水箱的调节作用，水泵出水量稳定，能保持在高效区运行。

5. 气压给水方式

气压给水方式是在给水系统中设置气压给水设备，利用该设备的气压水罐内气体的可压缩性，升压供水。气压水罐的作用相当于高位水箱，其位置可根据需要设置在高处或低处。该供水方式宜在室外给水管网压力低或经常不能满足建筑室内给水管网所需水压，室内用水不均匀且不宜设置高位水箱时采用，如图2-7所示。

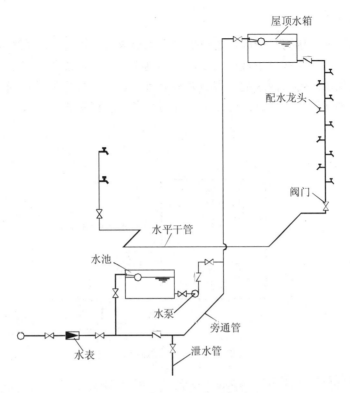

图 2-6 设水箱、水泵的给水方式

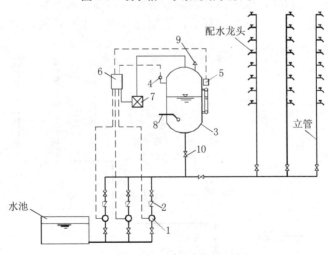

图 2-7 气压给水方式

1-水泵；2-止回阀；3-气压水罐；4-压力信号器；5-液位信号器；
6-控制器；7-补气装置；8-排气阀；9-安全阀；10-阀门

6. 分区给水方式

当室外给水管网的压力只能满足建筑下层供水要求时,可采用分区给水方式。如图2-8所示,室外给水管网水压线以下楼层为低区由外网直接供水,水压线以上楼层为高区由高区升压贮水设备供水。可将两区的一根或几根立管相连,在分区处设置阀门,以备低区进水管发生故障或外网压力不足时,可以打开阀门由高区水箱向低区供水。

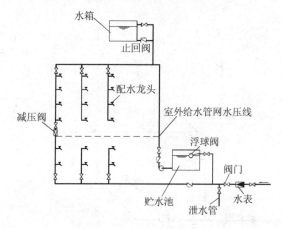

图2-8 分区给水方式

7. 变频调速恒压给水方式

系统由贮水池、变频器、控制器、调速泵等组成。用电机变频调速,通过恒压控制器接收给水系统内压力信号,经分析运算后,输出信号控制水泵转速,达到恒压变流量的目的,如图2-9所示。

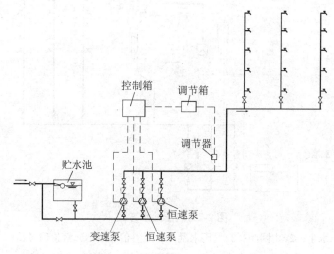

图2-9 变频调速恒压给水方式

（二）高层建筑给水方式

高层建筑已经是现代建筑物中十分常见的形式，由于比较普遍，因此我们特别将它的给水方式单独列出进行叙述。

对高层建筑，一般情况下是根据建筑的高度，将供水分成若干供水区段，低层部分可由室外供水管网的压力，直接采用下行上给的方式供水；上层依据不同高度，选用不同扬程的水泵分区将水送至水箱，再从水箱把水供至合适的楼层。由于高层建筑层数多，因此其给水系统必须进行竖向分区。竖向分区的目的在于：①避免建筑物下层给水系统管道及设备承受过大的压力而损坏；②避免建筑物下层压力过大，管道内流速过快而引起流水噪音、振动噪音、水锤及水锤噪声；③避免下层给水系统中水龙头流出水头过大而引起的水流喷溅。

高层建筑给水系统竖向分区有多种方式。

1. 分区减压给水方式

分区减压给水方式有分区水箱减压和分区减压阀减压两种形式。①分区水箱减压是整栋建筑物内的用水量全部由设置在底层的水泵提升至屋顶总水箱，然后再分送至各分区水箱，分区水箱起减压作用。②分区减压阀减压是用减压阀来代替减压水箱。最大优点是减压阀不占楼层面积，使建筑面积发挥最大的经济效益；其缺点是水泵运行费用较高。

2. 分区并联给水方式

在各区独立设置水箱和水泵，并且水泵集中设置在建筑物底层或地下室，分别向各区供水。这种供水方式的优点主要表现在各区是独立给水系统，互不影响，供水安全可靠，而且各区水泵集中设置，管理维护方便。缺点是水泵多，水泵出水高压管线长，设备费用增加；分区水箱占建筑层若干面积，减少了建筑使用面积，影响经济效益。

另外，在不能设置水箱的建筑中，可以采用在建筑的底层设置有气压给水装置的给水系统（即无塔供水系统），由空压机将水送至高处。气压给水装置有恒压和变压两种。无塔供水具有占地小、供水可靠的特点。用水总量不大的建筑物可以采用这种方式。

【项目二】建筑室内给水系统的常用设备

建筑室内给水系统中一般包括管材、给水管道附件以及水表、水泵、水箱和气压给水设备等常用设备。

【任务一】建筑室内给水系统的管材、管件及附件

（一）给水常用管材

1. 管材的分类

建筑室内给水系统常用管材有塑料管、复合管、钢管、铜管、铸铁管和不锈钢管等。但必须注意：生活用水的给水管必须是无毒的。

（1）给水塑料管管材有硬聚氯乙烯塑料（UPVC）管材、聚乙烯（PE）管材、三型聚丙烯（PP-R）管材和 ABS 管材等。塑料管有良好的化学稳定性，耐腐蚀，不受酸、碱、盐、油类等物质的侵蚀；物理机械性能也很好，不燃烧、无不良气味、重量轻（比重仅为钢的 1/5），运输、加工、安装方便；管内壁光滑，水流阻力小；容易切割，可制成各种颜色。

（2）复合管材主要有钢塑复合（SP）管材和铝塑复合（PAP）管材。除具有塑料管的优点外，还有耐压强度好、耐热、可曲挠和美观等优点。

（3）钢管分焊接钢管、无缝钢管两种。焊接钢管按表面质量分为镀锌（也叫白铁管）和非镀锌钢管（黑铁管）两种；按管壁厚度分为薄壁、普通和加厚钢管三种。室内给水管道通常用普通和加厚钢管。

一般钢管的规格以公称直径（也称公称口径、公称通径）表示，即用字母 DN 其后附加公称直径数值表示。钢管的公称直径是系列的，无缝钢管则以外径×壁厚来表示规格。

（4）铜管是一种贵金属材料，其优点在于具有很强的抗锈蚀能力，强度高，可塑性强，坚固耐用，能抵受较高的外力负荷，热胀冷缩系数小，同时铜管能抗高温，防火性能也较好，而且铜管使用寿命长，可完全被回收利用，不污染环境。其主要缺点是价格较高。

（5）铸铁管具有耐腐蚀性强、造价低及耐久性好等优点，适合于埋地敷设。缺点是质脆、重量大、单管长度小等。

2. 管材的选择

不少发达国家早已规定在建筑中不准使用镀锌钢管。我国也开始逐渐用塑料或复合管取代钢管。

（1）新建、改建及扩建城市供水管道（ϕ400mm 以下）和住宅小区室外给水管道应使用硬质聚氯乙烯、聚乙烯塑料管；大口径城市供水管道可选用钢塑复合管。

（2）新建、改建住宅室内给水管道、热水管道和供暖管道优先选用铝塑复合管、交联聚乙烯管等新型管材，淘汰镀锌钢管。

（二）给水常用管件

1. 给水常用管件分类

给水常用管件是用于连接管道的配件。常用管件有钢管管件、塑料管件和铸铁管件等。

（1）钢管管件有管箍、弯头、三通、四通、异径管箍、活接头、内外螺纹管接头以及外接头等，如图 2-10 所示。

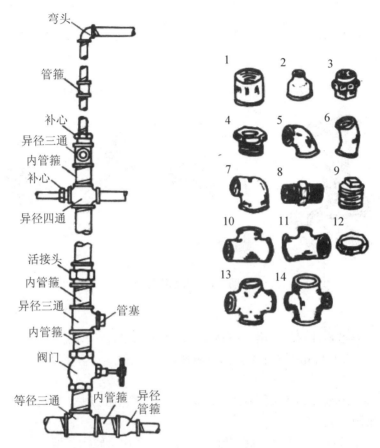

图 2-10　钢管螺纹连接配件及连接方法

1-管箍；2-异径管箍；3-活接头；4-补心；5-90°弯头；6-45°弯头；7-异径弯头；
8-内管箍；9-管塞；10-等径四通；11-异径三通；12-根母；13-等径四通；14-异径四通

（2）塑料管件有三通、四通及弯头等。塑料管件的用途与钢管管件相同。

（3）铸铁管件按材质可分为球墨铸铁管和普通灰口铸铁管。铸铁管的接口形式一般为承插接口，有柔性接口和刚性接口两类，柔性接口采用胶圈连接，刚性接口采用石棉水泥接口、膨胀性填料接口。

2. 给水管道的连接

给水管道的连接方法有螺纹连接（又称丝扣连接）、焊接、法兰连接和承插连接等。

（1）钢管的连接方法有螺纹连接（又称丝扣连接）、焊接和法兰连接三种连接。

(2)塑料管的连接可用丝扣连接、粘接和法兰连接等。

(三)给水管道附件

给水管道附件分为配水附件和控制附件两种。

1. 配水附件

配水附件主要是各色水龙头,用以满足使用的需要,如图2-11所示。

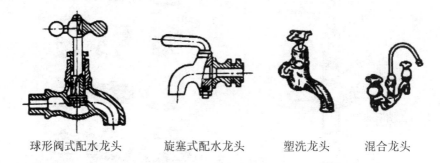

球形阀式配水龙头　　旋塞式配水龙头　　塑洗龙头　　混合龙头

图 2-11　配水附件

2. 控制附件

控制附件主要指各种阀门,用来控制水流,调节水量。

(1)闸阀:用来开启和关闭水流,无方向性,水流阻力小,不可调节水流流量,有"水门"之称。

(2)截止阀:用来开启和关闭水流,有方向性,水流阻力大,可调节水流流量;安装有方向性,反装阻力大。

(3)蝶阀:调节性略优于截止阀。轴向长度小,多用于较大管道。

(4)球阀:可迅速启闭水流,无方向性,水流阻力小,多用于较小管道。

(5)止回阀:控制水流单向流动,有升降式和旋启式两种;安装有方向性。①升降式止回阀只能装在水平管道上,水头损失较大,只适用于小管径。②旋启式止回阀既可水平安装又可垂直安装,适用于较大管径。

(6)浮球阀:利用水位高低自动启闭,控制水位。多装在水箱或水池进水管上,浮球阀口管径与进水管径规格相同。

(7)安全阀:超压排水,分杠杆式和弹簧式。

各类阀门如图2-12所示。

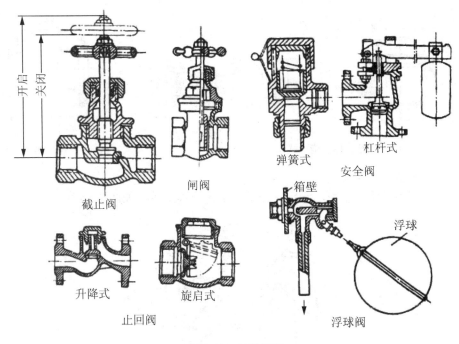

图 2-12 各类阀门

【任务二】建筑室内给水系统的设备

（一）建筑室内给水系统设备的组成

1. 水表

水表是一种计量用户累计用水量的仪表。目前广泛采用流速式水表。流速式水表是根据管径一定时，通过水表的水流速度与流量成正比的原理来测量的。水流通过水表时推动翼轮旋转，翼轮轴通过传动一系列联动齿轮（减速装置），再传递到记录装置，在计数度盘指针指示下便可读到流量的累积值。流速式水表按翼轮构造不同分为两类：①叶轮转轴与水流方向垂直的为旋翼式水表（如图 2-13 所示），其水流阻力较大，多为小口径水表，始动流量和计量范围较小，适用于用水量和逐时变化幅度小的用户；②叶轮转轴与水流方向平行的为螺翼式水表（如图 2-14 所示），其水流阻力较小，始动流量及计量范围较大，适用于用水量大的用户。DN 大于 50mm 时，应采用螺翼式水表。

2. 水泵

水泵是将机械能转变为水的能量（位能）的一种机械，主要有离心泵、轴流泵等几种。离心泵分单级泵、多级泵，立式泵、卧式泵，单吸泵、双吸泵等。

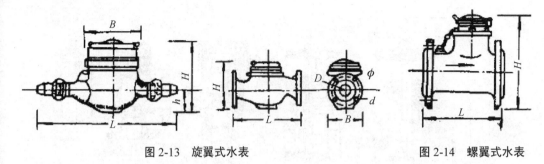

图2-13 旋翼式水表　　　　　图2-14 螺翼式水表

（1）基本构造和工作原理

离心泵主要由叶轮、泵壳、泵轴、轴承、填料函等组成，如图2-15所示。

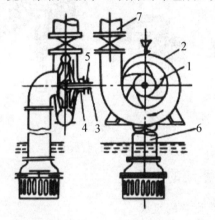

图2-15 离心水泵构造示意图

1-叶轮；2-泵壳；3-泵轴；4-轴承；5-填料函；6-吸水管；7-压水管

工作原理：叶轮带动水作圆周运动，在离心力的作用下水被甩向外周而中心形成真空，然后在大气压的作用下水被压入叶轮中心。

（2）装置形式

离心式水泵装置形式，按进水方式有水泵直接从室外给水管网抽水和水泵从储水池抽水两种。离心式水泵的工作方式有吸入式和灌入式两种：泵轴高于吸水池水面的叫吸入式，吸水池水面高于泵轴的称灌入式。

（3）管路附件

管路附件主要有充水设备、底阀、吸水管、止回阀、闸阀、压水管和压力表、真空表。

（4）基本性能参数

基本性能参数主要指流量、扬程、功率、效率和转速。

（5）水泵的设置

为保证安全供水，生活和消防水泵应设置备用泵；水泵机组一般设置在水泵房内，泵房应远离防振、防噪声要求较高的房间;室内要有良好的通风、采光、防冻和排水设施。

3. 贮水池、吸水井

贮水池是储存和调节水量的构筑物。贮水池应设进水管、出水管、溢流管、泄水管和水位信号装置,溢流管应比进水管大一级。其布置位置及配管设置均应满足水质防护要求。

当室外给水管网能满足建筑内部所需水量,而供水部门不允许水泵直接从外网抽水时,可设置仅满足水泵吸水要求的吸水井。

4. 水箱

建筑给水系统中,需要增压、稳压、减压或者需要储存一定的水量时,可设置水箱。水箱由进水管、出水管、溢流管、排水管、水位信号管以及通气管等构成,如图2-16所示。

5. 气压给水设备

气压给水设备是给水系统中的一种利用密封储罐内空气的可压缩性进行储存、调节和压送水量的装置,其作用相当于高位水箱或水塔。按气压给水设备输水压力稳定性不同,分为变压式和定压式两类;按气压给水设备罐内气、水接触方式不同,可分为补气式和隔膜式两类。气压给水设备由密闭罐水泵、空气压缩机以及控制器材等部分组成,如图2-17所示。

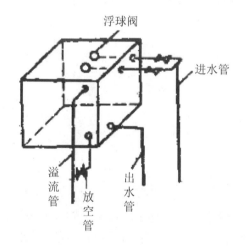

图2-16 水箱

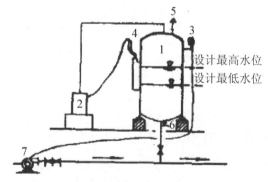

图2-17 气压给水设备

1-气压水罐;2-空压机;3-压力继电器;
4-水位继电器;5-安全阀;6-泄水龙头;7-水泵

【项目三】建筑室内给水管道的布置与敷设

给水管道的布置受建筑结构、用水要求、配水点和室外给水管道的位置以及供暖、通风和供电等其他建筑设备工程管线布置等因素的影响。布置建筑室内给水管道要协调好各种相关因素的关系。

【任务一】建筑室内给水管道布置的原则

（一）建筑室内给水管道布置的基本要求

1. 确保供水安全和良好的水力条件，力求经济合理

管道尽可能与墙、梁、柱平行，呈直线走向，力求管路简短，以减少工程量，降低造价。干管应布置在用水量大或不允许间断供水的配水点附件，既利于供水安全，又可减少流程中不合理的传输流量，节省管材。

不允许间断供水的建筑，应在室外环状管网不同管段上设2条或2条以上引入管，在室内将管道连成环状或贯通状双向供水（如图2-18所示），若条件不允许，可采取设贮水池（箱）或增设第二水源等安全供水措施。

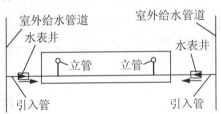

图2-18 引入管从建筑物不同侧引入

2. 保护管道不受损坏

给水埋地管道应避免布置在可能受重物压坏处。管道不得穿越生产设备基础，如果遇到特殊情况必须穿越时，应与有关行业协商处理；也不宜穿过伸缩缝、沉降缝，若需穿过，应采取保护措施。常用的保护措施有：软性接头法，即用橡胶软管或金属波纹管连接沉降缝、伸缩缝两边的管道；丝扣弯头法，在建筑沉降过程中，两边的沉降差由丝扣弯头的旋转来补偿，适用于小管径的管道；活动支架法，在沉降缝两侧设支架，使管道只能垂直位移，不能水平横向位移，以适应沉降、伸缩的压力。为防止管道腐蚀，管道不允许布置在烟道、风道和排水沟内，不允许穿大、小便槽，当立管位于小便槽端部小于等于0.5m时，在小便槽端部应有建筑隔断措施。

3. 不影响生产安全和建筑物的使用

为避免管道渗漏，造成配电间电气设备故障或短路，管道不能从配电间通过；不能布置在妨碍生产操作和交通运输处或遇水易引起燃烧、爆炸、损坏的设备、产品和原料上；不宜穿过橱窗、壁柜、吊柜等设施或在机械设备上通过，以免影响各种设施的功能和设备的维修。

4. 便于安装维修

布置管道时其周围要留有一定的空间，以满足安装、维修的要求，给水管道与其他管道和建筑结构的最小净距见表2-1所示，需进入检修的管道井，其通道不宜小于0.6m。

表2-1 管与管及与建筑构件之间的最小净距

名　称	最　小　净　距（mm）
引入管	1. 在平面上与排水管道不小于1000 2. 与排水管水平交叉时，不小于150
水平干管	1. 与排水管道的水平净距一般不小于500 2. 与其他管道的净距不小于100 3. 与墙、地沟壁的净距不小于80～100 4. 与梁、柱、设备的净距不小于50 5. 与排水管的交叉垂直净距不小于100
立管	不同管径下的距离要求如下： 1. 当DN≤32，至墙的净距不小于25 2. 当DN32～DN50，至墙面的净距不小于35 3. 当DN70～DN100，至墙面的净距不小于50 4. 当DN125～DN150，至墙面的净距不小于60
支管	与墙面净距一般为20～25

（二）给水管道布置的一般规定

1. 引入管

（1）每条引入管上均应安装阀门和水表，必要时还要有泄水装置。

（2）引入管应有不小于0.003的坡度，坡向室外给水管网。

（3）给水引入管与排水的排出管的水平净距，在室外不得小于1.0m，在室内平行敷设时，其最小水平净距为0.5m；交叉敷设时，垂直净距为0.15m，且给水管应在上面。

（4）引入管或其他管道穿越基础或承重墙时，要预留洞口，管顶和洞口间的净空一般不小于0.15m。

（5）引入管或其他管道穿越地下室或地下构筑物外墙时，应采取防水措施，根据情况采用柔性防水套管或刚性防水套管。

2. 干管和立管

（1）给水横管应有 0.002～0.005 的坡度坡向可以泄水的方向。

（2）与其他管道同地沟或共支架敷设时，给水管应在热水管、蒸汽管的下面，在冷冻管或排水管的上面；给水管不要与输送有害、有毒物质的管道、易燃物质管道同沟敷设。

（3）给水立管和装有 3 个或 3 个以上配水点的支管，在始端均应装设阀门和活接头。

（4）立管穿过楼板应预留孔洞，孔洞为正方形时，其边长与管径的关系为：DN32 以下为 80mm，DN32～DN50 为 100mm，DN70～DN80 为 160mm，DN100～DN125 为 250mm；孔洞为圆孔时，孔洞尺寸一般比管径大 50mm～100mm。

（5）立管穿过楼板时要加套管，套管底面与楼板底齐平，套管上沿一般高出楼板 20mm；安装在厨房和卫生间地面的套管，套管上沿应高出地面 50mm。

3. 支管

（1）支管应有不小于 0.002 的坡度坡向立管。

（2）冷、热水立管并行敷设时，热水管在左侧，冷水管在右侧。

（3）冷、热水管垂直敷设时，热水管在冷水管的上面。

（4）明装支管沿墙敷设时，管外皮距墙面应有 20mm～30mm 的距离（当 DN≤32 时）。

（5）卫生器具上的冷热水龙头，热水在左侧，冷水在右侧，这与冷、热水立管并行时的位置要求是一致的，但常常被忽视。

（三）管道的布置形式

给水管道的布置按供水可靠程度可分为枝状和环状两种形式，前者单向供水，供水安全可靠性差，但节省管材，造价低；后者管道相互连通，双向供水，安全可靠，但管线长造价高。一般建筑内部给水管网宜采用枝状布置。按水平干管的敷设位置又可分为上行下给式、下行上给式、中分式三种形式。①干管设在顶层天花板下、吊顶内或技术夹层中，由上向下供水的为上行下给式，适用于设置高位水箱的居住与公共建筑和地下管线较多的工业厂房；②干管埋地、设在底层或地下室中，由下向上供水的为下行上给式，适用于利用室外给水管网水压直接供水的工业与民用建筑；③水平干管设在中间技术层内或中间某层吊顶内，由中间向上、下两个方向供水的为中分式，适用于屋顶用作露天茶座、舞厅或设有中间技术层的高层建筑。同一栋建筑的给水管网也可同时兼有以上两种形式。

【任务二】建筑室内给水管道的敷设

1. 室内管道的安装工艺流程

室内管道的安装工艺流程如图 2-19 所示。

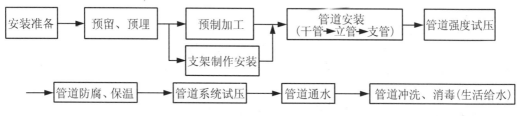

图 2-19 室内管道施工安装工艺流程

2. 敷设形式

室内给水管道的敷设有明装、暗装两种形式。

（1）明装：管道在室内沿墙、梁、柱、天花板下以及地板旁暴露敷设。优点是明装管道造价低，施工安装、维护修理均较方便；缺点是由于管道表面积灰、产生凝结水等影响环境卫生，而且明装有碍房屋美观。一般民用建筑和大部分生产车间均为明装方式。

（2）暗装：管道敷设在地下室天花板下或吊顶中，或在管井、管槽以及管沟中隐蔽敷设。管道暗装时，卫生条件好，房间美观。标准较高的建筑、宾馆等均采用暗装；在工业企业中，某些生产工艺也要求采用暗装。例如，精密仪器或电子元件车间要求室内洁净无尘时，管道敷设会采用暗装。暗装的缺点是造价高，施工、维护均不便。

3. 敷设要求

给水横管穿越承重墙或基础、立管穿越楼板时均应预留孔洞；暗装管道在墙中敷设时，应预留墙槽，以免临时打洞、刨槽影响结构的强度。管道预留孔洞和墙槽的尺寸，详见表2-2。横管穿过预留洞时，管顶上部净空不得小于建筑物的沉降量，以保护管道不致因建筑沉降而损坏，一般不小于0.1m。

表 2-2 给水管预留孔洞、墙槽尺寸

管道名称	管　径（mm）	明管留孔尺寸（mm） 长（高）×宽	暗管墙槽尺寸（mm） 宽×深
立管	≤25	100×100	130×130
	32～50	150×150	150×130
	70～100	200×200	200×200
2根立管	≤32	150×150	200×130
横支管	≤25	100×100	60×60
	32～40	150×130	150×100
引入管	≤100	300×200	

注：给水引入管，管顶上部净空一般不小于100mm。

给水管采用软质的交联聚乙烯管或聚丁烯管埋地敷设时，宜采用分水器配水，并将给水管道敷设在套管内。

引入管进入建筑内有两种情况，一种是从建筑物的浅基础下通过，另一种是穿越承重墙或基础，其敷设方法分别如图2-20a、2-20b所示。在地下水位高的地区，引入管穿越地下室外墙基础时，应采取防水措施，如设防水套管。室外埋地引入管要防止地面活荷载和冰冻的破坏，其管顶覆土厚度不宜小于0.7m，并应敷设在冰冻线以下20cm处。建筑内埋地管在无活荷载和冰冻影响时，其管顶离地面高度不宜小于0.3m。

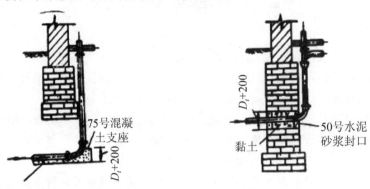

图2-20 引入管进入建筑物

管道在空间敷设时，必须采用固定措施，以保证施工方便和安全供水。固定管道常用支、托架。给水钢立管一般每层需要安装一个管卡，当层高＞5m时，则每层必须安装两个。

【项目四】建筑室内给水系统的管理与维护

【任务一】建筑室内给水系统管理的相关知识

（一）建筑室内给水系统的各项制度

1. 验收接管制度

物业管理公司在接管物业时，应对建筑给水设备进行检查验收，在验收中应注意以下几项要求。

（1）验收按中华人民共和国国家标准 GBJ242-82 执行。

（2）接管验收工作要有验收报告（包括工程地点，开竣工时间，设计、施工及接管单位，设备概况，工程竣工图纸），验收完以后各类资料应交给接管单位。

（3）管道应安装牢固，控制部件启闭灵活、无滴漏。水压试验及保温、防腐措施必须符合 GBJ242-82 的要求。

(4) 卫生器具质量好，接口不得渗漏，安装平整牢固、部件齐全。

(5) 消防设备必须符合 GBJl6-87、GB50045-95 的要求，并且有消防部门的检验合格证。

(6) 要有设备试运行记录和水压试验记录。

(7) 凡新接管的住宅中给水设备不合格者，一律不能进住，亦不能验收接管，必须加以解决后才能考虑入住。

2. 给水系统的管理制度

给水系统的管理制度包括以下几方面：

(1) 水泵及泵房保养操作制度；

(2) 水箱清洁操作制度；

(3) 确保正常供水的供水管理规定；

(4) 档案资料管理；

(5) 其他规章制度，包括岗位责任制和奖罚制度、定期检修制度、巡回检查制度、登记报修制度以及检修、运行资料保存制度等；

(6) 定期进行宣传教育活动的有关规定。

(二) 给水系统管理工作的执行标准及常见故障

1. 给水系统管理工作的执行标准

(1) 给水管理人员必须了解、熟悉楼宇内的供水系统。例如，水管、水池、水箱、水泵、开关阀门及分阀门位置。

(2) 应定期巡视水泵操作是否正常，供水系统有无损坏或滴漏，水箱是否清洁，必须定期安排清洗水池，使水箱每三个月清洗一次，以保持卫生。

(3) 发现水管爆裂时，必须尽快关上相关的阀门，大水管爆裂，则关闭总阀门，并立即发出通告、安排紧急维修。

(4) 注意水池的保养，预防破裂和渗漏，并且紧盖水池，防止蚊虫滋生。

(5) 救火用的输水设备，要经常检查；如果有损坏，应立即维修；同时严禁使用消防喉作其他用途。

(6) 安装及维修楼宇外的供水系统设备，应与自来水公司联系修理。

(7) 楼宇内的水表发生故障时，应告知业户，并立即检修。

(8) 接到自来水公司发出的停水通知时，应及时向业户发出通知，使业户有所准备。

2. 给水系统常见的故障

给水系统常见的故障有以下几种：

(1) 水质污染；

(2) 给水龙头出流量过小或过大；

(3) 管道和器具漏水、屋顶水箱溢水或漏水等。

发生故障应判别故障的原因，然后再对症下药去排除故障。

【任务二】建筑室内给水系统的日常维护

（一）管道维护

1. 防腐

明装和暗装的金属管道都要采取防腐措施，以延长管道的使用寿命。通常的防腐做法是管道除锈后，在外壁刷涂防腐材料。明装的焊接钢管和铸铁管外刷防锈漆一道，银粉面漆两道；镀锌钢管外刷银粉面漆两道；暗装和埋地管道均刷沥青漆两道。对防腐要求高的管道，应采用有足够的耐压强度，与金属有良好的粘结性以及防水性、绝缘性和化学稳定性能好的材料做管道防腐层。例如，沥青防腐层就是在管道外壁刷底漆后，再刷沥青面漆，然后外包玻璃布。管外壁所做的防腐层数，可根据防腐要求确定。

2. 防冻、防露

敷设在冬季不采暖建筑物内的给水管道以及安设在受室外空气影响的门厅、过道等处的管道，在冬季结冻时，应采取防结冻保温措施。保温材料的选用和做法应符合设计要求，通常宜采用管外壁缠包岩棉管壳、玻璃纤维管壳、聚乙烯泡沫管壳等材料。

在采暖的卫生间及工作室温度较室外气温高的房间（如厨房、洗涤间等），当空气湿度较高的季节或管道内水温较室温低的时候，管道外壁可能产生凝结水，影响使用和室内卫生，必须采取防潮隔热措施；给水管道在吊顶内、楼板下和管井内等不允许管道表面结露而滴水的部位，也应采取防潮隔热措施。防潮隔热层材料的选用及做法应符合设计要求，一般宜采用管外壁缠包 15 mm 厚岩棉毡带，外缠塑料布，接缝处用胶粘紧；或采用管外壁缠包 20 mm 厚聚氨醋泡沫塑料管壳，外缠塑料布。

3. 防漏

由于管道布置不当或管材质量和施工质量低劣，均会导致管道漏水，这样不仅浪费水量，影响给水系统正常供水，还会损坏建筑，特别是湿陷性黄土地区，埋地管道将会造成土壤湿陷，严重影响建筑基础的稳定性。防漏主要措施是避免将管道布置在易受外力损坏的位置或采取必要的保护措施，避免其直接承受外力；要健全管理制度，加强管材质量和施工质量的检查监督。在湿陷性黄土地区，可将埋地管道敷设在防水性能良好的检漏管沟内，一旦漏水，水可沿沟排至检漏井内，便于及时发现和检修。管径较小的管道，也可敷设在检漏套管内。

4. 防震

当管道中水流速度过大时，启闭水龙头、阀门，易出现水锤现象，引起管道、附件的振动，这不但会损坏管道附件造成漏水，还会产生噪音。为防止管道的损坏和噪声的污染，在设计给水系统时应控制管道的水流速度，在系统中尽量减少使用电磁阀或速闭型水栓。住宅建筑进户管的阀门后（沿水流方向），应装设家用可曲挠橡胶接头进行隔振。并可在管支架、吊架内衬垫减震材料，以缩小噪声的扩散，如图2-21所示。

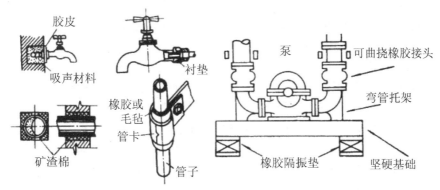

图 2-21 各种管道器材的防噪声措施

（二）水质防护

从城市给水管网引入建筑的自来水其水质一般均符合"生活饮用水卫生标准"，但若建筑内部的给水系统设计、施工或维护不当，则可能导致出现水质污染现象，致使疾病传播，直接危害人民的健康和生命。因此，必须加强水质防护，确保供水安全。

1. 水质污染的现象及原因

水质污染的现象及原因主要有以下几方面。

（1）贮水池（箱）的制作材料或防腐涂料选择不当。若含有有毒物质，逐渐溶于水中，将直接污染水质。

（2）饮用水在贮水池（箱）中停留时间过长。当水中余氯耗尽后，随着有害微生物的生长繁殖，会使水腐败变质。

（3）贮水池（箱）管理不当。例如，水池（箱）入孔不严密，通气管或溢流管口敞开设置，尘土、蚊蝇、鼠、雀等均可通过以上孔、口进入水中造成污染。

（4）回流污染，即非饮用水或其他液体倒流入生活给水系统。形成回流污染的主要原因有：①埋地管道或阀门等附件连接不严密，平时渗漏，当饮用水断流，管道中出现负压时，被污染的地下水或阀门井中的积水会通过渗漏处，进入给水系统；②防水附件安装不当，出水口设在卫生器具或用水设备溢流水位下，或溢流管堵塞，而器具或设备中留有污水，室外给水管网又因事故供水压力下降，当开启放水附件时，污水就会在负压作用下，吸入给水管道；③饮用水管与座便器（槽）连接不当；④饮用水与非饮用水管道直接连接。

2. 水质防护措施

(1) 饮用水管道与贮水池(箱)不要布置在易受污染处,非饮用水管不能从贮水设备中穿过。设在建筑物内的贮水池(箱),不得利用建筑本体结构(如基础、墙体、地板等)作为池底、池壁、池盖,其四周及顶盖上均应留有检修空间。埋地饮用水池与化粪池之间有不小于 10m 的净距。当净距不能保证时,可采用提供饮用水池标高或化粪池采用防漏材料等措施。

(2) 贮水池(箱)若需要防腐,应采用无毒涂料;若采用玻璃钢制作时,应选用食品级玻璃钢为原料。其溢流管、排水管不能与污水管直接连接,均应有空气隔断装置。通气管和溢流管口要设铜丝或钢丝网罩,以防污物、蚊蝇等进入。

(3) 贮水池(箱)要加强管理,池(箱)上加盖防护,池(箱)内定期清洗。饮用水在其中停留时间不能过长,否则应采取加氯等消毒措施。在生活(生产)、消防共用的水池(箱)中,为避免平时不能动用的消防用水长期滞留,影响水质,可采用生活(生产)用水从池(箱)底部虹吸出流,或池(箱)内设溢流墙(板)等措施使消防用水不断更新。

(4) 给水装置放水口与用水设备溢流水位之间,应有不小于放水口径 2.5 倍的空气间隙。

(5) 生活饮用水管道不能与非饮用水管道直接连接。在特殊情况下,必须用饮用水作为工业备用水源时,应在两种管道连接处的控制阀门之间增设平时常开的泄水阀,以保证管道间的空气隔断;或设置非饮用水水压过高时,能自动泄水,以防回流污染的隔断装置等。

(6) 非饮用水管道工程验收时,应逐段检查,以防饮用水非饮用水管道误接,其管道上的放水口应有明显标志,避免非饮用水的误用和误饮。

(三) 室内给水管道常见问题与对策

室内给水管道常见问题与对策如表 2-3 所示。

表 2-3 室内给水管道安装常见问题与对策

项	次	问 题	对 策
室内给水立管管道	1	管道堵塞	1. 管道安装前要将管腔内杂物、毛刺等清理干净 2. 管道安装中对临时间断的敞口处要及时封堵严密,使污杂物不能落入管内
	2	立管不垂直	1. 在楼板上打凿或修整孔洞时,应认真用线坠找准立管中心,保证孔洞位置准确、直径适宜 2. 因承重墙体影响管道坐标时,可采用冷弯或用弯头调整立管中心。因隔断墙影响管道坐标时,应拆掉墙体重砌 3. 立管安装前,应再次复核立管甩头与室内墙壁装饰层厚度,以利于及时调整立管中心位置
	3	立管渗漏	1. 安装立管时应严格按接口工艺施工,确保接口质量 2. 按设计要求和规范规定,做系统的水压试验,并认真检查

续表

项	次	问　题	对　策
室内给水横支管管道	1	管道渗漏	1. 管道接口应严格按施工工艺标准规定施工 2. 当系统安装完毕管道隐蔽前，必须按设计要求或规范规定做水压试验，并认真检查 3. 管道横支管应有坡度，试压后要排空管内存水，防止冬季将管道及管件冻裂
	2	管道堵塞	1. 管材使用前应将管腔内污杂物清理干净，管道接口应严格按施工工艺进行施工，并防止油麻掉入管腔，堵塞水嘴等 2. 管道施工的临时间断敞口处，应注意及时封堵，防止掉入灰浆等污杂物
	3	管道结露	1. 施工前要认真审核施工图，对可能产生结露处而未作防结露要求时，应提出做防结露处理 2. 对设计有防结露要求的管道，应按设计要求的防结露措施和材料认真做防结露处理
室内水表	1	水表外壳边缘距墙内表面过近（小于10mm），过远（大于30mm）	按规范规定的要求对表位进行调整或更换管段
	2	水表距地面标高与设计要求不符	按地面实际标高对水表安装标高进行调整
	3	水表前后直线管段长度不符合规范规定	对设计不合理的要在图纸会审时解决；管路施工安装不合要求时，应对管路进行调整
	4	螺纹连接接口处，油麻不净	施工安装时，应将多余油麻随时清理干净
	5	螺纹连接中螺纹根部的外露螺纹无防腐处理	螺纹连接中其螺纹根部应留出外露螺纹并进行防腐处理

实 训 练 习

1. 实训目的：了解给水管道加工和连接的基本知识，熟悉给水管道加工的常用工具及其使用方法，初步掌握管道连接和加工的基本技能。

2. 实训地点：学校实训中心

3. 实训措施

（1）指导教师作钢管锯断操作演示与介绍；

（2）学生作钢管锯断操作练习；

（3）指导教师作钢管割断操作演示与介绍；

（4）学生作钢管割断操作练习；

（5）指导教师作钢管套丝操作演示与介绍；

（6）学生作钢管套丝操作练习；

（7）指导教师作钢管螺纹连接、法兰连接介绍、示范及操作练习。

4. 实训内容

（1）钢管手工锯断。

（2）钢管手工割断。

（3）手工钢管套丝。

（4）钢管法兰连接。

复 习 思 考 题

1. 室内给水系统由哪几部分组成？
2. 室内给水管道敷设的基本要求是什么？

第三章
建筑室内排水

【学习目标】

1. 了解建筑室内排水系统的组成、排水方式。
2. 了解建筑室内排水系统的常用设备。
3. 熟练掌握建筑室内排水管道的布置、敷设。
4. 掌握屋面排水系统的方式及布置。
5. 掌握建筑室内排水管道的日常管理与维护。

【能力目标】

▶ **项目一：建筑室内排水系统概述**
1. 了解建筑室内排水系统的分类与组成
2. 识别建筑室内排水系统的排水体制

▶ **项目二：建筑室内排水系统的常用设备**
1. 了解建筑室内排水系统的管材、管件
2. 了解建筑室内排水系统的基本设备以及设备的安装

▶ **项目三：建筑室内排水管道的布置与敷设**
1. 熟悉建筑室内排水管道的组合类型
2. 熟悉建筑室内排水管道的布置与敷设

▶ **项目四：屋面雨水排放**
1. 掌握屋面雨水的排放方式
2. 掌握建筑室内排水系统的布置与敷设

▶ **项目五：建筑室内排水系统的管理与维护**
1. 掌握建筑排水系统管理的相关知识
2. 能够对建筑排水系统进行日常维护

【项目一】建筑室内排水系统概述

建筑室内的排水系统指是将建筑内部人们在日常生活和工业生产中使用过的水收集起来，及时排到室外的系统。

【任务一】建筑室内排水系统的分类与组成

（一）排水系统的分类

按系统接纳的污废水类型不同，建筑排水系统可分为以下三类。

1. 生活排水系统

生活排水系统用来排除居住建筑、公共建筑以及工厂生产间的污废水。有时由于污废水处理、卫生条件或杂用水水源的需要，把生活排水系统又进一步分为排除冲洗便器的生活污水排水系统和排除盥洗、洗涤废水的生活废水排水系统。生活废水经过处理后，可以作为杂用水，用来冲洗厕所、浇洒绿地和道路、冲洗汽车等。

2. 工业废水排水系统

工业废水排水系统用来排除工艺生产过程中产生的污废水。为便于污废水的处理和综合利用，按污染程度可分为生产污水排水系统和生产废水排水系统。生产污水污染较严重，需要经过处理，达到排放标准后方可排放；生产废水污染较轻（如机械设备冷却水），可作为杂用水水源，也可经过简单处理后（如降温）回用或排入水体。

3. 屋面雨水排水系统

屋面雨水排水系统用于排除屋面的雨水和融化的雪水。

（二）排水系统的组成

建筑室内排水系统的组成应能满足以下三个基本要求：首先系统能迅速畅通地将污废水排到室外；其次，排水管道系统气压稳定，有毒有害气体不能进入室内，保持室内环境卫生；最后，管线布置合理，简单顺直，工程造价低。

为满足上述要求，建筑室内排水系统的基本组成包括卫生器具和生产设备的受水器、排水管道、清通设备和通气管道，如图 3-1 所示。在有些排水系统中，根据需要还设有污废水的提升设备和局部处理构筑物。

1. 受水器

受水器是接收污、废水并向排水管道输送的设备。例如，各种卫生器具、地漏、排放工业污水或废水的设备、排除雨水的雨水斗等。

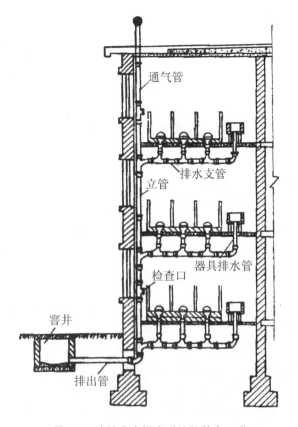

图 3-1 建筑室内排水系统的基本组成

2. 存水弯

各个受水器与排水管之间，必须设置存水弯，以便用存水弯的水封阻止排水管道内的臭气和害虫进入室内（卫生器具本身带有存水弯的，就不必再设存水弯）。

3. 排水支管

排水支管是将卫生器具或生产设备排出的污水（或废水）排入到立管中去的横支管。

4. 排水立管

各层排水支管的污（废）水排入立管，立管应设在靠近杂质多、排水量大的排水点处。

5. 排水干管

对于大型高层公共建筑，由于排水立管很多，为了减少首层的排出管的数量而在管道层内设置排水横干管，以接收各排水立管的排水，然再通过数量较少的立管，将污水（或废水）排到各排出管。

6. 排出管

排出管是立管与室外检查井之间的连接管道。它接收一根或几根立管流来的污水并排至室外管道中去。

7. 通气管

通气管通常是指立管向上延伸出屋面的一段（称伸顶通气管）；当建筑物到达一定层数且排水支管连接卫生器具大于一定数量时，还有专用通气管。

【任务二】建筑室内排水系统的排水体制

在排除城市（镇）和工业企业中的生活污水、工业废水和雨雪水时，是采用一个管渠系统排除，还是采用两个或两个以上各自独立的管渠系统进行排除，这种采用不同排除方式所形成的排水系统，称为排水系统的体制（简称排水体制）。

1. 建筑内部排水体制分类

建筑内部排水体制分为分流制和合流制两种，分别称为建筑内部分流排水和建筑内部合流排水。①建筑内部分流排水是指居住建筑和公共建筑中的粪便污水和生活废水，工业建筑中的生产污水和生产废水各自由单独的排水管道系统排除。②建筑内部合流排水是指建筑物中两种或两种以上的污、废水合用一套排水管道系统排除。

建筑物屋面雨水排水系统应独立设置，以便能迅速、及时地将雨水排出。

建筑物内部排水体制的确定，应根据污水性质、污染程度，结合建筑外部排水系统体制，有利于综合利用、污水处理和中水开发等方面的因素考虑。一般情况下，城市有污水处理厂，生活废水不需回用或生产污水与生活污水性质相似时宜采用合流排水体制。

2. 宜采用分流排水体制的情况

当有下列情况时应采用建筑内部分流排水体制。

（1）当两种污水合流后会产生有毒有害气体或其他有害物质时。

（2）排水中污染物质同类，但浓度差异大时。

（3）医院污水中含有大量致病菌或所含放射性元素超过标准时。

（4）不经处理或略作处理可重复使用的水量较大时。

（5）建筑中水系统需要收集原水时。

（6）公共饮食业厨房含有大量油脂的洗涤废水时。

（7）工业废水中有贵重工业原料需回收利用以及夹有大量矿物质或有毒、有害物质需要单独处理时。

（8）锅炉、水加热器等加热设备排水温度超过40℃等。

3. 宜采用合流排水体制的情况

（1）城市有污水处理厂，生活废水不需回用时。

（2）生产污水与生活污水性质相似时。

【项目二】建筑室内排水系统的常用设备

【任务一】建筑室内排水系统的管材、管件及附件

（一）排水常用管材

建筑室内排水管道所用材料，根据敷设的条件和地点、污水的性质和成分以及对管道的要求来决定。常用的排水管材有以下几种。

1. 塑料管

目前在建筑内使用的排水塑料管是硬聚氯乙烯塑料管（简称 UPVC 管）。

优点：重量轻、不结垢、不腐蚀、外壁光滑、容易切割、便于安装、可制成各种颜色、投资省以及节能。

缺点：强度低、耐温性差（使用温度在-5℃～50℃之间）、立管会产生噪音、暴露于阳光下管道易老化、防火性能差。

排水塑料管规格如表 3-1 所示。

表 3-1 排水硬聚氯乙烯塑料管规格

公 称 直 径（mm）	40	50	75	100	150
外　　　径（mm）	40	50	75	110	160
壁　　　厚（mm）	2.0	2.0	2.3	3.2	4.0
参 考 重 量（g/m）	341	431	751	1535	2803

2. 铸铁管

铸铁管是目前使用最多的管材，管径在 50～200mm 之间，其规格如表 3-2 所示。室内排水管通常用水泥接口。

表 3-2 排水铸铁管承插口直管规格

内径（mm）	D1（mm）	D2（mm）	l1（mm）	D3（mm）	δ（mm）	l2（mm）	重量（kg/个）
50	80	92	60	50	5	1500	10.3
75	105	117	65	75	5	1500	14.9

续表

内径（mm）	D1（mm）	D2（mm）	l1（mm）	D3（mm）	δ（mm）	l2（mm）	重量（kg/个）
100	130	142	70	100	5	1500	19.6
125	157	171	75	125	6	1500	29.4
150	182	196	75	150	6	1500	34.9
200	234	250	80	200	7	1500	53.7

3．钢管

钢管主要用于洗脸盆、小便器、浴盆等卫生器具与横支管间的连接短管，管径一般为32mm、40mm、50mm。

4．带釉陶土管

带釉陶土管耐酸碱腐蚀，主要用于排放腐蚀性工业废水。室内生活污水埋地管也可用带釉陶土管。

5．石棉水泥管

石棉水泥管重量轻、表面光滑、抗腐蚀性能好，但质脆、机械强度低，只能用于振动不大的生产排水管道或作为生活污水的通气管，一般用双承铸铁管箍连接，在室内排水中较少采用。

6．特种管道

需排除各种腐蚀性污水、高温及毒性污水时，可分别采用不锈钢管、铅管、玻璃管和衬胶管等。

（二）排水管道常用管件

塑料管和铸铁管通过各种管件来连接。排水管的管件较多，但最常见的有以下几种。

① 弯头

弯头是用于管道拐弯处的部件，使管道的走向发生变化。工程中常用的排水弯头有 90°和 45°两种。

② 三通

三通是用于两条管道汇合处的部件，使两股水流汇合成一股，再经汇合管排走。工程中常见的三通有：T形三通、90°三通、45°三通。

③ 管箍

管箍俗称套轴，它用于连接两段排水直管。如两根排水直管的插口碰到一起，这时若不用套轴将其连接起来，就无法用别的方法连接了。

④ 四通

四通是用于三条管道汇合处的连接，即使三股污水的水流汇合到一起，然后经汇合管排走。工程中常用的四通有 Y 形四通和正四通两种。

⑤ 乙字弯

乙字弯也称回弯，因为排水立管在室内距墙比较近，而墙脚下的基础要比墙厚，为了使排水立管到了墙脚以下绕过基础，故要设置乙字弯。

【任务二】建筑室内排水系统的基本设备以及设备的安装

（一）卫生器具设备

卫生器具是建筑室内排水系统的起点，用来满足日常生活和生产过程中各种卫生要求，是收集和排除污废水的设备。卫生器具的结构、形式和材料各不相同，应根据其用途、设置地点、维护条件和安装条件选用。

为满足卫生清洁的要求，卫生器具一般采用不透水、无气孔、表面光滑、耐腐蚀、耐磨损、耐冷热、便于清扫，有一定强度的材料制造，例如，陶瓷、搪瓷生铁、塑料、水磨石、复合材料等。为防止粗大污物进入管道，发生堵塞，除了座便器外，所有卫生器具均应在防水处设栏栅。

卫生器具一般由以下设备组成。

1. 便溺用卫生器具

便溺用卫生器具设置在卫生间和公共厕所，用来收集生活污水。便溺器具包括便器和冲洗设备。

（1）座便器是排除粪便的卫生器具，其作用是把粪便和便纸快速排入下水道，同时要防臭。常用的座便器有坐式座便器、蹲式座便器和大便槽三种。①坐式座便器：多设在家庭、宾馆、旅馆、饭店等高级建筑内，这种座便器构造本身包括存水弯。坐式座便器分为低水箱坐式座便器和自闭式冲洗阀坐式座便器，其安装分别如图 3-2 和图 3-3 所示。②蹲式座便器：卫生条件较好，不会传染皮肤病，多装在住宅、医院、公共厕所或其他公共建筑的卫生间内。蹲式座便器本身不带存水弯，需另装设陶瓷或铸铁存水弯，其安装如图 3-4 所示。③大便槽：设备简单，建筑费用低廉，常使用在建筑标准不高的公共建筑或公共厕所中，大便槽构造如图 3-5 所示。

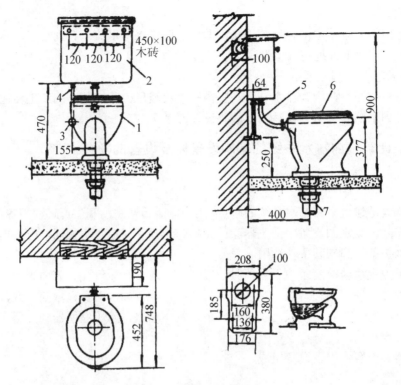

图 3-2 低水箱坐式座便器安装

1-坐式座便器；2-低水箱；3-D_g15 角型阀；4-D_g15 给水管；
5-D_g15 冲水管；6-木盖；7-D_g100 排水管

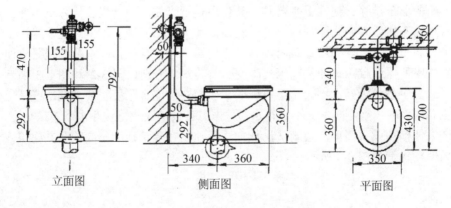

图 3-3 自闭式冲洗阀坐式座便器安装

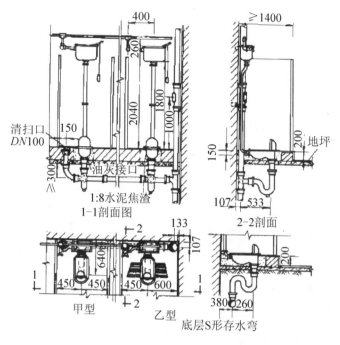

图 3-4 高水箱蹲式座便器安装

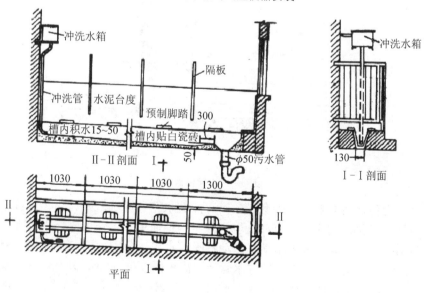

图 3-5 大便槽

（2）小便器装设在公共男厕中，有挂式、立式、小便槽三类。数量不多时可采用手动冲洗阀冲洗，数量较多时可成组装置，采用水箱冲洗。①挂式小便器：装设在一般公用建筑男厕内。可采用自动冲洗水箱或小便斗水龙头冲洗，设备安装如图 3-6 所示。②立式小便器：装设在要求较高的公共建筑内，例如，展览馆、大剧院、文化馆、招待所、宾馆、高层建筑中，设备安装如图3-7所示。③小便槽：构造简单、经济、占地面积小，可同时供多人使用等优点，被广泛装置在工业企业、公共建筑、集体宿舍男厕内。但管理不善时，耗水量大，设备安装如图3-8所示。

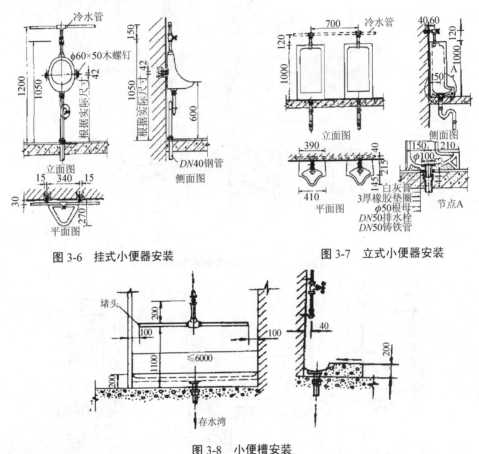

图3-6 挂式小便器安装　　　　图3-7 立式小便器安装

图3-8 小便槽安装

（3）冲洗设备是便溺器具的配套设备，有冲洗水箱和冲洗阀两种。①冲洗水箱：冲洗水箱多采用虹吸式原理制成，具有冲洗能力强、构造简单、工作可靠、不漏水等优点。冲洗水箱按内部构造的不同可分为手动和自动虹吸式水箱，分别如图3-9和图3-10所示。②冲洗阀：冲洗阀直接安在座便器冲洗水管上，离地面高度0.8m，外观洁净美观，不需要水箱，不占空间，费用较低，使用方便，不漏水。冲洗阀有活塞式（如图3-11所示）和皮膜式两种，其中活塞式冲洗阀应用最广。

近年来，一种新型的延时自闭式冲洗阀（如图3-12所示）问世，它造型美观，不占空间，费用低，具有可调延时冲洗和自动关闭的性能，而且还具有节约用水，不漏水，噪音小，防止污染自来水等功能，所以可取代水箱，被广泛使用。

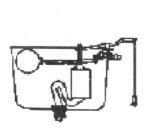  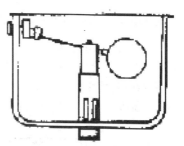

a.套筒式高水箱　　　　b.提位盘式低水箱　　　　c.双冲式冲洗水箱

图 3-9　手动冲洗水箱

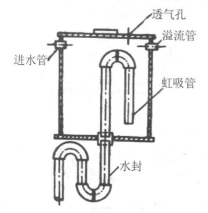 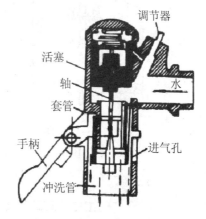

图 3-10　自动冲洗水箱　　　　图 3-11　活塞式冲洗阀

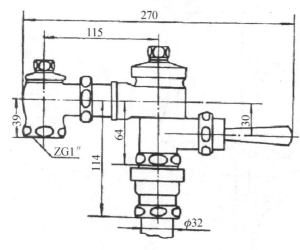 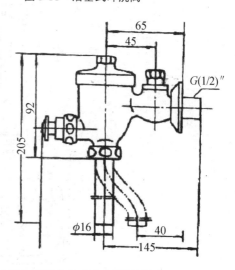

（a）延时自闭式座便器冲洗阀　　　（b）延时自闭式小便器冲洗阀

图 3-12　延时自闭式冲洗阀

2. 盥洗淋浴用卫生器具

（1）洗脸盆：装置在盥洗室、浴室、卫生间中供洗脸洗手用。其规格形式很多，按使用要求有长方形、角形和椭圆形。安装方式有墙架式、柱脚式和台式。墙架式洗脸盆（如图 3-13 所示）是使用最广泛的一种形式；柱脚式洗脸盆（如图 3-14 所示），外表美观，一般装在较高级建筑的卫生间内；台式洗脸盆用在高级宾馆的卫生间内。

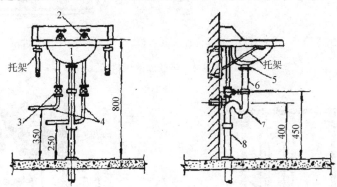

图 3-13 墙架式洗脸盆安装

1-洗脸盆；2-D_g18 龙头；3-D_g15 截止阀；4-D_g15 给水管（左热右冷）
5-D_g32 排水栓；6-D_g32 钢管；7-D_g32 钢存水弯；8-D_g32 排水管

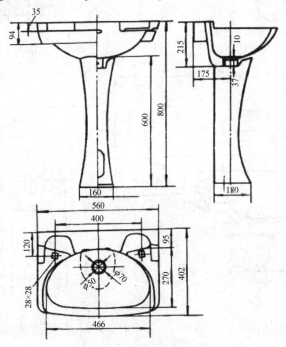

图 3-14 柱脚式洗脸盆安装

（2）盥洗槽（如图3-15所示）：由于构造简单、经济，因此广泛用于工厂、学校的集体宿舍和生活间内。

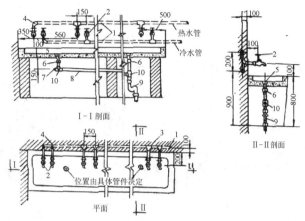

图3-15　盥洗槽安装

1-给水管；2-龙头 $D_g=15$；3-三通；4-弯头 $D_g=15$；5-排水栓 $D_g=50$；
6-管箍 $D_g=50$；7-堵头 $D_g=50$；8-排水管 $D_g=50$；9-存水弯 $D_g=50$；10-三通 50×50

（3）浴盆（如图3-16所示）：设置在高级住宅、旅馆、宾馆、医院、疗养院以及公共浴室中。

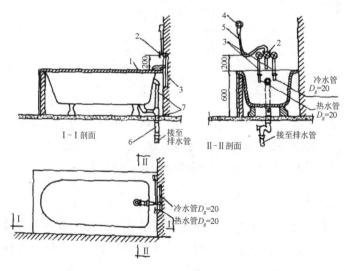

图3-16　带活动式淋浴器的浴盆安装

1-浴盆；2-混合阀门；3-给水管 $D_g=20$；4-莲蓬头；
5-蛇皮管 $D_g=15$；6-存水弯 $D_g=50$；7-排水弯 $D_g=40$

（4）淋浴器（如图3-17所示）：广泛用于集体宿舍、体育馆、公共浴室、工厂生活间内，具有占地少，造价低，清洁卫生等优点。

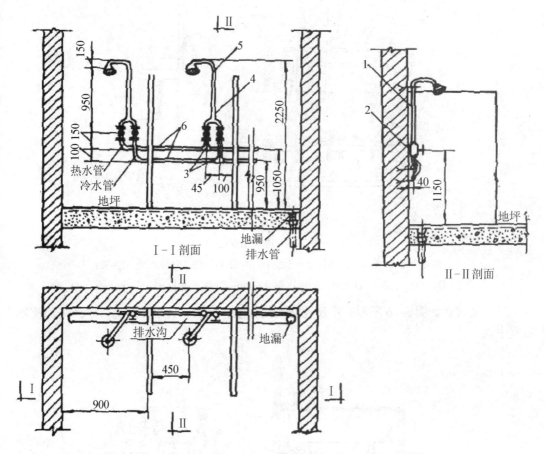

图3-17　淋浴器安装

1-双联开关淋浴器 $D_g=15$；2-截止阀 $D_g=15$；3-三通 15×15；
4-管箍 $D_g=15$；5-单管立式支架；6-给水管 $D_g=15$

3. 洗涤用卫生器具

洗涤用卫生器具主要有污水池、洗涤池、洗涤盆等。前两种设置在公共建筑厕所、卫生间、集体宿舍盥洗室以及食堂等建筑内。后一种设在工厂、科研机关内，设备安装分别如图3-18、3-19、3-20所示。

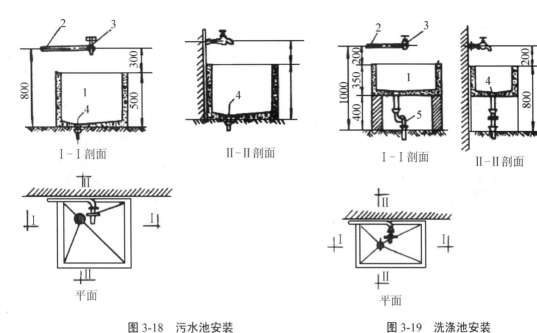

图 3-18　污水池安装　　　　　　　图 3-19　洗涤池安装

1—污水池；2—给水管；3—龙头；4—地漏　　　1—洗涤池；2—给水管；3—龙头；4—排水栓；5—存水弯

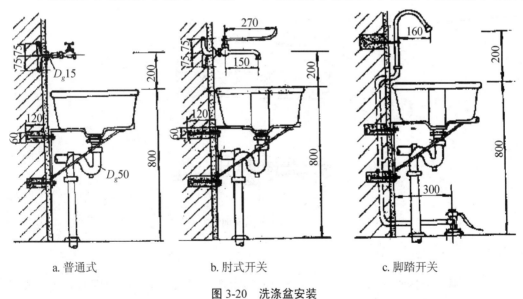

a. 普通式　　　　b. 肘式开关　　　　c. 脚踏开关

图 3-20　洗涤盆安装

4. 特殊用途的卫生器具

（1）饮水器（如图 3-21 所示）：是装置在工厂、学校、火车站、体育馆以及公园等公共场所供人们饮用凉开水的器具。

（2）地漏（如图 3-22 所示）：在生产车间或洗衣房、浴室、卫生间及盥洗室的地板上常积水，须装置地漏。地漏的篦子顶面应低于地面 5~10mm，规格有 50mm、70mm、100mm 三种。

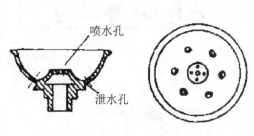

图 3-21　饮水器

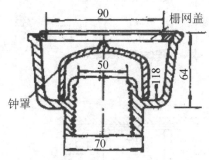

图 3-22　地漏

地漏中水封较浅，使用时水封易被蒸发，容易成为通气孔，目前已有高桩地漏，即加深水封。但使用时，仍须注意保持水封。

多通道隔板式地漏（如图 3-23 所示），具有水封深、设有多向接头、排水量大、自净能力强等优点，可推广应用。

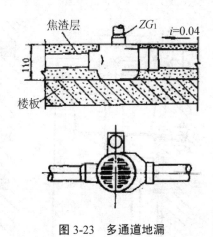

图 3-23　多通道地漏

（二）清扫设备

为了清通室内排水管道，应在排水管道的适当部位装设检查口，在排水支管上装设清扫口和室内检查井等，如图 3-24 所示。

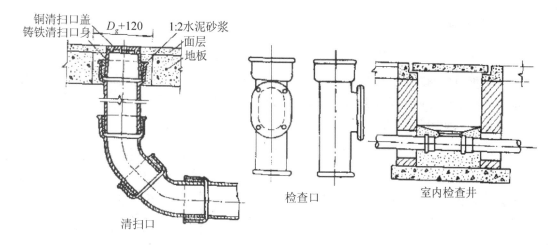

图 3-24 清扫设备

1. 检查口

检查口通常设在排水立管及较长的水平管段上,每隔一层设置一个,但最底层和最高层必须设置检查口。检查口的设置高度一般距地面 1m,并应高于该层卫生器具上边缘 0.15m。

2. 清扫口

当悬吊在楼板下面的污水横管上有二个及二个以上的座便器或三个及三个以上的卫生器具时,应在横管的起端设置清扫口(如图 3-24 所示),也叫采用带螺栓盖板的弯头、带堵头的三通配件清扫口。

3. 检查井

对于不散发有害气体或大量蒸汽的工业废水的排水管道,可在建筑物内的管道转弯、变径和坡度改变及连接支管处设置检查井,其构造如图 3-24 所示。在直线管段上,排除生产废水时,检查井的距离不宜大于 30m;排除生产污水时,检查井的距离不宜大于 20m。对于生活污水排水管道,在建筑物内不宜设检查井。

在民用建筑中,需要经常冲洗地面的公共食堂、厨房及排水量较大的浴室,常采用明沟排水,在排水口处设格栅,防止杂物进入室外排水管道。

在工业建筑中,排除不散发有害气体或大量蒸汽的工业废水时,有下列情况时均可用带盖板或不带盖板的排水沟排除污水。①生产设备排水支管较多或排水点的位置不固定,用管道连接有困难时;②污水中含有大量悬浮物或沉淀物,需要经常疏通时;③因生产工艺要求,需经常冲洗地面时。

（三）设备的安装

1. 卫生器具的布置与敷设

（1）根据卫生间和公共厕所的平面尺寸、所选用的卫生器具类型以及尺寸布置卫生器具。既要考虑使用方便，又要考虑管线短，排水通畅，便于维护管理。卫生间和公共厕所的平面布置图，如图 3-25 所示。

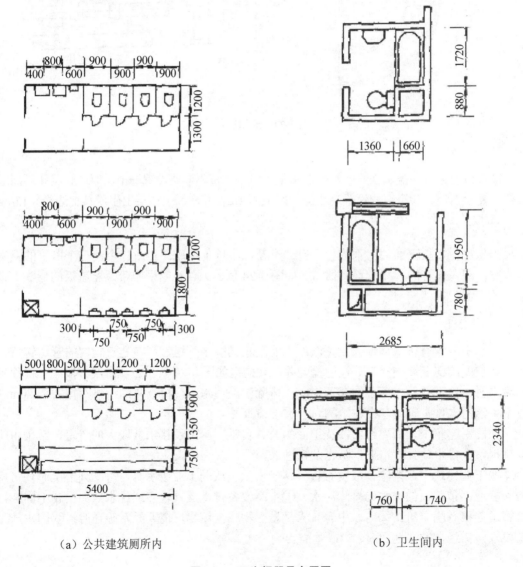

(a) 公共建筑厕所内　　　　　　(b) 卫生间内

图 3-25　卫生间器具布置图

（2）为使卫生器具使用方便，使其功能正常发挥，卫生器具的安装高度应满足表 3-3 的要求。

表 3-3 卫生器具安装高度

序号	卫生器具名称	卫生器具边缘离地面高度	
		居住和公共建筑	幼儿园
1	架空式污水盆（池）（至上边缘）	800	500
2	落地式污水盆（池）（至上边缘）	500	500
3	洗涤盆（池）（至上边缘）	800	800
4	洗手盆（至上边缘）	800	500
5	洗脸盆（至上边缘）	800	500
6	盥洗槽（至上边缘）	800	500
7	浴盆（至上边缘）	480	----
8	蹲、坐式座便器（从台阶面至高水箱底）	1800	1800
9	蹲式座便器（从台阶面至低水箱底）	900	900
10	坐式座便器（至低水箱底）		
	外露排出管式	510	----
	虹吸喷射式	470	370
11	坐式座便器（至上边缘）		
	外露排出管式	400	----
	虹吸喷射式	380	----
12	大便槽（从台阶面至冲洗水箱底）	不低于 2000	----
13	立式小便器（至受水部分上边缘）	100	----
14	挂式小便器（至受水部分上边缘）	600	450
15	小便槽（至台阶面）	200	150

（3）地漏应设在地面最低处，易于溅水的卫生器具附近。地漏不宜设在排水支管顶端，以防止卫生器具排放的固体杂物在卫生器具和地漏之间的横支管内沉淀。

目前所安装的卫生器具多为陶瓷制品以及部分铸铁搪瓷、玻璃钢制品，所有卫生器具外表应光滑，造型周正，边缘平滑无棱角毛刺，无裂纹，色调应一致；排水设备的零配件规格应标准，外表光滑，电镀均匀，螺纹清晰，锁母松紧适度，无砂眼、裂纹等缺陷。

2. 设备安装应注意的问题

各种排水设备在安装中应注意如下问题。

（1）安装排水设备有其共同的要求，即平、稳、牢、准、不漏、使用方便、性能良好。

平：排水设备的上口边缘要水平，同一房间内成排布置的器具标高应一致。

稳：排水设备安装好后应无摇动现象。

牢：安装应牢固、可靠，防止使用一段时间后产生松动。

准：排水设备的坐标位置、标高要准确。

不漏：排水设备上的排水管口连接处必须保证严密、无渗漏。

使用方便：排水设备的安装应根据不同使用对象（如住宅、学校、幼儿园、医院等）而定。

合理安排：阀门手柄的位置朝向合理。

性能良好：阀门、水龙头开关灵活，各种感应装置应灵敏、可靠。

（2）排水设备除浴盆和蹲式座便器外，均应待土建抹灰、粉刷、贴瓷砖等工作基本完成后再进行安装。

（3）各种排水设备埋设支、托架时除要求平整、牢固外，还应与器具贴紧；栽入墙体内的深度要符合工艺要求，支、托架必须防腐良好；固定用螺钉、螺栓一律采用镀锌产品，凡与器具接触处应加橡胶垫。

（4）蹲便器或坐便器与排水口连接处要用油灰压实；稳固地脚螺栓时，不得破坏地面防水层，防止地面漏水。

（5）排水栓及地漏的安装应平正、牢固，并应低于排水表面；安装完后应试水检查，周边不得有渗漏。地漏的水封高度不得小于50mm。

（6）高水箱冲洗管与便器接口处，要留出槽沟，内填充砂子后抹平以便今后检修；为防止腐蚀，绑扎胶皮碗应采用成品喉箍或铜丝。

（7）安装洗脸盆、洗涤盆（家具盆）的排水栓时，应将排水栓侧的溢水孔对准器具的溢水孔；无溢水孔的排水口，应打孔后再进行安装。

（8）安装洗脸盆、洗涤盆的下水口时应上垫油灰、下垫胶皮，使之与器具接触紧密，避免产生渗漏现象。

（9）带有裙边的浴盆是近几年引进的新型浴盆，应在靠近浴盆下水的地面结构上预留200mm×300mm的孔洞，便于浴盆排水管的安装及检修，同时做好地面防水处理。裙边浴盆有左和右之分，安装时按照其位置选用。

（10）小便槽冲洗管的安装制作：冲洗管应采用镀锌钢管或塑料管制作；冲洗孔距一般为40mm、孔径为3 mm，镀锌钢管钻孔后应进行二次镀锌；安装时应使冲洗孔对墙向下倾斜450°角，并根据管道长度适当用卡件固定。

（11）自动冲洗式小便器是由自动冲水器和小便器组成，安装时应在生产厂方指导下进行，并经调试合格后方可移交用户使用。

【项目三】建筑室内排水管道的布置与敷设

【任务一】建筑室内排水管道的组合类型

建筑内部污废水排水管道系统按排水立管和通气立管的设置情况分为以下几种。

1. 单立管排水系统

单立管排水系统是指只有 1 根排水立管,没有专门通气立管的系统。利用排水立管本身及其连接的横支管进行气流交换,这种通气系统被称为内通气系统。根据建筑层数和卫生器具的多少,单立管排水系统又分为三种。

(1) 无通气管的单立管排水系统:这种形式的立管顶部不与大气连通,适用于立管短,卫生器具少,排水量少,立管顶端不便伸出屋面的情况,如图 3-26(a)所示。

(2) 有通气的普通单立管排水系统:排水立管向上延伸,穿出屋顶与大气连通,适用于一般多层建筑,如图 3-26(b)所示。

(3) 特制配件单立管排水系统:在横支管与立管连接处,设置特制配件(叫上部特制配件)代替一般的三通;在立管底部与横干管或排出管连接处设置特制配件(叫下部特制配件)代替一般弯头。在排水立管管径不变的情况下改善管内水流与通气状态,增大排水流量。这种内通气方式因利用特殊结构改变水流方向和状态,所以也叫诱导式内通气方式。适用于各类多层、高层建筑,如图 3-26(c)所示。

2. 双立管排水系统

双立管排水系统也叫两管制,由 1 根排水立管和 1 根通气立管组成。因为双立管排水系统利用排水立管与另 1 根立管之间进行气流交换,所以叫外通气系统。适用于污废水合流的各类多层和高层建筑,如图 3-26(d)所示。

3. 三立管排水系统

三立管排水系统也叫三管制,由 1 根生活污水立管,1 根生活废水立管和 1 根通气立管组成(如图 3-26(e)所示),2 根排水立管共用 1 根通气立管。三立管排水系统也是外通气系统,适用于生活污水和生活废水需分别排出室外的各类多层、高层建筑。

三立管排水系统还有一种变形系统,省掉专用通气立管,将废水立管与污水立管每隔 2 层互相连接,利用两立管的排水时间差,互为通气立管,这种外通气方式也叫湿式外通气系统。

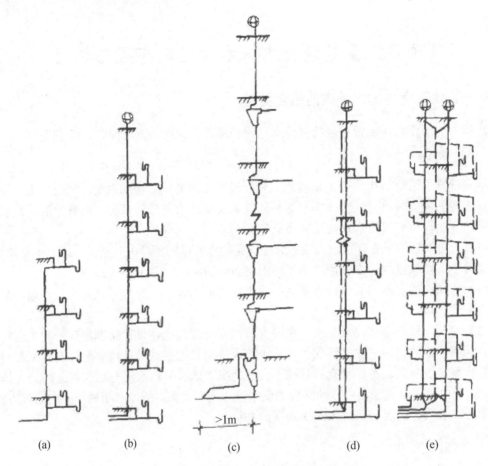

图 3-26 排水管道的组合类型

【任务二】建筑室内排水管道的布置与敷设

（一）布置与敷设的原则

建筑内部排水系统直接影响着人们的日常生活和生产，为创造一个良好的生活和生产环境，建筑内部排水管道布置和敷设时应遵循以下原则：

（1）排水畅通，水力条件好；
（2）使用安全可靠，不影响室内环境卫生；
（3）总管线短、工程造价低；
（4）占地面积小；
（5）施工安装、维护管理方便；
（6）美观。

在设计过程中应首先保证排水畅通和室内良好的生活环境，然后再根据建筑类型、标准、投资等因素进行管道的布置和敷设。

（二）排水横支管的布置与敷设

（1）排水横支管不宜太长，尽量少转弯，1根支管连接的卫生器具不宜太多。
（2）排水横支管不得穿过沉降缝、烟道、风道。
（3）排水横支管不得穿过有特殊卫生要求的生产厂房、食品及贵重商品仓库、通风小室和变电室。
（4）排水横支管不得布置在遇水易引起燃烧、爆炸或损坏的原料、产品和设备上面，也不得布置在食堂、饮食业的主副食操作烹调的上方。
（5）排水横支管距楼板和墙应有一定的距离，便于安装和维修。
（6）当排水横支管悬吊在楼板下，接有2个及2个以上座便器或3个及3个以上卫生器具时，排水横支管顶端应升至上层地面并设置清扫口。

（三）排水立管的布置与敷设

（1）排水立管应靠近排水量大，水中杂质多，最脏的排水点处。
（2）排水立管不得穿过卧室、病房，也不宜靠近与卧室相邻的内墙。
（3）排水立管宜靠近外墙，以减少埋地管长度，便于清通和维修。
（4）排水立管应设检查口，其间距不大于10m，但底层和最高层必须设置检查口。平顶建筑物可用通气管顶口代替最高层的检查口。检查口中心至地面距离为1m，并应高于该层溢流水位最低的卫生器具上边缘0.15m。

（四）横干管及排出管的布置与敷设

（1）排出管以最短的距离排出室外，尽量避免在室内转弯。
（2）建筑层数较多时，应考虑底部横管是否单独排出。
（3）埋地管不得布置在可能受重物压坏处或穿越生产设备基础。
（4）埋地管穿越承重墙或基础处，应预留洞口，且管顶上部净空不得小于建筑物的沉降量，一般不宜小于0.15m。
（5）湿陷性黄土地区的排出管应设在地沟内，并应设置检漏井。
（6）距离较长的直线管段上应设检查口或清扫口，其最大间距如表3-4所示。

表 3-4 污水横管的直线管段上检查口或清扫口之间的最大距离

管道管径(mm)	清扫设备种类	距离（m）		
		生产废水	生活污水及与生活污水成分相近的生产污水	含有大量悬浮物和沉淀物的生产污水
50～75	检查口	15	12	10
50～75	清扫空	10	8	6
100～150	检查口	20	15	12
100～150	清扫空	15	10	8
200	检查口	25	20	15

（7）排出管与室外排水管连接处应设置检查井，检查井中心到建筑物外墙的距离不宜小于3m。检查井至污水立管或排出管上清扫口的距离不大于表3-5中的数值。

表 3-5 室外检查井中心至污水立管或排出管上清扫口的最大长度

管　径（mm）	50	75	100	≥100
最 大 长 度（mm）	10	12	15	20

（五）通气系统的布置与敷设

（1）生活污水管道和散发有毒有害气体的生产污水管道应设伸顶通气管。伸顶通气管高出屋面不小于0.3m，但应大于该地区最大积雪厚度，屋顶有人停留时，应大于2m。

（2）连接4个及4个以上卫生器具，且长度大于12m的横支管和连接6个及6个以上座便器的横支管上要设环形通气管。环形通气管应在横支管始端的两个卫生器具之间接出，在排水横支管中心线以上与排水横支管呈垂直或45°连接。

（3）对卫生、安静要求高的建筑物内，生活污水管道宜设置器具通气管。器具通气管应设在存水弯出口端，如图3-27所示。

（4）器具通气管和环形通气管与通气立管连接处应高于卫生器上边缘0.15m，按不小于0.01的上升坡度与通气立管连接。

（5）专用通气立管每隔2层，主通气立管每隔8～10层设结合通气管与污水立管连接。结合通气管下端宜在污水横支管以下与污水立管以斜三通连接，上端可在卫生器具上边缘以上不小于0.15m处与通气立管以斜三通连接。

（6）专用通气立管和主通气立管的上端可在最高层卫生器具上边缘或检查口以上不小于0.15m处与污水立管以斜三通连接，下端在最低污水横支管以下与污水立管以斜三通连接。

（7）通气立管不得接纳污水、废水和雨水，通气管不得与通风管或烟道连接。

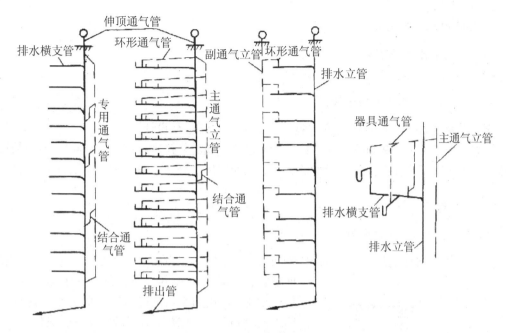

图 3-27 几种典型的通气方式

【项目四】屋面雨水排放

【任务一】屋面雨水排放的类型与排放方式

屋面雨水的排放是建筑物排水系统中的重要组成部分,能否顺利将屋面雨水排放出去,直接关系到建筑物的正常使用和安全。

（一）屋面雨水排除系统的分类及选择

1. 按雨水管道布置位置分类

（1）外排水系统：屋面不设雨水斗,建筑内部没有雨水管道的雨水排放形式。按屋面有无天沟,又可分为檐沟外排水系统和天沟外排水系统。

（2）内排水系统：屋面设有雨水斗,建筑物内部设有雨水管道的雨水排水系统。内排水系统可分为单斗排水系统和多斗排水系统,敞开式内排水系统和密闭式内排水系统。

（3）混合排水系统：同一建筑物采用几种不同形式的雨水排除系统,分别设置在屋面的不同部位,组合成屋面雨水混合排水系统。

2. 按管内水流情况分类

（1）重力流雨水排水系统。

（2）压力流雨水排水系统。

3. 屋面雨水排除系统的选择

无论何种屋面雨水的排除都必须按重力流或压力流进行设计。

一般情况下，檐沟外排水系统应按重力流设计，天沟外排水系统应按单斗压力流设计，内排水系统可按重力流或压力流设计，大屋面工业厂房和公共建筑宜按多斗压力流设计。

（二）外排水系统

1. 檐沟外排水（水落管外排水）方式

对于一般的居住建筑、屋面面积较小的公共建筑以及单跨的工业建筑，雨水多采用屋面檐沟汇集，然后流入设置在外墙的水落管，排至屋边明沟，再由雨水口经连接管引至室外检查井（如图 3-28 所示）。水落管多用镀锌铁皮制成，截面为矩形或半圆形，断面尺寸约为 70mm×80mm 或 120mm×80mm，也可用石棉水泥管，但其下端极易被碰撞破裂，故使用时，下端距地面1m 高以下应考虑保护措施（多用水泥砂浆抹面）。工业厂房的水落管也可用铸铁管，管径为 100mm 或 150mm。民用建筑的水落管间距约为 12~16m；工业建筑约为 18~24m。

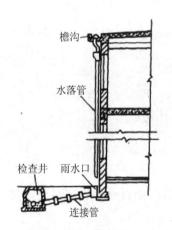

图 3-28　檐沟外排水

2. 天沟外排水方式

在多跨的工业厂房中，中间跨屋面雨水的排除，过去常设计为内排水系统，使投资增加且使用过程中常有检查井冒水的现象。因此，近年来国内对多跨厂房采用天沟外排水的方式。这种排水方式的优点是可消除厂房内部检查井冒水的问题，而且具有节约投资，节省金属、施工简便（不需搭架安装悬吊管道等）以及为厂区雨水系统提供明沟排水或减少管道埋深等优点。但若设计不善或施工质量不佳，将会产生天沟渗漏的问题。

如图 3-29 所示是天沟布置示意，天沟伸出山墙 0.4m，天沟端设雨水斗，关于雨水斗与雨水立管的连接，见图 3-30 所示。

在寒冷地区，天沟排水的雨水立管也可设在室内。

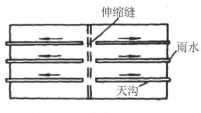

图 3-29 天沟布置示意

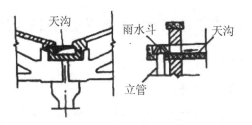

图 3-30 天沟与雨水管连接

（三）内排水系统

对于大面积建筑屋面以及多跨的工业厂房，当采用外排水方式有困难时，可采用内排水系统。

内排水系统由雨水斗、悬吊管、立管、地下雨水沟管以及清通设备等组成（如图 3-31 所示）。

当车间内允许敷设地下管道时，屋面雨水可由雨水斗经立管直接流入室内检查井，再由地下雨水管道流至室外检查井，如图 3-31 所示。但因这种系统可能造成检查井冒水的现象，故采用较少。因此尽量设计成如图 3-31 所示的排水方式。雨水由雨水斗经悬吊管、立管、排出管流至室外检查井。在冬季不甚寒冷的地区，可将悬吊管引出山墙，立管设在室外，固定在山墙上，类似天沟外排水的方法处理。

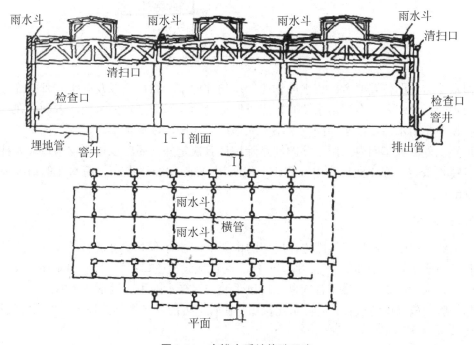

图 3-31 内排水系统构造示意

【任务二】建筑室内排水系统的布置与敷设

（一）排水系统的布置和敷设

1. 雨水斗

雨水斗的作用是迅速地排除屋面雨水、雪水，并能将粗大杂物拦阻下来。为此，要求选用导水通畅、水流平稳、通过流量大、天沟水位低、水流中掺气量小的雨水斗。目前我国常用的雨水斗有65型，64-Ⅰ型和64-Ⅱ型等，其中以65型雨水斗的性能最好。图3-32为65型雨水斗组合图。

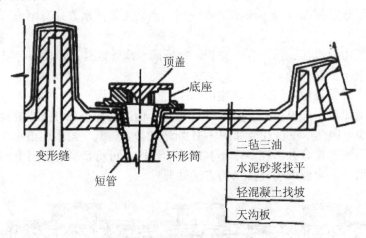

图3-32　65型雨水斗的安装

雨水斗布置的位置要考虑集水面积比较均匀和便于与悬吊管以及雨水立管的连接，以确保雨水能畅通流入。布置雨水斗时，应以伸缩缝作为屋面排水分水线，否则应在该缝的两侧各设一个雨水斗。雨水斗的位置不要太靠近变形缝，以免暴雨时天沟水位太高，雨水从变形缝上部流入车间内。雨水斗的间距除按计算决定外，还应以建筑物构造（如柱子布置）等特点决定。在工业厂房中，间距一般采用 12m、18m、24m。雨水斗的口径通常采用100mm。

2. 悬吊管

在工业厂房中，悬吊管常固定在厂房的桁架上，并有不小于 0.003 的坡度。当坡向立管的管径小于或等于 150mm，长度超过 15m 时，应设检查口；管径为 200mm，长度超过 20m 时，也应设检查口。悬吊管应避免通过不允许有滴水的生产设备的上方。

悬吊管一般采用铸铁管，石棉水泥接口。在管道可能受到震动的地方，采用焊接钢管，焊接接口。

3. 立管

立管通常沿柱布置,每隔 2m 用夹箍固定在柱子上。立管应设检查口,检查口中心至地面高度一般为 1m。立管一般采用铸铁管,石棉水泥接口。在可能受到震动的地方采用焊接钢管,焊接接口。

4. 地下雨水管道

厂房内地下雨水管道大多采用混凝土管或钢筋混凝土管,其最小埋深与室内排水管一样。在车间内,当采用明沟排水对生产无影响时,可采用砖砌或混凝土浇制的明沟,沟上要设盖板。

(二)雨水管道及附件安装要点

室内雨水管道,其管材一般采用排水铸铁管、钢管或硬聚氯乙烯排水塑料管等。
根据雨水管道的功能和附件的特点,安装时应注意以下几点。
(1)雨水管道不得与生活污水管道相连接。
(2)雨水斗的连接应固定在屋面承重结构上。雨水斗边缘与屋面相连处应严密不漏。连接管管径当设计无要求时,不得小于 100mm。
(3)密闭雨水管道系统的埋地管,应在靠立管处设置水平检查口。高层建筑的雨水立管在地下室或底层向水平方向转弯的弯头下面,应设置支墩或支架,并在转弯处设置检查口。
(4)雨水斗连接管与悬吊管的连接应用 45°三通;悬吊管与立管的连接,应采 45°三通或 45°四通和 90°斜三通或 90°斜四通。
(5)悬吊式雨水管道的敷设坡度不得小于 0.005。
(6)雨水立管应按设计要求装设检查口。

【项目五】建筑室内排水系统的管理与维护

【任务一】建筑排水系统管理的相关知识

设备或系统的维护是排水系统工作内容中的重点。设备的管理必须明确室内排水系统管理的范围,了解室内排水系统的管理要求和管理内容。

(一)室内排水系统的管理范围和管理要求

1. 室内排水系统管理范围的界定

室内排水系统由物业服务企业维护管理。凡道路宽在 3.5m(含 3.5m)以上的,其道路和埋设在道路下的市政排水设施，由市政工程管理部门负责维护、管理；道路宽在 3.5m 以下的，由物业服务企业负责维护、管理；居住小区内各种地下设施检查，井盖的维护、管理，由地下设施检查井的产权单位负责，有关产权单位也可委托物业服务企业维护、管理。

2. 室内排水系统的管理要求

（1）建立巡视工作制度。

（2）配合其他部门做好排水工作。

（3）建立健全的排水设施档案。

（4）做好宣传教育工作，教育用户爱惜各项设备设施。

（5）加强排水设备设施的维护。

（二）室内排水系统的管理内容

（1）定期对排水系统进行养护、清通。

（2）教育住户不要把杂物投入下水道，防止堵塞；下水道堵塞应及时清通。

（3）定期检查排水管道及阀门是否出现生锈或渗漏等现象，发现隐患及时处理。

（4）定期检查和清扫室外排水沟渠，清除淤泥和杂物。

（5）检查楼板、墙壁、地面等处有无滴水、洇水、积水等异常现象，如果发现管道确有漏水情况，应及时修理，以防损伤建筑物和有碍环境卫生。

（6）厕所、盥洗室应作为检查的重点，且每次检查的时间间隔以不超过一周为宜。能够对建筑室内排水系统进行日常维护。

【任务二】建筑排水系统的日常维护

（一）室内排水系统的维护

室内排水管道最常见的问题是室内排水管道堵塞。可根据具体情况，判断堵塞物的位置，在靠近的检查口、清扫口以及屋顶通气管等处，采用人工或机械清通，或采用开天窗的方法进行大开挖，排除堵塞物。

（二）小区排水系统的维护与管理

1. 小区排水系统的管理内容

（1）熟悉排水管线的位置及其基本布置情况。

（2）检查检查井的井盖是否严密，防止杂物落入，给修理工作造成麻烦。

（3）检查雨水井及其附件是否完好。

2. 小区排水系统的维护

小区排水管道最常见的问题是管道堵塞，排水不畅通。先检查造成堵塞的原因，然后采取相应的办法排除堵塞，保证排水畅通。另外，排水管道要定期检查和冲洗。如果排水管道周围有树木生长时，每年至少两次检查排水管道内是否有树根。夏季在暴雨过后要检查和清理排水管和雨水管内的淤泥杂物。

（三）室外排水管道的维修

1. 管道坡度搞反形成倒返水

此类故障常见于新建的房屋中，原因大多是未按图纸要求放坡或沟底未做垫层，加上接口封闭不严，管道渗漏而造成不均匀下沉，致使排水不畅，严重的则会引起倒流，污水外溢。维修方法是按原设计图纸和规范要求返工重做。

2. 管道堵塞

维修时，首先将检查井中的沉积物掏清、进行疏通，同时放水冲淤；如果还疏通不了时，则要在堵塞位置上进行破土开挖，采用局部起管、重新接管的办法进行疏通。

复习思考题

1. 室内排水系统由哪几部分组成？
2. 室内排水管道敷设的基本要求是什么？

第四章
小区给排水及热水、饮水供应

【学习目标】
1. 了解小区排水及热水、饮水供应设备。
2. 掌握小区内排水及热水、饮水供应设备的管理与维护。

【能力目标】

▶ **项目一：小区给排水概述**
  1. 认识小区给排水系统的分类
  2. 认识小区给排水的特点

▶ **项目二：小区给水系统**
  1. 识别小区给水方式与选择
  2. 确定不同类型小区给水系统
  3. 进行给水管道的布置与敷设
  4. 熟悉小区给水加压站

▶ **项目三：小区排水系统**
  1. 认识小区排水体制
  2. 掌握小区排水管道系统的组成及敷设要求
  3. 认识小区雨水管渠系统的布置特点
  4. 掌握小区排水提升和污水处理

▶ **项目四：水景及游泳池系统**
  1. 了解水景工程的概述
  2. 熟悉游泳池给排水系统

▶ **项目五：热水供应系统**
  1. 了解热水供应系统概述
  2. 熟悉热水用水定额、水温和水质
  3. 掌握热水的加热方式和供应方式
  4. 认识加热设备的类型
  5. 掌握加热设备的选择和布置
  6. 掌握热水管网的布置与敷设

▶ **项目六：饮水供应**
  1. 了解饮水的类型和标准
  2. 熟悉饮水制备
  3. 识别饮水的供应方式

【项目一】小区给排水概述

【任务一】小区给排水系统的分类

作为城市（镇）组成部分的物业小区，它的给水系统和排水系统同样也依赖着城市（镇）的给排水管网。如果供应到小区的水压力足够的话，也就意味着不需加任何设施可以直接使用城市（镇）供水管网的自来水，否则就应增加增压设备，以提高自来水的供水压力；同样，只有当污水在排放过程中无法通过自身的重力作用实现排水的时候，通常需增加提升设备使污水得以顺利排放到市政的排污管道内。

1. 直接利用城市管网的给排水系统

居住小区给排水管道系统一般由接户管、小区支管和小区干管组成。

2. 设有给水加压和排水提升设施的给排水系统

对于水量充足，但水压偏低的供水系统，可以以城市给水管网为水源，通过水池、水塔及加压泵房等组成保证水量、水压的给水系统。同样地，污水在排放过程当中由于随着管道的管线越长，污水的排放速度越慢，尤其是地形平坦的地区更为突出，此时应增设排水泵房进行污水排放。

3. 设有独立水源和污水处理站的给排水系统

一般位于市郊远离城市的给水管网，需利用其他水源（如地下水）建成独立于城市给水管网的供配水系统。当相应的污水不能进入城市污水处理系统时，应设置集中污水处理站，污水经处理后再进行排放。

【任务二】小区给排水的特点

1. 具有过渡段特性

小区给排水设计流量具有过渡段特性。过渡段流量的确定，直接关系到小区给排水管道的管径确定，并涉及小区给排水系统内其他构筑物和设备的设计与选择。

2. 具有多样性

小区给水方式的选择具有多样性。

【项目二】小区给水系统

【任务一】小区给水的方式与选择

小区给水方式有城市给水管网直接给水方式和小区集中或分散加压给水方式两种类型。

1. 城市给水管网直接给水方式

直接给水方式有两种情况：①给水水压能满足要求的，采用直接供水；②给水水压不能满足要求的，通过设置屋顶水箱调蓄供水。

2. 小区集中或分散加压给水方式

城市管网供水压力不能满足小区供水压力要求时，应采用小区加压给水方式。小区加压给水方式又分为集中加压方式和分散加压方式。生活、生产中比较常见的给水方式有以下几种：①水池—水泵；②水池—水泵—水塔；③水池—水泵—水箱；④管道泵直接抽水—水箱；⑤水池—水泵—气压罐；⑥水池—变频调速水泵；⑦水池—变频调速水泵和气压罐组合。

3. 小区给水方式的选择方法

（1）根据城市（镇）供水条件、小区规模和用水要求、技术经济比较、社会和环境效益等综合评价确定。

（2）在对小区给水方式进行选择时，应该充分利用城市（镇）给水管网的水压，优先采用直接给水方式。在采用加压给水方式时，对给水管网水压能满足的楼层一般也可采用直接给水。

【任务二】不同类型小区给水系统的确定

小区给水系统应与城市（镇）以及建筑给水系统相适应，一般分为生活给水系统和消防给水系统。

1. 给水系统的确定

（1）低层和多层建筑的居住小区，一般不单设室内消防给水系统，多采用生活与消防共用的给水系统。

（2）多层、高层组合的居住小区应采用分区给水系统，其中高层建筑部分应根据高层建筑的数量、分布、高度、性质、管理和安全等情况，经技术、经济比较后，确定采用分散、分片集中或集中调蓄增压给水系统。

2. 增压系统的概念

1. 分散调蓄增压系统：指高层建筑幢数只有一幢或幢数不多，但各幢供水压力要求差异较大，每一幢建筑单独设置水池和水泵的增压给水系统。

2. 分片集中调蓄增压系统：指小区内相近的若干幢高层建筑分片共用一套水池和水泵的增压给水系统。

3. 集中调蓄增压系统：指小区内的全部高层建筑共用一套水池和水泵的增压给水系统。分片集中和集中调蓄增压给水增压系统，总投资较省，便于管理，但在地震区安全性较低。

【任务三】给水管道的布置与敷设

给水管道包括整个小区的给水干管以及小区内的支管和接户管。

1. 定线原则

首先按小区的干道布置给水干管网,然后再居住组团布置小区支管及接户管。小区给水干管的布置可以参照城市给水管网的要求和形式。布置时应注意管网要遍布整个小区,保证每个居住组团都有合适的接水点。

2. 布置和敷设要求

为了保证供水,供水管道的布置和敷设应满足下述要求。

(1) 小区干管应布置成环状或与市政给水管道连成环网。

(2) 小区支管和接户管的布置,通常采用枝状管网。

(3) 小区支管的总长度应尽量短。

(4) 高层建筑及用水要求高的地方,宜采用环状布置,从不同侧的两条小区干管上连接小区支管及接户管,以保证供水安全和满足消防要求。

(5) 给水管道与其他管道平行或交叉敷设时的净距,应根据管道的类型、埋深、施工检修的相互影响、管道上附属构筑物的大小和当地有关规定等条件确定。

(6) 生活给水管道与污水管道交叉时,给水管应敷设在污水管上面且不应有接口重叠;当给水管道敷设在污水管下面时,给水管的接口离污水管的水平净距不宜小于1m。

(7) 在北方冰冻地区需考虑土层的冰冻影响,小区内给水管道管径不大于300mm时,管底埋深应在冰冻线以下(d+200mm)。

(8) 给水支管和接户管布置时,应注意和其他管线综合协调的问题。

【任务四】小区给水加压站

1. 小区给水加压站

加压站一般由泵房、蓄水池、水塔和附属构筑物等组成。按其功能可分为给水加压站和给水调蓄加压站。给水加压站按加压技术可分为设有水塔的加压站、气压给水加压站和变频调速给水加压站,后两种加压站可不设水塔。

2. 泵房类型、组成和水泵的选择

(1) 泵房类型及组成:泵房的类型有圆形、矩形、地面式、半地下式、地下式、自灌式以及非自灌式等类型。一般小区内选择半地下式、矩形及自灌式泵房。

小区内泵房的组成包括水泵机组、动力设备、吸水和压水管路以及附属设备等。

(2) 水泵的选择：小区的水泵多选用卧式离心泵，扬程高的可选用多级离心泵；泵房隔震消声要求高时，亦可选用立式离心泵。加压站同时担负有消防给水任务时，水泵流量应考虑生活给水流量和消防给水流量之和。选择水泵时，水泵扬程一般应和加压站设计扬程相同。

3. 水池

设置水池的目的是为了调蓄储水量，以保证一定时间的用水量。水池的有效容积根据小区生活用水的调蓄储水量、安全储水量和消防储水量确定。

【项目三】小区排水系统

【任务一】小区排水体制

小区内的分流制是指生活污水管道和雨水管道分流的排水方式；合流制是指同一管渠内接纳生活污水和雨水的排水方式。小区的污废水一般应排入城市（镇）下水管道系统，故小区排水体制应与城市（镇）排水体制相一致。我国新建居住小区一般采用分流制系统。

【任务二】小区排水管道系统的组成及敷设要求

分流制排水系统，根据排水管道的功能不同分别设置污水管道系统和雨水管道系统。

小区内排水管道系统，根据管道布置的位置和在系统中的作用不同，管道可分为接户管、小区排水支管及小区排水干管。其布置的程序一般按干管、支管、接户管的顺序进行，根据小区总体规划、道路和建筑的布置、地形标高、污水走向，按管线短、埋深小及尽量自流的原则进行布置。布置干管时应考虑支管接入位置，布置支管时应考虑接户管的接入位置。

小区排水管道敷设时，当管道埋深浅于基础时，与建筑物基础的水平净距应不小于1.5m；当管道埋深深于基础时应不小于2.5m。

【任务三】小区雨水管渠系统的布置特点

保证雨水（特别是特大暴雨）及时排放出去是管渠系统设计的基本要求。

(1) 在平面布置上利用自然地形坡度，以最短的距离靠重力流排入水体或市政雨水管道。雨水管道应平行道路敷设且布置在人行道或花草地带下，以免积水时影响交通或维修管道时破坏路面。

(2) 小区内雨水口的布置应根据地形、建筑物和道路情况确定：①设置在道路交汇处、建筑物单元出入口附近、建筑物雨落管附近以及建筑物前后空地和绿地的低洼处；②设置的数量由汇水面积、汇水流量和选用的雨水口类型及其泄水能力确定；③沿街道布置间距一般为20~40m，连接管长度应不超过25m。

【任务四】小区排水提升和污水处理

（一）小区排水提升

当排水依靠重力自流有困难时，需增加排水提升措施，如设置排水泵房。

（二）小区污水排放和污水处理

1. 小区污水排放

居住小区内的污水排放应符合现行《污水综合排放标准》和《污水排入城市下水道水质标准》的规定要求。

一般居住小区内污水符合排入城市下水道的水质要求，可以直接就近排放至市政污水管道；如果远离城镇或其他原因污水不能排入市政污水管道，应根据排放水体的情况，严格执行《污水综合排放标准》，一般要采用二级生物处理，达标后方能排放。

2. 小区污水处理设施的设置

小区内是否设置污水处理设施，应根据城镇总体规划，按照小区污水排放的走向，由城镇排水总体规划管理部门统筹决定。设置的原则如下所述。

（1）城镇内的居住小区污水，尽量纳入城镇污水集中处理厂范围之内，城镇污水的收集系统应及时敷设到居住小区。

（2）城镇已建成或已确定近期要建污水处理厂，小区污水能排入该污水处理厂服务范围的城镇污水管道，则小区内就不应再建污水处理设施。

（3）若城镇未建污水处理厂，但小区污水在城镇规划的污水处理厂的服务范围之内，并已排入城镇管道收集系统，小区内亦不需建集中的污水处理设施。

（4）如果小区污水因各种原因无法排入城镇污水厂服务范围的污水管道，应坚持排放标准，按污水排放去向，设置污水处理设施，处理达标后方能排放。

（5）如果居住小区内某些公共建筑污水中含有毒、有害物质或某些指标达不到排放标准，应设污水局部处理设施自行处理，达标后方能排放。

3. 小区污水处理技术

小区污水的水质属一般生活污水，所以城市污水的生物处理技术都能适用于小区污水处理。居住小区的规模较大，集中处理污水量达 $1000m^3$ 以上规模的，小区污水处理可按现行《室外排水设计规范》选择合适的生物处理工艺，进行污水处理构筑物的设计计算。在选择处理工艺时，应充分考虑小区的设置特点，处理构筑物最好能布置在室内，对周围环境的影响应降到最低。居住小区规模较小或污水需分散处理，且处理污水设计流量小，这时处理设施可采用二级生物处理要求设计的污水处理装置进行处理。

【项目四】水景及游泳池系统

【任务一】水景工程概述

水景是运用水流的形式、姿态和声音组成的美化环境、点缀风景的水体。我国在18世纪中期已开始利用水景工程制造水景（亦称喷泉）。形状各异、多姿多彩的水景，在现代城镇建设中日益增多，几乎成了城市中不可缺少的景观。随着现代电子技术的发展，也赋予了水景以新的活力，它与灯光、绿化、雕塑和音乐之间的巧妙配合，构成了一幅五彩缤纷、华丽壮观、悦耳动听的美景，给人们带来了清新的环境和诗情画意般的遐想，赢得了人们的广泛喜爱。因此，水景已经成为城镇规划、旅游建筑、园林景点和大型公共建筑设计中极为重要的内容之一，在现代物业中也起着举足轻重的作用。水景除了具有美化环境的功能之外，还具有湿润和净化空气、改善小范围气候的作用。水景工程中的水池可兼作冷却水池、消防水池、浇洒绿地用水的蓄水池或作娱乐游泳池和养鱼池等。

1. 水景工程的构成

典型的水景工程由以下几部分构成：
（1）土建部分，即水泵房、水景水池、管沟、泄水井和阀门井等；
（2）管道系统，即给水管道、排水管道；
（3）造景工艺器材与设备，即配水器、各种喷头、照明灯具和水泵等；
（4）控制装置，即阀门、电气自动控制设备和音控设备等。

2. 水景的造型、基本形式和控制方式

（1）水景的造型分为：①池水式的水景造型；②漫流式的水景造型；③叠水式的水景造型；④喷水式的水景造型；⑤涌水式的水景造型；⑥组合式的水景造型。
（2）水景工程的基本形式有：①固定式；②半移动式；③全移动式。
（3）水景工程的控制方式有：①手动控制；②电动控制；③音响控制（其中音响控制的具体方式有：人声直接控制方式、录音带音乐控制方式、直接音乐音响控制方式、间接音响控制方式和混合控制方式等）。

3. 水景给水的水量和水质

（1）水量的确定有以下三种：①初次充水量视水景池的容积大小而定；②循环水量应等于各种喷头喷水量的总和；③补充水量按循环流量或水池容积的百分率计算。

对于静水景观，每月应排空换水1~2次，为了节约用水，镜池、珠泉等静水景观也可采用循环给水方式。

（2）水质的要求有：①兼作娱乐游泳、儿童戏水的水景水池，其初次充水和补充给水的水质应符合《生活饮用水卫生标准》的规定，其循环水的水质应符合《人工游泳池水质卫生标准》的规定；②不与人体直接接触的水景水池，其补给水可使用生活饮用水，也可根据条件使用生产用水或清洁的天然水（其水质应符合《生活饮用水卫生标准》的感官性指标要求）。

4. 造景工艺主要器材与设备

（1）喷头根据造景需要，常用的形式有：①直流式喷头；②吸气（水）式喷头；③水雾喷头；④隙式喷头；⑤折射式喷头；⑥回转型喷头。常见喷头形式如图4-1所示。除此之外，还有多孔型喷头、组合式喷头及喷花型喷头等几十种喷头，组合式喷头如图4-2所示。

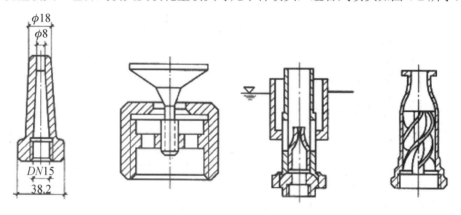

（a）直流式喷头　　（b）折射式喷头　　（c）吸气（水）式喷头　　（d）漩流式喷头

图4-1　常见喷泉喷头

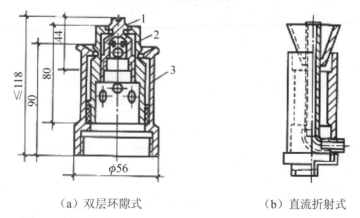

（a）双层环隙式　　　　　（b）直流折射式

图4-2　组合式喷头

1-内芯；2-中芯；3-外壳

（2）水泵的选用：固定式水景工程常选用卧式或立式离心泵和管道泵；半移动式水景

工程宜采用潜水泵，最好是采用卧式潜水泵，如果用立式潜水泵，则应注意满足吸水口要求的最小淹没深度；移动式水景工程，因循环的流量小，常采用微型泵和管道泵。

（3）控制阀门：对于电控和声控的水景工程，基本要求是能够适时、准确地控制，保证水流形态的变化与电控信号和声频信号同步，并保证长时间反复动作不失误、不发生故障。选择电动阀门时要求开启程度与通过的流量成线性关系。采用电磁阀控制水流，一般只有开关两个动作，不能通过开启程度不同去调节流量，故只适用于电控方式而不适用于声控方式。

（4）照射灯具：水景工程的彩光装饰有陆地照射和水下照射两种方式。①反射效果较好的水流形态，采用陆上彩色探照灯照明。但应注意避免灯光直接照射到观赏者的眼睛。②透明水流形态（如射流、水膜等）采用水下照明。常用的水下照射灯具有白炽灯和气体放电灯。

【任务二】游泳池给排水系统

小区或建筑物内附设的游泳池，一般仅作娱乐及锻炼用，不作比赛用。

1. 室内游泳池的一般标准

（1）游泳池尺寸：长度为 25m（或 25m 的倍数）；宽度为每个泳道 2～2.5m，两侧的泳道再加 0.25～0.5m；深度为 1.4～1.8m。

（2）游泳池水质：需符合生活饮用水卫生标准。

（3）游泳池水温：28℃左右（室内泳池）。

（4）游泳池室温：25℃左右（室内泳池）。

但在实际中，小区的游泳池大多呈不规则的形状且以露天居多，这也给管理维护带来了困难。

2. 室内游泳池的给水方式

室内游泳池的给水方式有直接给水法、定期换水给水法以及循环过滤给水法三种形式，如表 4-1 所示。

表 4-1 室内游泳池的给水形式

给水方式	工作要求	特点
直接给水法	长期打开游泳池进水阀门连续给水，让满出游泳池的水自动溢出。游泳池的进水阀门可以适当调节，使每小时的进水量等于15%游泳池的容积	管理方便，但浪费水资源，并且游泳池的水质、水温极难保证

续表

给水方式	工作要求	特　点
定期换水给水法	将游泳池的水定期（一般为 1～3 天）全部放净，再冲洗池底、池壁，重新放满池水	管理简单，一次性投资节约，但水质污染严重，水温也不能得到保证，并且换水时游泳池要停止使用
循环过滤给水法	游泳池的水由循环过滤泵抽出，经过过滤器、加热器再回到游泳池，不断净化、消毒、加热，达到游泳池水质要求	系统较复杂，一次性投资大，管理较复杂，因能保证游泳池的水质，所以采用得较多

3. 游泳池附件

（1）给水口：即进水阀的进水口，一般呈格栅状，有多个，分别设在池底或池的壁面上，给水口要保证配水均匀。加工给水口的材料有不锈钢、铜、大理石或者工程塑料等。

（2）回水口：循环处理后回到游泳池的回水口，呈格栅状，一般有多个，分别设在池底或溢水槽内。回水口要保证回水均匀，并且不能产生短路现象，即回水口要同循环泵的吸入口保持一定距离。回水口的材料与给水口相同。

（3）排水口：排水口的构造同回水口，尺寸可放大，以便排水畅快，一般要求 4～6 小时将水放掉，最多不超过 12 小时。排水口设在池底。

（4）溢流口：一般在池边做溢流槽，溢流槽要保证一定的水平度，槽内均匀布置回水口或循环泵吸入口。

（5）排污口：排污口可由排水口兼任。每天在游泳池开始使用前，短时微开排污阀，以排出沉积在池底的污物，保证池水的卫生。

4. 水循环系统附件

（1）平衡水箱：平衡水箱是以不锈钢制成，安装位置要保证其水位同游泳池水位保持一致，下设连通管同游泳池相接。平衡水箱内有浮球阀控制水位。游泳池在使用时，向池中的补水会通过平衡水箱进入游泳池，以保证其正常水位。

（2）机械过滤器：为净化游泳池水质而需采用机械过滤器。如果游泳池的水源为非饮用水系统，则机械过滤后面还需加装一套活性炭过滤器，才能达到饮用水水质标准。

（3）加热器：为保证游泳池内的水温，必须采用加热器。加热器一般采用气—水热交换器，也有采用热水炉及电加热器的。

（4）加药器：为了保证池水卫生，游泳池池水除进行过滤及加热以外，还必须进行消毒。消毒是通过加药器的计量泵自动将药箱内的 $NaClO_3$ 溶液注入循环系统中，然后随水一起进入游泳池内。因为进入池水中的 $NaClO_3$ 在使用过程中会扩散到空气中去，从而致使池水含氯量降低，所以加药器要连续不断地注入药液。注入的流量可以按测得的池水含氯量进行调节，也有采用自动测定、自动调节的加药装置。

5. 游泳池排水

（1）游泳池岸边如果有泥沙、污物，可能会被溅起的池水冲入池内而污染池水。为防止这种现象，池岸应装设冲洗水龙头，每天至少冲洗 2 次，这种冲洗水应流至排水沟。

（2）溢流与泄水的设置。①溢流水槽，用于排除因各种原因而溢出游泳池的水体，避免溢出的水回流到池中，带入泥沙和其他杂物。溢水管不得与污水管直接连接，且不得装设存水弯，以防污染及堵塞管道；溢水管宜采用铸铁管、镀锌钢管或钢管内涂环氧树脂漆以及其他新型管道。②泄水口，用于排空游泳池中的水体。泄水口应与池底回水口合并设置在游泳池底的最低处；泄水管按 4～6 小时将全部池水泄空计算管径。如果难以达到时，则最长不得超过 12 小时。应优先采用重力泄水，但应有防污水倒流污染的措施。重力泄水有困难时，采用压力泄水，可利用循环泵泄水。泄水口的构造与回水口相同。

（3）排污与清洗措施：①每天开放之前，将沉积在池底的污物清除。在开放期间，对于池中的漂浮物、悬浮物应随时清除。常用的排污方法如表 4-2 所示。②游泳池换水时，应对池底和池壁进行彻底刷洗，不得残留任何污物，必要时应用氯液刷洗杀菌。一般采用棕板刷刷洗和压力水冲洗。清洗水源采用自来水或符合《生活饮用水卫生标准》的其他水。

表 4-2　游泳池常见的排污方法

清除物	清除方法
漂浮物、悬浮物	采用人工拣、捞的方法予以清除
池底沉积物	管道排污、移动式潜污泵法、虹吸排污法、人工排污法

6. 游泳池辅助设施给水排水

游泳池应配套设置更衣室、厕所、泳后淋浴设施、休息室以及器材库等辅助设施。这些设施的给水排水与建筑给水排水相同。

【项目五】热水供应系统

【任务一】热水供应系统概述

1. 热水供应系统的分类及其特点

热水供应系统按供水区域范围的大小可分为局部热水供应系统、集中热水供应系统和区域性热水供应系统（如表 4-3 所示），其中集中热水供应系统最为常见（如图 4-3 所示）。

表 4-3　热水供应系统分类、特点及适用范围

热水供应系统	特　　点	适　用　范　围
局部热水供应系统	供水范围小，热水分散制备（一般是靠近用水点设置小型加热设备供一个或几个配水点使用）。热水管路短，热损失小，使用灵活	热水用水量较小且较分散的建筑，例如，单元式住宅、医院、诊所和布置较分散的车间及卫生间等建筑
集中热水供应系统	供水范围大，热水在锅炉房或热交换站集中制备，用管网输送到一栋或几栋建筑使用。热水管网较复杂，设备较多，一次性投资大	使用要求高，耗热量大，用水点多且比较集中的建筑，例如，高级居住建筑、旅馆、医院、疗养院及体育馆等公共建筑
区域性热水供应系统	供水范围大，热水在区域性锅炉房或热交换站制备，通过市政热水管网送至整个建筑群。热水管网复杂，热损失大，设备、附件多，自动化控制技术先进，管理水平要求高，一次性投资大	城市片区、居住小区的范围内

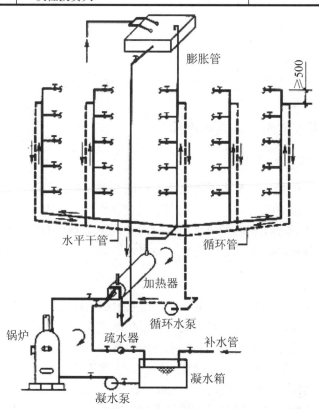

图 4-3　热媒为蒸汽的集中热水供应系统

2. 热水供应系统的组成

建筑内热水供应系统中，集中热水供应系统应用较为普遍，其系统一般由以下部分组成。

(1) 第一循环系统（热水制备系统），又称为热媒系统，由热源、水加热器和热媒管网组成。锅炉生产的蒸汽（或过热水）通过热媒管网输送到水加热器，经散热面加热冷水。蒸汽经过热交换变成凝结水，靠余压经疏水器流至凝结水箱，凝结水和新补充的冷水经冷凝水循环泵再送回锅炉生产蒸汽。如此循环而完成水的加热，即热水制备过程。

(2) 第二循环系统（热水供应系统），由热水配水管网和回水管网组成。被加热到预定要求温度的热水，从水加热器出口经配水管网送至各个热水配水点，而水加热器所需冷水来源于高位水箱或给水管网。为满足各热水配水点随时都有符合要求温度的热水，在立管和水平干管甚至配水支管上设置回水管，使一定量的热水在配水管网和回水管网中流动，以补偿配水管网所散失的热量，避免热水温度的降低。

(3) 附件包括温度自动调节器、疏水器、减压阀、安全阀、膨胀罐（箱）、管道自动补偿器、闸阀、水嘴及自动排气器等。

3. 热源及热源的选择

目前常采用燃气、燃油和燃煤作为燃料，通过锅炉生成蒸汽或过热水。有条件时应充分采用地热、太阳能、工业余热及废热。当然，对热源的选择必须考虑因地制宜、经济实用及安全可靠等因素。

【任务二】热水用水定额、水温和水质

1. 热水用水定额

热水用水定额有两种：一是根据建筑物的使用性质和内部卫生器具的完善程度，用单位数来确定，其水温按 60℃计算；二是根据建筑物使用性质和内部卫生器的单位用水量来确定，即卫生器具1次和1小时的热水用水定额，因卫生器具的功用不同，水温要求也不同。生产用热水定额应根据生产工艺要求来确定。

2. 水温

水温有两个含义，一是热水使用温度，二是热水供应温度。

(1) 热水使用温度：生活用热水水温应满足生活使用的各种需要。但是，当在设计一个热水供应系统时，应先确定出最不利配水点的热水最低水温，使其与冷水混合达到生活用热水的水温要求，并以此作为设计计算的参数。生产用热水水温应根据工艺要求确定。

(2) 热水供应温度：热水供应温度一般指热水锅炉或水加热器出口的水温，水温偏低、过高均会造成不利影响。热水锅炉或水加热器出口水温与系统最不利配水点的水温差，称为温降值，一般为 5℃～15℃，用作热水供应系统配水管网的热散失。温降值的选用应根

据系统的大小，保温材料的不同，进行经济技术比较后确定。

（3）冷水计算温度：热水系统计算时使用的冷水水温应以当地地表水或地下水最冷月平均水温为依据。无资料时，可查相应的表格确定。

3. 水质

（1）热水的水质要求：①生活用热水的水质应符合我国现行的《生活饮用水卫生标准》；②生产用热水的水质应根据生产工艺要求确定。

（2）集中热水供应系统被加热水的水质要求：水加热后钙镁离子受热析出，在设备和管道内结垢；水中的溶解氧也会析出，加速金属管材、设备的腐蚀。一般情况下，日用水量小于 $10m^3$（按60℃计算）的热水供应系统，被加热水可不进行水质处理；当日用水量不小于 $10m^3$（按60℃计算）且原水总硬度大于357mg/L时，洗衣房用热水应进行水质处理，用作其他用途的热水也宜进行水质处理。

目前，在集中热水供应系统中常采用电子除垢器、静电除垢器及超强磁水器等处理装置清除水垢。这些装置体积小、性能可靠、使用方便。除氧装置也已在一些用水量大的高级建筑中采用。

【任务三】热水的加热方式和供应方式

（一）热水的加热方式

热水的加热方式有直接加热和间接加热两种形式（见表4-4）。

表4-4 热水的加热方式

热水的加热方式	原　理	特　点
直接加热方式	也称一次换热方式，利用燃气、燃油、燃煤为燃料的热水锅炉，把冷水直接加热到所需热水温度，或将蒸汽或高温水通过穿孔管或喷射器直接与冷水接触混合制备热水	设备简单、热效率高、节能，但噪声大，对热媒质量要求高，不允许造成水质污染。该种加热方式仅适用于有高质量的热媒，对噪声要求不严格，或定时供应热水的公共浴室、洗衣房、工矿企业等用户
间接加热方式	也称二次换热方式，利用热媒通过水加热器把热量传递给冷水，把冷水加热到所需热水温度	噪声小，被加热水不会造成污染，运行安全稳定。适用于要求供水安全稳定、噪声低的旅馆、住宅、医院、办公楼等建筑

常见的热水加热方式如图4-4所示。

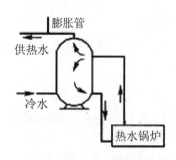
（a）热水锅炉直接加热

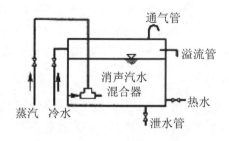
（b）汽—水直接混合加热

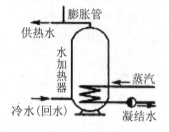
（c）汽—水间接加热

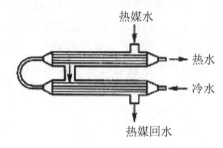
（d）水—水间接加热

图 4-4　热水的加热方式

（二）热水供应方式

1. 开式和闭式

开式热水供应方式一般是在热水管网顶部设有开式水箱，其水箱设置高度由系统所需压力计算确定，管网与大气相通。如果用户要求水压稳定，室外给水管网水压却波动较大，宜采用开式热水供应方式。闭式热水供应方式管理简单，水质不易受外界污染，但安全阀易失灵，安全可靠性较差。无论采用何种方式，都必须解决水加热后体积膨胀的问题，以保证系统的安全。

2. 不循环、半循环和全循环方式

不循环热水供应方式是指热水供应系统中热水配水管网的水平干管、立管以及配水支管上都不设置任何循环管道；半循环热水供应方式是指热水供应系统中只在热水配水管网的水平干管上设置循环管道，该方式多适用于设有全日供应热水的建筑和定时供应热水的建筑中；全循环热水供应方式是指热水供应系统中热水配水管网的水平干管、立管，甚至配水支管上都设有循环管道。该系统设循环水泵，用水时不存在使用前放水和等待时间，适用于高级宾馆、饭店及高级住宅等高标准建筑中。

3. 同程式和异程式

同程式是指每一个热水循环环路长度相等，对应管段管径相同，所有环路的水头损失相同；异程式是指每一个热水循环环路长度各不相等，对应管段的管径也不相同，所有环路的水头损失也不相同。

4. 自然循环和机械循环方式

自然循环方式是利用配水管和回水管中的水温差所形成的压力差，使管网内维持一定的循环流量，以补偿配水管道热损失，保证用户对热水温度的要求，该种方式适用于热水供应系统规模小、用户对水温要求不严格的系统中；机械循环方式是在回水干管上设有循环水泵，强制一定量的水在管网中循环，以补偿配水管道热损失，保证用户对热水温度的要求，该种方式适用于中、大型且用户对热水温度要求严格的热水供应系统。

5. 全日供应和定时供应方式

全日供应方式，是指全天任何时刻热水供应系统管网中都维持不低于循环流量的水量，全天任何时刻热水配水管网都可配水，并保证水温；定时供应方式，是指热水供应系统每天定时配水，其余时间系统停止运行，该方式在集中使用前，利用循环水泵将管网中已冷却的水强制循环加热，达到规定水温时才使用。两种不同的方式，在循环水泵选型计算和运行管理上都有所不同。

热水的加热方式和热水的供应方式是由不同的标准进行分类的，但一个完整的热水供应系统，必然是由加热方式和供应方式经选择组合的一个综合体系，应根据现有条件和要求合理组合，确定出正确的方案。

【任务四】加热设备的类型

热水供应系统中，把将冷水加热为预计所需温度的热水，所采用的设备称为加热设备。热水供应系统的加热方式有一次换热（直接加热）和二次换热（间接加热）两种方式。一次换热是热源将常温水通过一次性热交换达到所需温度的热水，其主要加热设备有燃气热水器、电热水器及燃煤（燃油、燃气）热水锅炉等。二次换热是热源第一次先生产出热媒（饱和蒸汽或高温热水），热媒再通过换热器进行第二次热交换，其主要设备有容积式水加热器、快速式水加热器、半容积式水加热器和半即热式水加热器等。

加热设备具体有：①燃煤热水锅炉；②燃油（燃气）热水机组；③电加热器；④容积式水加热器；⑤ 快速式水加热器；⑥ 半容积式水加热器；⑦ 半即热式水加热器；⑧ 太阳能热水器等。

【任务五】加热设备的选择和布置

1. 加热设备的选择

加热设备应根据使用特点、耗热量、热源、维护管理以及卫生防菌等因素选择。它应当具备热效率高、换热效果好、节能、燃料燃烧安全、消烟除尘、机组水套通大气、自动控制温度、火焰传感及自动报警等功能,并要考虑节省设备用房,附属设备简单、水头损失小,有利于整个系统冷热水的平衡以及构造简单,安全可靠,操作维修方便等。

(1) 当采用自备热源时,宜采用一次加热直接供应热水的燃油、燃气热水机组;也可采用二次加热间接供应热水的自带换热器的机组或外配容积式、半容积式水加热器的热水机组。间接水加热设备的选型应结合用水均匀性、储热容积、给水水质硬度、热源供应能力及系统对冷、热水压力平衡稳定的要求,经综合技术比较后确定。

(2) 当采用蒸汽或高温水为热源时,在条件允许的情况下应尽可能利用工业余热、废热及地热。加热设备宜采用导流型容积式水加热器、半容积式水加热器;若热源充足且有可靠灵敏的温控调节装置,也可采用半即热式、快速式水加热器。

(3) 在无蒸汽、高温水等热源和无条件利用燃气、燃油等燃料,而电源又充沛的地方可采用电热水器。

(4) 当热源是利用太阳能时,宜采用集热管或真空管式太阳能热水器。

2. 加热设备的布置

加热设备的布置必须满足相关规范、产品样本等的有关规定。

(1) 高压锅炉不宜设在居住和公共建筑内,宜设置在单独建筑中,否则应征得消防、锅炉监察和环保部门的同意。

(2) 燃油、燃气锅炉应符合消防规范的有关规定。

(3) 水加热设备和储热设备可设在锅炉房或单独房间内,房间尺寸应保证设备进出和检修、设备之间的净距、人行通道的净宽,并应符合通风、照明、采光、防火以及排水等方面的要求。

(4) 热媒管道布置,凝结水管道和凝结水箱、凝结水泵的位置,标高应满足第一循环系统的要求。热水储水箱、膨胀管、冷水箱、水质处理装置以及热水出水口等的位置、标高和方向应与热水配水管网配合。所有管道的管径应经水压力计算确定。

(5) 容积式、导流型容积式和半容积式水加热器的一侧应有净宽不小于 0.7m 的通道,前端应留有抽出加热盘管的位置。

(6) 水加热器上部附件的最高点至建筑结构最低点的净距,应满足检修的要求,但应不小于 0.2m,房间净高不得低于 2.2m。

(7) 热水机组的布置应满足设备的安装、运行和检修要求,其前方应留出不少于机组长度 2/3 的空间,后方应留 0.8~1.5 m 的空间,两侧通道宽度应为机组宽度且不小于 1.0m。

机组最上部部件（烟囱除外）至屋顶最低点净距不小于0.8m。

【任务六】热水管网的布置与敷设

1. 热水管网的布置

热水管网的布置可采用下行上给式或上行下给式，为使整个热水供应系统的水温均匀，可按同程式来进行管网布置。

高层建筑热水供应系统，应与冷水给水系统一样，采取竖向分区，这样才能保证系统内的冷、热水压力平衡，便于调节冷、热水混合龙头的出水温度。还应要求各区的水加热器和储水器的进水，均由同区的给水系统供应。若需减压，则减压的条件和采取的具体措施与高层建筑冷水给水系统相同。

2. 热水管网的敷设

热水管网的敷设，根据建筑的使用要求，可采用明装和暗装两种形式。明装尽可能敷设在卫生间、厨房，并沿墙、梁、柱敷设。暗装管道可敷设在管道竖井或预留沟槽内。

3. 热水管道的保温与防腐

在热水系统中，为了减少介质在输送过程中的热散失，避免降低热水制备、循环流量的热量，提高长期运行的经济性，需对管道和设备进行保温。保温材料的选择要遵循的原则是，导热系数低、具有较高的耐热性、不腐蚀金属、材料密度小并具有一定的孔隙率、低吸水率和具有一定的机械强度、易于施工、就地取材以及成本低等。

为了避免氧气、二氧化碳、二氧化硫和硫化氢对热水管网的腐蚀、破坏，可在金属管材和设备外表面涂刷防腐材料，在金属设备内壁及管内加耐腐衬里或涂防腐涂料来阻止腐蚀作用。常用防腐材料为油漆，它又分为底漆和面漆。底漆在金属表面打底，具有附着、防水和防锈功能，面漆起耐光、耐水和覆盖作用。

【项目六】饮 水 供 应

饮水供应的内容从体系上讲归类于建筑给水系统部分，特别是随着城市配套设施的不断发展，人民生活水平的逐步提高，"直饮水"已经走进了千家万户。目前，我国《饮用净水水质标准》已经实施，并正在制订《饮用纯水水质标准》。

【任务一】饮水的类型和标准

1. 饮水的类型

饮水供应的类型主要有两类，一类是开水供应系统，另一类是冷饮水供应系统。

2. 饮水标准

（1）饮水量定额：饮水量的定额应根据建筑物的性质或劳动性质以及地区的气候条件，查阅相应标准。

（2）饮水水质：各种饮水水质必须符合现行《生活饮用水水质标准》。

（3）饮水温度。①开水：水烧至100℃后并持续3分钟，计算温度采用100℃。②温水：计算温度采用50℃～55℃。③生水：一般为10℃～30℃。④冷饮水：国内除工矿企业夏季劳保供应和高级饭店外，较少采用，目前多数宾馆直接为客人提供瓶装矿泉水等饮用水。

【任务二】饮水制备

1. 开水制备

（1）直接加热方式，采用的热源为燃煤、燃油、燃气及电等。

（2）利用热媒间接加热制备开水。

以上两种都属于集中制备开水的方式；而在办公楼、科研楼及实验室等处，采用小型的电开水器制备开水（同时也可制备冷饮水）属于分散制备开水的方式。

2. 冷饮水制备

冷饮水的品种很多，但常规的制备方法有以下几种。

（1）自来水烧开后再冷却至饮水温度。

（2）自来水经净化处理后再经水加热器加热至饮水温度。

（3）自来水经净化后直接供给用户或饮水点。

（4）天然矿泉水是取自地下深度循环的地下水。

（5）蒸馏水是通过水加热汽化，再将蒸汽冷凝。

（6）纯水是通过对水的深度预处理、主处理和后处理后的冷饮水。

（7）活性水是用电场、超声波、磁力或激光等将水活化。

（8）离子水是将自来水通过过滤、吸附离子交换、电离和灭菌等处理，分离出碱性离子水供饮用，而酸性离子水供美容。

【任务三】饮水的供应方式

1. 开水集中制备集中供应

在开水间集中制备，人们用容器取水饮用。

2. 开水统一热源分散制备分散供应

在建筑中把热媒输送至每层，再在每层设开水间制备开水。

3. 开水集中制备分散供应

在开水间统一制备开水,通过管道输送至开水取水点,这种系统对管道材质要求较高,以确保水质不受污染。

4. 冷饮水集中制备分散供应

采用冷饮水集中制备,再通过管道输送至饮水点,一般多数用于学校、体育场(馆)、车站、码头、影剧院以及步行街等人员流动较集中的公共场所。

实 训 练 习

1. 实训目的:通过参观现代化物业管理小区,了解物业管理公司的组织机构、工作职责及管理理念。通过物业管理人员的讲解、演示和操作,掌握小区公共设施和设备的管理和维护方法。使学生明确学习目的,培养爱岗敬业精神,同时根据学生的就业情况,有针对性地安排学生在物业管理公司实习。

2. 实训地点:住宅小区。

3. 实训内容

(1)学习物业管理公司的管理理念和方法,掌握物业管理公司的各岗位职责,并做好相关资料的收集工作。

(2)了解小区公共设备设施的构成情况,并做好记录。

(3)看小区的工程技术档案,了解小区的总体规划、地下综合管线的布置情况。

(4)掌握该小区的水景工程、公共游泳池、绿化等设施的给水排水情况,掌握各系统构成及维护保养的方法。

(5)学习小区给水泵房中的水泵、水箱及污水提升泵的运行管理经验及维护方法。

复习思考题

1. 小区给水系统由哪几个部分组成?
2. 小区给排水管道布置有哪些要求?
3. 热水管网的布置与敷设有哪些要求?
4. 游泳池常见的排污方法有哪些?

第五章

建筑消防系统

【学习目标】

1. 能够运用建筑防雷知识，对建筑物采取有效的防雷措施。
2. 能够运用安全用电知识，做到建筑物室内的安全用电。

【能力目标】

▶ **项目一：建筑消防系统概述**
1. 认识建筑火灾的成因及特点
2. 了解建筑消防系统的特点和重要性
3. 认识建筑物高度分界线
4. 认识建筑消防系统的组成与结构

▶ **项目二：室内消火栓给水系统**
1. 熟悉设置室内消火栓给水系统的原则
2. 熟悉室内消火栓给水系统的组成
3. 掌握室内消火栓给水系统的类型
4. 掌握室内消火栓给水系统的设备
5. 了解消火栓给水系统的布置要求及用水量

▶ **项目三：自动喷水灭火系统**
1. 熟悉自动喷水灭火系统分类
2. 熟悉闭式自动喷水灭火系统
3. 熟悉开式自动喷水灭火系统

▶ **项目四：建筑消防系统的管理与维护**
1. 了解消防设备管理的内容
2. 识别消防管理的制度
3. 熟悉室内消火栓给水系统的管理与维护
4. 熟悉自动喷水灭火系统的管理与维护

【项目一】建筑消防系统概述

【任务一】建筑火灾的成因及特点

1. 火灾的成因

火灾的成因包括人为因素、电气事故、可燃物的引燃三方面。

2. 火灾形成的过程

火灾发生时,不仅火焰燃烧可以造成人员和财产损失,绝大多数情况下烟雾和有毒气体也会造成人员窒息或伤害。因此现代防火理论越来越重视烟雾浓度在火灾发生时的变化情况。一般将火灾形成及蔓延的全过程分为三个阶段,即初始阶段、阴燃阶段和火焰燃烧阶段。

3. 高层建筑的特点及火灾的危害性

以建筑本身而论,高层建筑与一般普通建筑有很大的不同,其特点是防火的不利性和火灾危害程度的严重性。具体为:建筑高、层数多、人员集中;建筑功能复杂、设备繁多、装修量大;高层建筑的烟囱效应;高层建筑所承受的风力大、雷击次数多。

【任务二】建筑消防系统的特点和重要性

贯彻"以防为主、防消结合"的方针,采用先进的火灾自动报警及自动灭火系统进行报警和扑救,以实现火灾报警早、控制火势与扑救及时和自动化程度高的要求。

高层民用建筑的自动消防系统实施了强制性的安装要求和定期的检查审验,将民用建筑的自动消防系统提到了法制化的高度。高层建筑自动消防系统主要由两部分组成,即火灾自动报警系统和自动灭火系统。

【任务三】建筑物的高度分界线

(1)高层建筑与低层建筑的高度分界线为24m;
(2)超高层建筑与高层建筑的高度分界线为100m。
建筑物高度为建筑物室外地面到其女儿墙顶部的高度。

【任务四】建筑消防系统的组成与结构

建筑消防系统由火灾自动报警系统、灭火及消防联动系统组成,其组成与结构如图5-1所示。

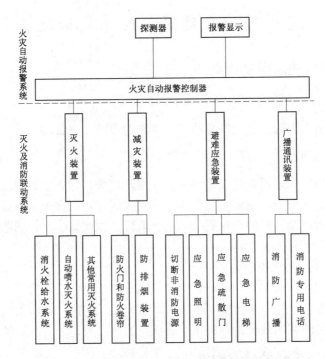

图 5-1　建筑消防系统的结构与组成

【项目二】室内消火栓给水系统

室内消火栓给水系统是利用室外消防给水系统提供的水量,为了扑灭建筑物中与水接触不能引起燃烧、爆炸的火灾而在室内设置的固定灭火设备。

【任务一】设置室内消火栓给水系统的原则

以下场所需要设置室内消火栓给水系统。

(1) 高度不超过 24m 的厂房、仓库和高度不超过 24m 的科研楼(存有与水接触能引起燃烧、爆炸的物品除外);

(2) 超过 800 个座位的剧院、电影院、俱乐部和超过 1200 个座位的礼堂和体育馆;

(3) 体积超过 5000m³ 的车站、码头、机场建筑物、展览馆、商店、病房楼、门诊楼、教学楼、图书馆和书库等建筑物;

(4) 超过 7 层的单元式住宅楼、超过 6 层的塔式住宅、通廊式住宅、底层设有商店的单元式住宅等;

(5) 超过 5 层或体积超过 10 000 m³ 的其他民用建筑;

(6) 国家级文物保护单位的重点砖木或木结构的古建筑。

【任务二】室内消火栓给水系统的组成

消火栓给水系统由水枪、水带、消火栓、消防水喉、消防管道、消防水池、水箱、增压设备和水源等组成。当室外给水管网的水压不能满足室内消防要求时,应当设置消防水泵和水箱。图 5-2 为生活、消防合用给水系统结构图;图 5-3 为高层建筑独立室内消火栓给水系统图。

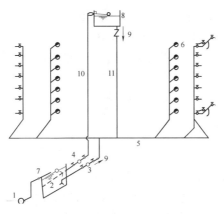

图 5-2　生活、消防合用给水系统结构图

1-室外给水管;2-储水池;3-消防泵;4-生活水泵;5-室内管网;6-消火栓及消火立管;
7-给水立管及支管;8-水箱;9-单向阀;10-进水管;11-出水管

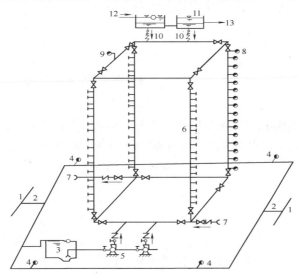

图 5-3　高层建筑独立室内消火栓给水系统图

1-室外给水管网;2-进户管;3-储水池;4-室外消火栓;5-消防泵;6-消防管网;7-水泵接合器;
8-室内消火栓;9-屋顶消火栓;10-单向阀;11-水箱;12-给水;13-生活用水

【任务三】室内消火栓给水系统的类型

室内消火栓给水系统的类型按照高、低层建筑分为低层建筑室内消火栓给水系统和高层建筑室内消火栓给水系统。

1. 低层建筑室内消火栓给水系统分类

（1）无水箱、水泵的室内消火栓给水系统：该方式适用于室外给水管网所供水量和水压能满足室内消火栓给水系统所需的水量和水压时。

（2）仅设水箱不设水泵的消火栓给水系统：该方式适用于室外给水管网一日间压力变化较大，但水量能满足。这种方式管网应独立设置。

（3）设有消防泵和消防水箱的室内消火栓给水系统（10min 室内消防用水量）。

2. 高层建筑室内消火栓给水系统分类

（1）高层建筑区域集中的高压、临时高压室内消防给水系统共用消防车或临时加压。这种方式便于集中管理，适用于高层建筑密集区。

（2）分区供水的室内消火栓给水系统。当建筑高度超过 50m 或消火栓处静水压力超过 800kPa 时，为方便于灭火和保障供水设备的安全，宜采用分区供水的室内消火栓给水系统。

【任务四】消火栓给水系统的设备

室内消火栓给水系统设备一般由水枪、水带、消火栓、消防管道、消防水池、高位水箱、水泵接合器和增压水泵等组成。

1. 消火栓设备

消火栓设备由水枪、水带和消火栓组成，均安装于消火栓箱内。

水枪一般为直流式，喷嘴口径有 13mm、16mm、19mm 三种，水带口径有 50mm 和 65mm 两种。消火栓均为内扣式接口的球形阀式龙头，有单出口和双出口之分。双出口消火栓直径为 65mm，单出口消火栓直径有 50mm 和 65mm 两种。常用消火栓箱的规格为 800mm×650mm×200mm，材料为钢板或铝合金等制作，如图 5-4 所示。

2. 消防水箱

消防水箱对扑救初期火灾起着重要作用，为确保其自动供水的可靠性，应采用重力自流供水方式。消防水箱宜与生活（或生产）高位水箱合用，以保持箱内储水经常流动，防止水质变坏。水箱的安装高度应满足室内最不利点消火栓所需的水压要求，且应储存可供室内 10min 的消防用水量。

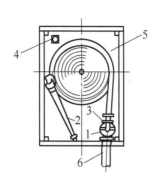 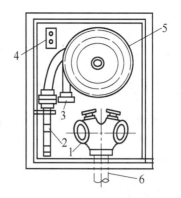

图 5-4 消火栓示意图

1-消火栓；2-水枪；3-水带接口；4-按钮；5-水带；6-消防管道

3. 水泵接合器

当建筑物发生火灾，室内消防水泵不能启动或流量不足时，消防车可从室外消火栓、水池或天然水体取水，通过水泵接合器向室内消防给水管网供水。水泵接合器一端与室内消防给水管道连接，另一端供消防车加压向室内管网供水。

水泵接合器的接口直径有 DN65 和 DN80 两种，分地上式、地下式和墙壁式三种类型。

【任务五】消火栓给水系统的布置要求及用水量

1. 布置要求

（1）保证同层有两支水枪的充实水柱同时到达室内任何部位。只有建筑高度不大于 24m 且体积不大于 5000m³ 的库房，可采用一支水枪的充实水柱到达室内任何部位。水枪的充实水柱长度应由计算确定，一般不应小于 7m，但超过 6 层的民用建筑、超过 4 层的厂房和库房内，不应小于 10m。

（2）合并系统中，消火栓立管应独立设置，不能与生活给水立管合用。

（3）低层建筑消火栓给水立管直径不小于 50mm，高层建筑消火栓给水立管直径不小于 100mm。

（4）消火栓应设在明显的、易于取用的位置，如楼梯间、走廊、消防电梯前室等处。栓口距安装地面处的高度为 1.1m，栓口宜向下或与墙面垂直。

（5）同一建筑内应采用相同规格的消火栓、水龙带和水枪。

2. 用水量

室内消火栓给水系统的用水量与建筑类型、大小、高度、结构、耐火等级和生产性质有关，其数值不能小于相关规范要求。消防用水与生活、生产用水统一的室内给水管网，当生活、生产用水达到最大用水量时，应仍能保证供应全部消防用水量。

【项目三】自动喷水灭火系统

【任务一】自动喷水灭火系统的分类

自动喷水灭火系统按喷头开闭形式分为闭式自动喷水灭火系统和开式自动喷水灭火系统。前者有湿式、干式和预作用自动灭火系统之分,后者有雨淋喷水灭火系统、水幕消防系统和水喷雾灭火系统之分。

【任务二】闭式自动喷水灭火系统

1. 湿式自动喷水灭火系统

这种系统由于其供水管路和喷头内始终充满有压水,故称为湿式自动喷水灭火系统。

湿式自动喷水灭火系统的特点是:结构简单,施工、管理方便;经济性好;灭火速度快,控制率高;适用范围广,系统适用于设置在室内温度不低于4℃且不高于70℃的建筑物、构筑物内。湿式自动喷水灭火系统工作原理如图5-5所示。

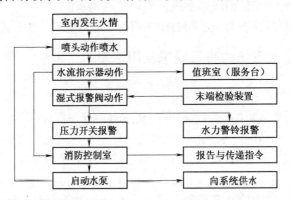

图5-5 湿式自动喷水灭火系统工作原理

2. 干式自动喷水灭火系统

干式自动喷水灭火系统的特点是:报警阀后的管道中无水,故可避免冻结和水汽化的危险;由于喷头受热开启后有一个排气过程,所以灭火速度较湿式系统慢;因为有充气设备,建设投资较高,平常管理也比较复杂、要求高。干式自动喷水灭火系统适用于环境温度在4℃以下和70℃以上而不宜采用湿式自动喷水灭火系统的地方。干式自动喷水灭火系统工作原理如图5-6所示。

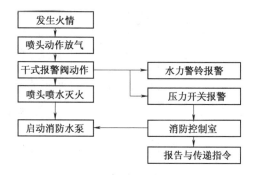

图 5-6 干式自动喷水灭火系统工作原理

闭式自动喷水灭火系统的主要组件有：阀座、填圈、阀片、玻璃球、色液、支架、锥套、溅水盘、锁片，如图 5-7 所示。闭式自动喷水灭火系统中报警控制装置指起监测、控制、报警的作用，并能发出声、光等信号的装置，如图 5-8 所示。

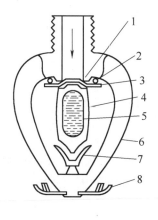　　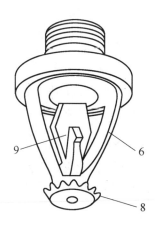

（a）玻璃球洒水喷头　　　　　　（b）易熔元件洒水喷头

图 5-7 闭式喷头

1-阀座；2-填圈；3-阀片；4-玻璃球；
5-色液；6-支架；7-锥套；8-溅水盘；9-锁片

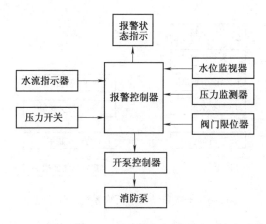

图 5-8 报警控制器

【任务三】开式自动喷水灭火系统

1. 雨淋喷水灭火系统

雨淋喷水灭火系统主要适用于需大面积喷水，要求快速扑灭火灾的特别危险场所。

2. 水幕消防系统

水幕系统不是直接用于扑灭火灾，而是与防火卷帘、防火幕配合使用，主要用于防火隔断、防火分区以及局部降温保护等。

3. 水喷雾灭火系统

主要用于扑救固体火灾、闪点高于60℃的液体火灾和电气火灾。喷洒在燃烧物表面时会产生表面冷却、窒息、冲击乳化和稀释四种作用。提高了水的灭火效率。

【项目四】建筑消防系统的管理与维护

【任务一】消防设备设施管理的内容

消防设备设施的管理主要是对消防设备设施的保养和维护。通用房屋中的固定消防设备设施主要有防火门、消火栓、消防水箱、消防水泵、消防电梯、火灾自动探测报警器等；安全疏散设备设施主要有火灾事故照明和疏散指示标志等；电气防火安全设备设施主要有熔断器和防雷装置等。

（一）防火门

防火门是一种活动的防火分隔物。通常在防火墙、前室、走道、楼梯间设置具有较高耐火极限的防火门。防火门是重要的防火设备，它是有效阻隔火势，保证人员安全疏散的重要设施之一。如果一栋建筑疏散楼梯的位置、形式、耐火能力等考虑的十分周密完善，但防火门耐火较差、启闭不灵或漏烟窜火，则可能导致整个楼梯间彻底失去安全疏散的作用。

防火门在安装使用和养护管理中应当注意以下几点。

（1）由于发生火灾时不可能随手关门，故防火门必须自动关闭，需设置自动闭门器。目前自动闭门器分油压式及弹簧式两类，前者有缓冲油泵可使门缓慢关闭。用于防火门的自动闭门器多为单向开启的油压式门顶弹簧及单管式弹簧合页。不可忽视的是，这类自动闭门器不要误将其装在靠走道（受火面）一边，以免在火灾时遭高温破坏。平时要保证灵敏有效，一旦损坏要及时更换。

（2）平时处于开启状态下的防火门，必须设固定装置，以便于通行。一般设有电磁释放开关或易熔合金把门固定在两边墙上，火灾时断电失磁（或通电生磁而将锁舌吸开）或烧熔合金，门则在弹簧作用下自动关闭。值得注意的是，不能采用挂钩或门卡将门固定，火灾时慌乱的人员不可能把门关上而易窜入烟火，从而使走道和楼梯间失去安全疏散的作用。

（3）专作疏散的楼梯间防火门，平时为了防盗在使用中往往会被锁上。为了解决即防火又防盗的问题，可采用电磁门锁，即平时本楼人员用钥匙开启进入，火灾时由烟感器联动或消防控制室远距离控制接通电路，锁舌则在磁力作用下缩回，门便可被推开。或者，也可设置简便的机械式推杠门锁，外出时只要一推便开，人出去后门便回弹关上，由外面进入则需以钥匙开启，故可防止作案者进入楼内。

（4）有的双扇防火门有咬口以便密闭，如果关闭时先后颠倒则不能关严，因此必须设置控制门扇关闭先后步骤的顺序器。

（5）防火门的门执手，如果必须用手转动才能开启，则可能在火灾时因被烤烫而无法开门。为此宜用推杆式门锁，只需手推或身体挤压便可开启。

（6）要防止地毯或室内陈设物卡住防火门，保证其在火灾情况下迅速开启密闭。

（二）消火栓与消防水泵接合器

消火栓是城镇消防供水的主要水源之一。消火栓分为室内消火栓和室外消火栓。室内消火栓安装在建筑物内消防管网上，为室内固定消防设备，用于扑救建筑物内火灾。室外消火栓安装在城镇自来水管网上，供消防队灭火用。与消火栓配套的消防设备有消火栓连接器和室内消火栓箱。消防水泵接合器是消防车向室内给水管网补水的设备。

1. 消火栓在养护管理中应注意以下几点

（1）当遇有火警时，迅速打开消火栓箱，取出水带、水枪，将水带一端接在消火栓上，另一端与水枪连接，随即把消火栓手轮顺开启方向旋开即能喷水扑救火灾。对于水枪、水带与室内消火栓已经连接在一起的，只要握住水枪，拉出水带，把消火栓手轮顺开启方向旋开即能喷水扑救火灾。

（2）平时应经常检查室内消火栓是否完好，有无锈蚀、渗漏现象，接口垫圈是否完整无缺，老化的应及时更换。消火栓水枪、水带连接是否绑扎牢固。阀杆上应经常加注润滑油，以防阀杆生锈。对于长期不用的消火栓，要定期放水检查，使阀门转动机构得到转动机会，以便保证应急使用时能开启灵活自如，不会影响灭火。室内消火栓周围也不要乱堆乱放杂物或擅自圈占，以免妨碍使用。

2. 水泵结合器在养护管理中应注意以下几点

（1）要按照规定的要求进行安装。使用消防水泵接合器的消防给水管道，应与生活用水管道分开，以防污染生活用水（如无条件分开，也应保证在使用时断开）。各零部件的连接以及与地下管道的连接均需密封，以防渗漏。安装好后，应保证管道水平、闸阀、放水阀等开启应灵活，并进行 1.6MPa 压力的水压试验。放水阀以及安全阀溢水口要和下水道其他水沟相通，以便用完后放出余水。

（2）操作时要先打开井盖，关闭放水阀；然后拧开外螺纹固定接口的闷盖，接上水带即可由消防车供水；用后，要开启放水阀盖好井盖；取下水带拧好固定接口的闷盖。

（3）消防水泵接合器，必须定人管理，定期保养，保证在使用时能正常工作。对已老化的密封件应及时更换。要防止任意埋压、圈占消防水泵接合器。

（三）消防电梯

消防电梯是高层民用建筑特有的消防设施。普通电梯在火灾时往往因为切断电源而停止使用，而消防队员若靠攀登楼梯进行扑救，会因体力不足和运送器材困难而贻误战机，影响扑救火灾及抢救伤员。因此，高层建筑必须设置消防电梯，以便消防队员在火灾时能迅速到达起火层进行扑救工作，减少火灾损失和人员伤亡。

消防电梯在安装使用和养护管理中应当注意以下几点。

（1）为了防止烟火侵入井道及轿厢之中，消防电梯必须设置前室保护。同时，前室既是消防队开展灭火战斗的基地，又是被救护的伤残者暂时的避难地。因此，前室兼有保护、基地及避难等三重作用。为利于上述功能的实现，消防电梯的前室不得挪作它用或堆放杂物。

（2）消防电梯轿厢大小应能容纳一副担架和数名人员，故承载能力不宜小于1500kg，轿厢尺长不宜小于 1.5m×2.0m。完善的轿厢内还应配有通讯联系、操作控制等多种设施，其内部装修须为不燃或难燃材料。此外，还应配备事故电源及紧急照明灯具。平时对上述这些设施要妥善保护，防止丢失损坏，以免影响使用。

（3）消防电梯的井道和机房应单独设置，其本身墙体以及与相邻普通电梯井道、机房之间的隔墙均应为防火墙，隔墙上的门应为甲级防火门。井道底部应有排水措施，以免消防用水大量流入井底后影响正常运行。为了排除某种情况下窜入井道的烟热,其顶部应设通风孔洞。此外,井道内绝不允许敷设其他用途的电缆以及使用可燃围护材料和涂料等。

(4)专用的操纵按钮是消防电梯特有的装置,它设在首层电梯门边。要经常检查,时刻处于灵敏有效的状态。此外,通向消防电梯的走道要方便直捷,保持畅通无阻。

(四)火灾自动探测报警设备

1. 火灾自动探测报警设备是现代固定灭火设备的重要组成部分,一般由探测器、区域报警器和集中报警器等组成。发生火灾时,探测器将火灾信号转换成电信号,传送给区域报警器,再由区域报警器将信号转输到集中报警器。

(1)火灾探测器的种类较多,有感烟、感温、光电和可燃气体探测器等。利用火灾时发生的烟雾探测火灾的设备称为感烟探测器,常用的有离子感烟探测器和光电感烟探测器。感温探测器有定温式和恒动式两大类。光电探测器也分为红外线、紫外线两类。可燃气体探测器不是探测已发生的火灾,而是测出现场内可燃气体的危险性,提醒人们注意,有发生火灾的危险。

(2)区域报警器由数门电路和稳压电源电路所构成。区域报警器用于监视区域(楼层),能将探测器输入的电压信号转换成声光报警,并能显示出具体火警房间的号码,还能供应探测器稳定的电压、输出火警信号给集中报警器以及操作有关的灭火和阻火设备。

(3)集中报警器的作用是将所监视的若干区域内的区域报警器所输入的电压信号,以声、光的形式显示出来。将着火的区域和该区域的具体着火部位显示在屏幕上。在报警的同时,时钟停走,记录首次报警时间,为调查火灾原因提供资料。不同的房屋、不同的用途、不同的场所应选择不同的火灾自动探测报警设备。

2. 在安装使用和养护管理中应注意以下几点。

(1)应严格按照火灾自动探测报警设备的使用说明书中的有关规定进行安装,例如适用范围、环境条件、保护面积、安装高度等。对其传输线路的施工,应符合电气安装施工规范的要求,并与强电电缆分开敷设,尽可能避开可能招致电磁干扰的区域或设备。所有接线端应紧固完好,无接触不良、损伤等情况。穿入管内或线槽内敷设的绝缘导线的线芯(铜线)截面不得小于 $0.75mm^2$;使用多芯电缆,单根线芯(铜线)截面不得小于 $0.2mm^2$。供电电源应使用消防专用电源,并带有备用直流电源。

(2)火灾自动探测报警设备应由经过专门训练的人员负责使用、管理和维护,无关人员不得随意触动。值班人员对火灾自动探测报警设备的报警部位号和本单位各火灾监护场所的对应编排应清楚明了。设备投入正常使用后,为确保运行正常,必须严格按定期检查制度进行检查。①每天检查:通过手动检查装置,检查各项功能(如火警功能、故障功能)是否正常,有无指示灯损坏。②每周检查:进行主、备电源自动转换试验。③每半年检查:对所有火灾探测器进行一次实效模拟试验,有失效的火灾探测器,应及时更换;对电缆、接线盒、设备作直观检查,清理尘埃。

（3）由于火灾自动探测报警设备线路复杂，技术要求较高，而且各生产厂的产品结构、线路型式又不大相同，故障类型也较多，所以除一般常见故障外，其维修应由专业维修人员进行。

（4）对一般常见故障及其检查的方法有：主电源故障，检查输入电源是否完好；熔丝有无烧断、接触不良等情况；备用电源故障，检查充电装置、电池是否损坏；连线有无断线；探测回路故障，检查该回路至火灾探测器的接线是否完好，有无火灾探测器被人取下，终端监控器有无损坏；误报火警，应勘察误报的火灾探测器的现场有无蒸汽、粉尘等影响火灾探测器正常工作的环境干扰存在，如果有干扰存在，则应设法排除。对于误报频繁而又无其他干扰影响火灾探测器正常工作的，此火灾探测器应及时予以更换。对一时排除不了的故障，应立即通知有关专业维修单位，以便尽快修复，恢复正常工作。

（五）火灾事故照明和疏散指导标准

有的建筑火灾造成严重的人员伤亡事故，其原因固然是多方面的，但与有无事故照明和疏散指示标志也有一定关系。为防止触电和通过电气设备、线路扩大火势，需要在火灾时及时切断起火部位及其所在防火分区或整个建筑的电源，如果无事故照明和疏散指示标志，人们在惊慌之中势必混乱，加上烟气作用，更易引起不必要的伤亡。实践表明，为保障安全疏散，事故照明和疏散指示标志是不可缺少的，尤其是高层建筑、人员集中的场所，引导安全疏散更为必要，这类设施必须保证。

对事故照明和疏散指示标志有如下一些要求。

（1）除了在疏散楼梯、走道、消防电梯及其前室和人员密集的场所等部位需设事故照明外，对火灾时不能停电、必须坚持工作的场所，例如配电室、消防控制室、消防水泵房、自备发电机房等也应设事故照明。

（2）疏散指示标志应设于走道墙面及转角处、楼梯间的门口上方以及环形走道中，其间距不宜大于20m，距地1.5~1.8m，应写有"EXIT"（出口）的字样，且为红色，此色易透过烟火而被识别。

（3）在国外，一般采用蓄电池作为火灾事故照明和疏散指示标志的电源。我国统一要求采用蓄电池还有困难，所以允许使用城市电网供电，照明电压也允许采用220V电压；也可自备发电或蓄电池供电，后者使用时间应在30分钟以上。目前也还有两种事故照明方式：①近年生产的手提式事故照明灯具，已较广泛用于建筑之中。它平时挂在墙上处于充电状态，一旦断电则发出光亮，并能取下以手提方式使用；②荧光涂料，已初步用于实际，其色料为硫化锌，它能储存和释放光能，且荧光无放射性。目前已开始用作事故照明，均不需配备事故电源且使用简便效果良好，今后在这方面将会得到进一步的发展和应用。

【任务二】消防管理的制度

物业管理部门要结合建筑物的实际情况，建立严格的消防管理制度。

1. 消防中心值班制度

消防控制中心要建立24小时值班制度,值班人员要具有消防基本知识,同时对建筑物内的消防设备有充分的了解,并懂得火灾事故处理程序,同时值班人员要有高度的责任心和判断事物的敏锐性。

2. 防火档案制度

物业管理部门要建立防火档案制度,对火灾隐患、消防设备状况(位置、功能、状态等)、重点消防部位、前期消防工作概况等要记录在案,以备随时查阅,还要根据档案记载的前期消防工作概况,定期进行研究,不断提高防火、灭火的水平和效率。

3. 防火岗位责任制度

要建立各级领导负责的逐级防火岗位责任制,上至公司领导,下至消防员,都要对消防负有一定的责任。

【任务三】室内消火栓给水系统的管理与维护

室内消火栓给水系统的管理与维护应作到以下五点。
(1)消火栓和消防卷盘供水闸间不应有渗漏现象。
(2)消防水枪、水带、消防卷盘以及全部附件应齐全良好,卷盘转动灵活。
(3)报警按钮、指示灯以及控制线路功能正常,无故障。
(4)消火栓箱以及箱内配装的消防部件的外观无破损,涂层无脱落,箱门玻璃完好无缺。
(5)消火栓、供水阀门以及消防卷盘等所有转动部位应定期加注润滑油,箱门玻璃完好无缺。

【任务四】自动喷水灭火系统的管理与维护

自动喷水灭火系统的管理与维护主要包括以下几个方面。
(1)每天检查总控制键,报警阀及供水压力针是否正常。
(2)每周检测水流指示器、信号阀及末端试水装置是否正常,系统水量水压是否正常。
(3)每月应检查消防水池,高位水箱的储水情况,保证主储水不被他用,如果有故障及时修复,并避免腐蚀。
(4)每年对水源的供水能力进行一次测定。
(5)每二年应对储水设备的结构材料进行检查,修补缺损和重新油漆防腐。
(6)每月起动运转消防水泵,结合消火栓按钮启动作检查自动与手动状态模拟运转。
(7)每季度应对自喷水系统进行一次模拟试验,末端放水检查水流指示器、信号阀、报警阀、压力表、管网以及水力警铃各器件是否正常,并作好检查记录。

（8）每月对喷头进行外观检查，发现不正常的喷头及时更换。

（9）每月应对系统室内、外管网进行一次全面检查，外室外消火栓、泵接器以及配套附件和扳手，及时上油检修，保证其完好无损，无渗漏水情况。以上各条的检查、维修须作好记录、完善工作日志。

实 训 练 习

1. 实训目的：通过实训掌握消火栓系统和自动喷水灭火系统的组成及工作原理，掌握消防管网的布置要求及系统的维护管理。通过观看具体的演示和动手操作，使学生具备实践经验，培养动手能力，增强发现问题和解决问题的能力。

2. 实训地点：学校实训中心。

3. 实训内容

（1）由指导教师做实训动员报告及安全注意事项。

（2）了解自动喷水灭火系统中各部件的名称和作用。

（3）检查系统中各部件外观是否完好，工作是否正常，并按下述程序操作，①水箱是否完好，并向水箱内注水；②延迟器、压力开关、水力警铃、水流指示器的检查；③喷头的检查。

（4）演示操作：喷头受热，观察各部件的动作情况。

（5）教师设置故障，学生动手排除故障。

复 习 思 考 题

1. 室内消火栓系统由哪几个部分组成？
2. 自动喷水灭火系统的主要部件有哪些？其作用是什么？
3. 消防系统在使用过程中应怎样维护和管理？

第六章
供暖与燃气供应

【学习目标】

1. 了解供暖供气系统的基本构成。
2. 熟悉供暖系统主要设备及其作用,如散热器等。
3. 掌握供暖系统的管理与维护。

【能力目标】

▶ 项目一:供暖系统概述
1. 了解供暖系统的基本构成
2. 熟悉供暖系统的分类
3. 熟悉热水供暖系统
4. 熟悉蒸汽供暖系统

▶ 项目二:供暖设备
1. 了解供暖系统的设备组成
2. 熟悉供暖设备

▶ 项目三:供暖系统的维护与管理
1. 掌握供暖系统的维护与管理
2. 掌握锅炉及锅炉房的维护与管理

▶ 项目四:燃气供应
1. 了解燃气供应
2. 熟悉燃气供应系统的维护与管理

【项目一】供暖系统概述

【任务一】供暖系统的基本构成

所有供暖系统都是由以下三个主要部分组成,如图 6-1 所示。

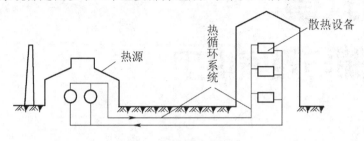

图 6-1　供暖系统的组成

1. 热源

热源使燃料燃烧产生热,将热媒加热成热水或蒸汽的部分,如锅炉房、热交换站等。

2. 输热管道(热循环系统)

输热管道是指热源和散热设备之间的连接管道,将热媒输送到各个散热设备。

3. 散热设备

散热设备是将热量传至所需空间的设备,如散热器、暖风机等。

在整个供暖系统中,还需要有携带热量的物质,称为热媒。常见的热媒有水和蒸汽两种。

供暖系统的基本工作原理如下:低温热媒(低温水)在热源中被加热,吸收热量后,变为高温热媒(高温水或蒸汽),经输送管道送往室内,通过散热设备放出热量,使室内温度升高;散热后温度降低,变成低温热媒(低温水),再通过回收管道返回热源,进行循环使用。如此不断循环,从而不断将热量从热源送到室内,以补充室内的热量损耗,使室内保持一定的温度。

【任务二】供暖系统的分类

1. 根据所使用的热媒进行分类

(1)热水供暖:以热水为热媒的采暖系统,主要应用于民用建筑。
(2)蒸汽供暖:以水蒸气为热媒的采暖系统,主要应用于工业建筑。
(3)热风供暖:以热空气为热媒的采暖系统,主要应用于大型工业车间。

2. 按作用范围的不同分类

（1）局部供热系统：热源、热网、散热器三部分在构造上合在一起的采暖系统，例如，火炉采暖、简易散热器采暖、煤气采暖和电热采暖。

（2）集中供热系统：热源和散热设备分别设置，用热网相连接，由热源向各个房间或建筑物供给热量的采暖系统。

（3）区域供热系统：以区域性锅炉房为热源，供一个区域的许多建筑物采暖的供暖系统。

【任务三】热水供暖系统

1. 自然循环热水供暖系统

（1）双管上供下回式：如图 6-2 所示为双管上供下回式供暖系统，其特点是各层散热器都并联在供、回水立水管上，水经回水立管、干管直接流回锅炉。如果不考虑水在管道中的冷却，则进入各层散热器的水温相同。

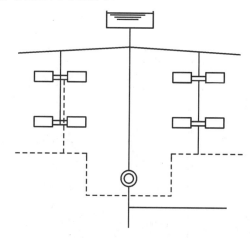

（左边为双管式，右边为单管式）

图 6-2 自然循环热水供暖系统

上供下回式自然循环热水采暖系统管道布置的一个主要特点是：系统的供水干管必须有向膨胀水箱方向上升的坡度，其坡度宜采用 0.005～0.01；散热器支管的坡度一般取 0.01。回水干管应有沿水流向锅炉方向下降的坡度。

（2）单管上供下回式：单管系统的特点是热水送入立管后由上向下顺序流过各层散热器，水温逐层降低，各组散热器串联在立管上。每根立管（包括立管上各层散热器）与锅炉、供回水干管形成一个循环环路，各立管环路是并联关系。

与双管系统相比，单管系统的优点是系统简单，节省管材，造价低，安装方便，上下层房间的温度差异较小;其缺点是顺流式不能进行个体调节。

2. 机械循环热水供暖系统

自然循环热水供暖系统虽然维护和管理简单,不需要耗费电能,但由于作用压力小,管中水流动速度不大,所以管径就相对要大一些,作用半径也会受到限制。如果系统作用半径较大,自然循环往往难以满足系统的工作要求。这时,应采用机械循环热水供暖系统。

机械循环热水供暖系统与自然循环热水供暖系统的主要区别是在系统中设置了循环水泵,靠水泵提供的机械能使水在系统中循环。系统中的循环水在锅炉中被加热,通过总立管、干管、支管到达散热器。水沿途散热有一定的温降,在散热器中放出大部分所需热量后,沿回水支管、立管、干管重新回到锅炉被加热。

机械循环热水供暖系统的供暖方式有以下三种。

(1)机械循环双管上供下回式热水供暖系统:机械循环双管上供下回式热水供暖系统如图6-3所示。该系统与每组散热器连接的立管均为两根,热水平行地分配给所有散热器,散热器流出的回水直接流回锅炉。由图可见,供水干管布置在所有散热器上方,而回水干管在所有散热器下方,所以叫上供下回式。

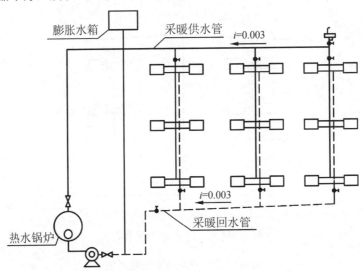

图6-3 机械循环双管上供下回式热水采暖系统

在这种系统中,水在系统内循环,主要依靠水泵所产生的压力,但同时也存在自然压力,它使流过上层散热器的热水多于实际需要量,而流过下层散热器的热水量少于实际需要量,从而造成上层房间温度偏高,下层房间温度偏低的"垂直失调"现象。

(2)机械循环双管下供下回式系统:系统的供水和回水干管都敷设在底层散热器下面,如图6-4所示。与上供下回式系统相比,它有如下特点:①在地下室布置供水干管,管路直接散热给地下室,无效热损失小;②在施工中,每安装好一层散热器即可采暖,给冬季施工带来很大方便,以免为了冬季施工的需要,特别装置临时供暖设备;③排除空气比较困难。

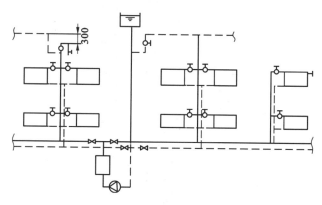

图 6-4　机械循环双管下供下回式热水供暖系统

(3) 机械循环中供式热水供暖系统:机械循环中供式热水供暖系统如图 6-5 所示,从系统总立管引出的水平供水干管敷设在系统的中部,下部系统为上供下回式,上部系统可采用下供下回式,也可采用上供下回式。中供式系统可用于原有建筑物加建楼层或上部建筑面积小于下部建筑面积的场合。

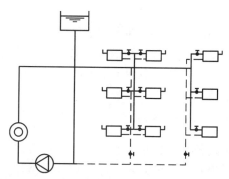

图 6-5　机械循环中供式热水供暖系统

3. 机械循环下供上回式(倒流式)供暖系统

机械循环下供上回式供暖系统的供水干管设在所有散热器设备的上面,回水干管设在所有散热器下面,膨胀水箱连接在回水干管上。回水经膨胀水箱流回锅炉房,再被循环水泵送入锅炉,如图 6-6 所示。

倒流式系统具有如下特点:

(1) 水在系统内的流动方向是自下而上流动,与空气流动方向一致,可通过顺流式膨胀水箱排除空气,无需设置集中排气罐等排气装置;

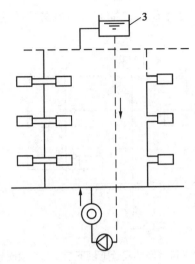

图 6-6 机械循环下供上回热水供暖系统

（2）对热损失大的底层房间，由于底层供水温度高，底层散热器的面积减小，便于布置；

（3）当采用高温水供暖系统时，由于供水干管设在底层，因此可降低防止高温水汽化所需的水箱标高，减少布置高架水箱的困难；

（4）供水干管在下部，回水干管在上部，无效热损失小。

倒流式供暖系统的缺点是散热器的放热系数比上供下回式低，散热器的平均温度几乎等于散热器的出口温度，这样就增加了散热器的面积。但用高温水供暖时，这一特点却有利于满足散热器表面温度不致过高的卫生要求。

4. 异程式供暖系统与同程式供暖系统

循环环路是指热水从锅炉流出，经供水管到散热器，再由回水管流回到锅炉的环路。如果一个热水供暖系统中各循环环路的热水流程长短基本相等，则称为同程式热水供暖系统，如图 6-7 所示；热水流程相差很多时，称为异程式热水供暖系统。在较大的建筑物内宜采用同程供暖系统。

5. 水平式供暖系统

水平式供暖系统按供水与散热器的连接方式不同可分为顺流式（如图 6-8a 所示）和跨越式（如图 6-8b）两类。由于跨越式可以在散热器上进行局部调节，它可以采用在需要局部调节的建筑物中。水平式供暖系统排气比垂直式上供下回供暖系统要麻烦，通常采用排气管集中排气。

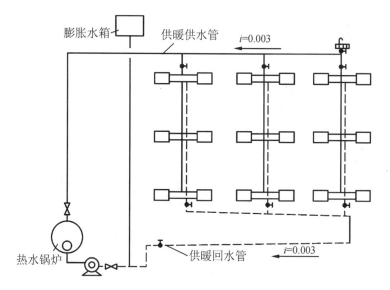

图 6-7　同程式热水供暖系统

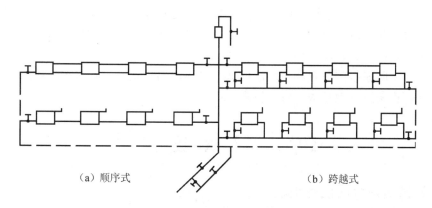

（a）顺序式　　　　　　　　　（b）跨越式

图 6-8　水平单管顺流式系统

水平式供暖系统的总造价要比垂直式供暖系统少很多，但对于较大系统，由于有较多的散热器处于低水温区，尾端的散热器面积可能较垂直式系统的要大些。但它与垂直式（单管和双管）供暖系统相比，还有以下优点：

（1）系统的总造价一般要比垂直式系统低；

（2）管路简单，便于快速施工。除了供、回水总立管外，无穿过各层楼板的立管，因此无需在楼板上打洞；

（3）可利用最高层的辅助空间架设膨胀水箱，不必在顶棚上专设安装膨胀水箱的房间；

（4）沿路不必设置立管，不影响室内美观。

【任务四】蒸汽供暖系统

1. 蒸汽供暖系统的工作原理与分类

水在锅炉中被加热成具有一定压力和温度的蒸汽，蒸汽靠自身压力作用通过管道流入散热器内，在散热器内放出热量后，蒸汽变成凝结水，凝结水靠重力经疏水器（阻汽疏水）后沿凝结水管道返回凝结水箱内，再由凝结水泵送入锅炉重新被加热变成蒸汽。

2. 蒸汽供暖系统和热水供暖系统的比较

与热水供暖系统相比，蒸汽供暖系统具有如下六个特点。

（1）低压或高压蒸汽供暖系统中，散热器内热媒的温度等于或高于 100℃，高于低温热水供暖系统中热媒的温度。所以，蒸汽供暖系统所需要的散热器片数要少于热水供暖系统。在管路造价方面，蒸汽供暖系统也比热水供暖系统要少。

（2）蒸汽供暖系统管道内壁氧化腐蚀速度要比热水供暖系统快，特别是凝结水管道更易损坏。

（3）在高层建筑供暖时，蒸汽供暖系统不会产生很大的静水压力。

（4）真空蒸汽供暖系统要求的严密度很高，并需要有抽气设备。

（5）蒸汽供暖系统的热惯性小，即系统的加热和冷却过程都很快，它适用于需要间歇供暖的场所，如剧院、会议室等。

（6）热水供暖系统的散热器表面温度低，供热均匀；蒸汽供暖系统的散热器表面温度高，容易使有机灰尘剧烈升华，对卫生不利。

【项目二】供暖设备

【任务一】供暖系统的设备组成

1. 热源设备

供暖系统中负责提供整个系统的热能的设备为热源设备，常用的热源设备主要有以下两种。

（1）锅炉：供暖系统中把燃料燃烧时所放出的热能，经过热传递使水（热媒）变成蒸汽（或热水）。

（2）换热器：供暖系统中通过两种温度不同的热媒之间的热交换向系统间接地提供热能。常见的换热器有气—水热交换器和水—水热交换器两种。

2. 散热设备

散热设备是安装在供暖房间内的一种换热设备，通常称为散热器。热水（或蒸汽）流过散热器，通过它将热量传递给室内空气，从而达到向房间供暖的目的。

3. 循环动力设备

循环动力设备是通过热媒的不断循环而实现供暖的设备。水泵是供暖系统的主要循环动力设备。

4. 管道、辅助器材及设备

在供暖系统中，除上述三种基本设备外，为使系统能正常工作，还需设置一些必需的辅助设备。

（1）为消除热水体积随温度变化的影响而设置的膨胀水箱，为排除水中的气体而设置的集气罐和疏水器等。

（2）循环系统常用的管道器材有：供暖热水（蒸汽）管、供暖回水（凝结水）管以及向系统补充用水的自来水管等，还有用于进行管道连接的各种连接件、用于固定管道的支架和用于对热媒流量进行控制的各种阀门等。

（3）供暖系统中还需设置温度计、压力表等监测器材用于对系统中热媒（水或蒸汽）的各种状态进行监测，以便于对系统进行运行管理，确保系统的正常运行。

【任务二】供暖设备

1. 锅炉

锅炉是供热之源，主要用以产生蒸汽和热水。通常将工业和供暖用的锅炉称为供热锅炉，以区别用于动力和发电的动力锅炉。

（1）供热锅炉分蒸汽锅炉和热水锅炉两大类。对供热锅炉来说，每一类又分为高压锅炉和低压锅炉两种。①蒸汽锅炉中，蒸汽压力大于70kPa 的称为高压锅炉，压力小于或等于70kPa 的称为低压锅炉；②在热水锅炉中，温度高于115℃的称为高压锅炉，低于115℃的称为低压锅炉。低压锅炉可由铸铁或钢制造，高压锅炉则由钢制造。

锅炉所使用的燃料可以是煤、轻油、重油以及天然气和煤气等，使用煤作燃料的锅炉称为燃煤锅炉，而使用油或气体作为燃料的锅炉称为燃油或燃气锅炉。

（2）锅炉的基本构造：锅炉由锅与炉两部分组成，其中锅是进行热量传递的气水系统，由给水设备、省煤器、锅筒以及对流束管等组成；炉是将化学能转化成热能的燃烧设备，由送风机、引风机、烟道、风管、给煤装置、空气预热器、燃烧装置、除尘器以及烟囱等组成。

燃料在炉子里燃烧产生高温烟气，以对流和辐射方式，通过气锅的受热面将热量传递给气锅内温度较低的水，产生热水或蒸汽。为了充分利用高温热量，在烟气离开锅炉前，先让其通过省煤器和空气预热器，对气锅的进水和炉的进风进行预热。

为保证锅炉的安全工作，锅炉上还应配备安全阀、压力表、水位表、高低水位警报器及超温超压报警装置等。

（3）锅炉的技术性能：①锅炉的容量是指锅炉在单位时间内产生热水或蒸汽的能力，单位为 t/h；②工作压力是指锅炉出气（水）处蒸汽（热水）的额定压力，单位为 MPa；③温度是指锅炉出气（水）处的蒸汽（热水）的温度，单位为℃；④热效率是指锅炉的有效利用热量与燃料输入热量的比值，它是锅炉最重要的经济指标。一般锅炉的热效率在60%～80%。

（4）锅炉房分为燃煤锅炉房和燃油燃气锅炉房。

2. 换热器

换热器按其工作原理可分表面式换热器、混合式换热器和回热式换热器三类。

（1）表面式换热器：换热器中，冷热两种流体之间通过一层金属壁进行换热，两种流体之间没有直接接触。这种换热器常见的有壳管式、肋片管式及板式三种结构形式。

（2）混合式换热器：换热器中，冷热两种流体直接接触并彼此混合进行换热，在热交换的同时伴随着物质交换。

（3）回热式换热器：换热器通过一个具有较大储热能力的换热面进行间接的热交换。运行时热流体通过换热面，使它温度升高并存储热量；然后冷流体通过换热面，吸收其储存的热量而被加热。

作为间接热源的换热器是设在锅炉房内或单独建造在热交换房内，作为一个独立热源而组成供暖系统。这种系统具有以下特点：①运行简单可靠；②凝结水可循环再用，减少了水处理设施和费用；③采用高温水送水可减少循环水量，减少热网的初始投资；④可根据室外气温以调节低温水量的方法来调节供热量，避免室温过高。

3. 散热器

散热器是供暖系统中的热负荷设备，是对空气进行加热的换热器，负责将热媒（热水或蒸汽）所携带的热量传递给室内空气，达到供暖的目的。散热器通常由钢或铸铁制造，具有多种形式，例如，柱型散热器、翼型散热器和钢串片对流散热器等。

（1）柱型散热器可分为四柱、五柱和两柱三种，均由铸铁制成。

（2）翼型散热器分为长翼型和圆翼型两种，由铸铁制成。

（3）钢串片对流散热器是由两根（或两根以上）钢管上串上许多长方形薄钢片而制成。

注意：散热器设置在外墙窗口下最为合理。因为经散热器加热的空气沿外窗上升，能阻止渗入的冷空气沿墙及外窗下降，从而防止冷空气直接进入室内。对于要求不高的房间，散热器也可靠内墙壁设置。

4. 水泵

在供暖系统中，常用的是离心式水泵，可以保证连续供水，向供暖系统提供循环动力。

5. 膨胀水箱

为消除水受热时体积膨胀的影响而设置与大气相通的开式膨胀水箱。作用是容纳系统中水因受热而增加的体积，并补充系统中水的不足，排除系统中的空气，还有指示系统中水位和控制系统中静水压力的作用。膨胀水箱一般用钢板制成，通常是圆形或矩形。

6. 集气罐

集气罐是在热水供暖系统中设置的排除空气的设备。

7. 伸缩器

当供暖系统的管道输送热媒时，管道自身会因温度升高而膨胀伸长。伸缩器是为了管道能承受超过强度所许可的压力而安装的设备。

8. 疏水器

疏水器是用于排除凝结水中的蒸汽、防止蒸汽从凝结水管道中泄漏的设备。常见的疏水器有机械型疏水器、热力型疏水器和恒温型疏水器三种类型。

9. 减压阀

减压阀用于将高压蒸汽的压力降低到使用条件要求的数值，它能够自动调节阀门的开启程度，稳定阀门后的压力。

10. 安全阀

安全阀是保证系统在一定的压力下安全工作的装置。当压力超过规定的最高允许工作压力时，阀门自动开启，把蒸汽排到系统之外；当压力恢复正常工作压力时，阀门又自动关闭。

【项目三】供暖系统的维护与管理

【任务一】供暖系统的维护与管理

（一）供暖管理的内容

供暖系统的管理包括热源管理、热网管理和用户管理三个部分。

1. 热源管理

对锅炉及其附属设施的养护和管理，包括燃料采购和运输、炉渣的清理、操作与维修人员的培训等。

2. 热网管理

对小区及建筑物内的供热管网进行养护和管理，包括管道的检查、养护和维修。

3. 用户管理

对用户室内散热设备运行情况的检查、维护，取暖费用的收取以及对用户设备使用的指导。供暖用户的管理是供暖过程管理的重要管理环节，其主要内容有：

（1）指导用户遇到供暖问题时如何与物业管理公司沟通；

（2）教育用户如何节约能源，合理取暖；

（3）检查房间的密闭性能，加强保温措施；

（4）用户家庭装修需变动散热器位置或型号时，需取得管理人员的现场认可。

（二）供暖系统的充水养护

在非供暖季节系统停止运行时，为减少管道和设备系统的腐蚀，所有的热水、高温水供暖系统均要求充水养护，钢制的散热器更强调充水养护，以延长管道和设备的使用寿命。充水养护的具体做法有以下四点。

（1）供暖季节结束、系统停止运行后，先进行全面检查，并进行修理，将已损坏的零部件或散热器进行更换。

（2）将系统充满水并按试压要求进行系统试压。

（3）将系统内的水加热至95℃，保持1.5小时，然后停止运行。

（4）设有膨胀水箱的系统，在非供暖期要保持水箱有水，缺水时要进行补水。

（三）供暖系统的运行管理

与供暖系统的充水养护相对应，在供暖季节前，需将系统的养护水放空，并检查系统的所有设备，包括锅炉、管道、阀门、仪表及散热器等，保证所有设备能正常工作，并清洗管道和散热器的内部污垢和外表积尘，然后充入经水质处理后、符合系统水质要求的水，最后才能启动供暖系统。

在供暖系统的运行过程中，热源处的操作人员应根据室外气温的变化进行供热调节，有机地改变流量、温度、压力等供暖参数，使供暖更合理、经济、实用。此外，还应经常检查以下几项。

（1）容易被冻的供暖管道、保温层及设备等。

（2）电机、水泵是否正常。

（3）各种仪表（压力表、温度计、流量计）是否正常灵敏。

（4）系统中所有的疏水器、排气装置、各种调节及安全装置等是否正常可靠。

（5）室内供暖温度和散热设备的温度是否符合规定要求。

对于系统中隐蔽的管道、阀门及附件要定期检修，所有系统上的除污器、过滤器及水封底部等处的污物要定期清理。

（四）供暖系统的常见故障及其排除方法

供暖系统的常见故障及其排除方法如表 6-1 所示。

表 6-1　供暖系统的常见故障及其排除方法

供暖系统常见故障	故 障 原 因	排除（处理）方法
供暖系统末端散热器不热	①各环路压力损失不平衡或水平方向水力失调 ②系统末端内有空气	①从系统始端开始，顺序调小各环路立管或支管上的阀门 ②排除系统内的空气
局部散热器不热	①管道表面有明显温差，管道有堵塞 ②如果管道无明显温差，可能是散热器存气太多或其进口支管有气塞	①应敲击振打，如果仍不能解决需拆开处理 ②打开排气装置排除空气
上层散热器不热	①可能是上层散热器积存空气 ②可能是上层散热器缺水	①作排气处理 ②给系统补水
上层散热器过热、下层散热器不热	上层散热器的流量过多，而下层散热器的流量过少	关小上层散热器支管上的阀门

【任务二】锅炉及锅炉房的维护与管理

锅炉是一种承受高温高压、具有爆炸危险的特殊设备。因此锅炉的安全运行显得特别重要。

（一）锅炉及锅炉房的管理要求

（1）要制订锅炉房的各项规章制度，包括安全操作制度、水质处理制度以及交换班制度，同时还必须编制锅炉房的运行操作表。

（2）严格执行安全操作规程和巡回检查制度，认真作好运行记录。

（3）根据系统的设计和运行要求，对有关设备进行相应的调节，对锅炉及其附属设备要定期进行维护保养，发现故障要及时维修。

（4）坚守工作岗位，任何时候都不得无人值班或私自离岗。

（5）每班至少冲洗水位表一次及排污一次，并作好水质处理和水质分析工作。

（二）锅炉的安全运行管理

1. 防止锅炉超压

在锅炉运行过程中要保持锅炉负荷稳定，防止突然降低负荷，致使压力上升；防止锅炉安全阀失灵，每隔 1~2 天人工排气一次，并定期作自动排气试验，如果发现动作迟缓，必须及时修复；定期检验压力表，如果发现不准确或动作不正常，必须及时更换。

2. 防止过热

防止锅炉运行中缺水，每班冲洗水位表，检查所显示的水位是否正确；定期清理旋塞及连通管，防止堵塞；定期维护、检查水位报警和超温报警设备，保持灵敏可靠；严密监视水位，万一发生严重缺水，绝对禁止向锅炉内进水；正确使用水处理设备，保持锅炉水质符合标准；认真进行表面排污和定期排污操作，定期清理水垢。

3. 防止腐蚀

根据炉水不同，采取有效的水处理和除氧措施，保证供水和炉水质量合格；加强停炉保养工作，及时清除烟灰，涂刷防锈漆，保持炉内干燥。

4. 防止裂纹和起槽

保持燃烧稳定，避免锅炉骤冷骤热，加强对封头、扳边等应力集中部位的检查，一旦发现裂纹和起槽，必须及时处理。

5. 防止水锤

切勿使锅炉水位骤升骤降，避免锅炉满水、缺水及气水共腾等现象发生。

【项目四】燃气供应

【任务一】燃气供应概述

1. 燃气的种类

燃气可分为人工煤气、液化石油气和天然气三种。

2. 城镇燃气的供应方式

城镇燃气供应方式分为管道输送和瓶装两种。

3. 室内燃气管道

（1）室内燃气管道系统由引入管、立管和支管组成。室内燃气管道多采用水煤气钢管，它属于低压管材；管道采用螺纹连接（丝扣连接）。埋地部分应涂防腐剂，明敷管道采用镀锌钢管，管道不允许有漏气。室内燃气管道要求明敷，在有可能出现冻结的地方，室内煤气管道应采取防冻措施。

（2）燃气表是计量燃气用量的仪表。目前我国常用的是一种干式皮囊气流量表，它适用于室内低压燃气供应系统。

室内燃气管道的组成，如图6-9所示。

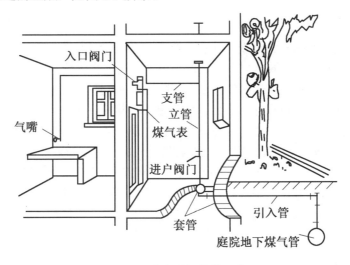

图6-9 室内燃气管道组成

4. 燃气用具

根据不同的用途，有多种燃气用具。住宅常用燃气用具有厨房燃气灶和燃气热水器等。

（1）厨房燃气灶：常见的有双火眼燃气灶，它由炉体、工作面及燃烧器三部分组成。

（2）燃气热水器：一种局部供应热水的加热设备。当建筑物内无集中热水供应时，可采用燃气为热源，通过燃气热水器制备热水。

由于燃气燃烧后排出的废气中含有一氧化碳，因此在设有燃气用具的房间，都应设有相应的通风设施。规范规定燃气热水器不得直接安装在浴室内。

【任务二】燃气供应系统的维护与管理

由于燃气是易燃、易爆和有毒的危险气体，因此，首先必须保证燃气管道及设备严密、不漏气，避免发生燃气中毒或爆炸事故，保证系统的安全运行；其次，必须保证系统的正常供气，使燃气管道畅通无阻，阀门开关灵活，燃气表计量准确；最后，对于燃气用户，则要做好安全教育，保证燃气用户能熟练掌握燃气用具的操作方法，熟悉安全操作规程，以避免发生操作事故。

1. 室内燃气供应系统的维护与管理的内容

（1）燃气设施的检查和报修：建立有效的检查和监控系统，确保燃气设施的安全运行。

（2）燃气设施的保养和维修：重视保养与维修，延长设施的使用寿命和安全。

（3）安全用气宣传。

(4)室内燃气设施的安全管理:严格执行国家颁布的《城市燃气管理规定》,从燃气和设备的使用、销售等方面把好安全关。

2. 室内燃气管道及部件的维护

(1)室内燃气管道的外观检查:外观上检查管道的固定是否牢靠,管道是否有锈蚀或机械损伤,管卡、托钩是否脱落以及管道的坡度、坡向是否正确。

(2)室内燃气管道漏气的检查和处理:用肥皂水涂抹怀疑漏气点,如果出现连续起泡,则可以断定该处漏气。查找到漏气点后,可用湿布将漏气点包好扎紧或将漏气点前的阀门关闭,并尽快报告给燃气公司进行处理。需注意的是,必须严禁用明火查找漏气点。

(3)燃气表的养护:燃气表的维修工作有地区校验和定期检修。按照计量部门的要求,燃气表的地区校验每年进行一次,使用误差不大于4%。当用户对燃气表的计量有疑问时也要采用地区校验,以检查计量是否有误差。地区校验采用特制的标准喷嘴或标准表进行。定期检修是指燃气公司每季度对所管辖区域的燃气表进行一次检修,以检查其工作性能是否良好。

3. 室内燃气安全

(1)室内燃气作业的注意事项和安全措施有:①严格遵守各项燃气操作规程,熟悉系统情况;②不允许带气作业,要关闭引入管总阀门;③一律不准采用气焊切割和电、气焊作业;④维修结束后,作业范围及周围严禁一切火种,置换时的混合气体不准在室内排放;⑤供入的燃气不准在燃气灶上点火试验;⑥不准在炉膛内排放所置换的混合气体,燃气用具如果一次点火不成功,应当关闭燃气阀门,在停留几分钟后再进行第二次点火;⑦引入管的清通和总入口阀门的检修,要严格按操作规程作业。

(2)使用燃气的注意事项包括:①用户要有具备使用燃气条件的厨房;②装有燃气设施的厨房切忌住人;③使用燃气的厨房里不准堆放易燃易爆物品;④防止沸水溢出,将火焰浇灭,防止被风吹灭;⑤要经常检查燃气胶管是否老化、破损;⑥用完燃气后关闭燃气灶具开关和闸阀;⑦一次点不着时,应立即关闭灶具开关;⑧教育儿童不要随意玩火;⑨燃气泄漏时,应立即打开门窗。

实 训 练 习

1. 实训目的:熟悉安装散热器的常用工具及其使用方法。通过实训,掌握散热器的安装工艺,掌握自己动手组装散热器的基本技能。

2. 实训地点:学院设备实训室

3. 实训内容

(1)专业教师做实训动员和安全教育。

（2）材料及机（工）具选择：

① 主要机具：电动套丝机、管子老虎钳、手锤、活扳手、组对操作台、组对钥匙、管子钳子、管子铰板、钢锯、割管器。

② 材料要求：散热器不得有砂眼、对口面不平、偏口、裂缝和上下口中心距不一致现象。翼形散热器翼片完好，钢串片翼片不得松动、卷曲、碰损；钢制散热器应丝扣端正，松紧适宜。散热器的组对零件应无偏扣、方扣、乱丝、断扣等现象。石棉橡胶垫以1mm厚为宜（不超过1.5mm）。其他材料：脱钩、固定卡、膨胀螺栓、钢管、冷风门、麻线、防锈漆及水泥等。

（3）散热器组对程序：

① 散热片接口清理，要求用废锯条、铲（刮刀）使接口露出金属光泽；

② 散热片上架，对丝带垫。将散热器平放在专用组装台上，散热器的正丝口朝上，将垫圈套入对丝中部；

③ 对丝就位，用对丝正扣试拧入散热片，如手拧入轻松，则可退回，只代入一个丝扣。

④ 将第二片的反丝端正地放在上下接口对丝上；

⑤ 从散热片接口上方插入钥匙，拧动对丝加力组对，先用手拧，后用钢管加力拧动，直至上下接口严密；

⑥ 上堵头及上补心。堵头及补心加垫圈，拧入散热器边片，用较大号管钳拧紧双侧接管时，放风堵头应安装在介质流动的前方。

复习思考题

1. 蒸汽供暖系统与热水供暖系统的区别是什么？
2. 供暖系统的维护与管理包括哪些方面？
3. 燃气供应系统的维护与管理包括哪些方面？

第七章
建筑通风与防烟排烟

【学习目标】

1. 运用建筑通风知识，对建筑物设置合适的通风设备。
2. 运用防排烟知识，对建筑物设置适当的防排烟。

【能力目标】

◆ 项目一：建筑通风的基本知识
　　1. 认识建筑通风的任务
　　2. 了解通风系统的分类

◆ 项目二：通风管道及设备
　　1. 了解通风管道基础知识
　　2. 认识通风系统的主要设备

◆ 项目三：高层建筑的防烟排烟
　　1. 了解烟气扩散原理
　　2. 认识防烟系统
　　3. 了解排烟系统

◆ 项目四：通风与防排烟系统的管理与维护
　　1. 了解通风与防排烟系统的管理
　　2. 了解通风与防排烟系统的维护

【项目一】建筑通风的基本知识

所谓通风,就是把室内被污染的空气直接或经净化后排到室外,并把新鲜空气补充进来,从而保持室内的空气环境符合卫生标准和满足生产工艺的需要。

【任务一】建筑通风的任务

不同类型的建筑对室内空气环境的要求不尽相同,因而通风装置在不同场合的具体任务及其构造形式也不完全一样。根据建筑类型和建筑性质的不同,建筑通风的任务有三种:一般通风、工业通风和空气调节。

(一)一般通风

一般民用建筑和一些发热量小而污染轻微的小型工业厂房,通常只要求保持室内的空气清洁新鲜,并在一定程度上改善室内的温度、湿度以及空气气流速度。因此,使用一般通风,即无需对进、排风进行专门处理,可通过门窗换气、穿堂风降温、电扇提高气流速度。

(二)工业通风

所谓工业通风,就是对工业生产过程中产生的大量热、湿、工业粉尘以及有害气体和蒸汽采取有效的防护措施,以消除其对工人健康和生产的危害。大量的工业粉尘和有害气体排入大气,必然导致大气污染,不仅影响广大人民的健康,也危及动、植物和农作物的正常生长。此时通风的任务,就是要对工业有害物采取有效的防护措施,创造良好的劳动条件,同时尽可能回收利用,化害为利,并切实做到防止大气污染。

(三)空气调节

在工农业生产、国防工程和科研领域的一些场所以及某些有特殊要求的公共建筑和民用建筑中,为满足工艺特点和人体舒适的要求,会对空气环境提出某些特殊的要求。例如,有些工艺过程要求保持空气温、湿度恒定在某一范围内;有些需要控制空气的清洁度和流动速度。满足这种特殊要求的通风措施,通常被称作"空气调节"。

【任务二】通风系统的分类

建筑通风包括从室内排除污浊的空气和向室内补充新鲜的空气两个过程,前者称为排风,后者称为送风。为实现排风或送风,所采用的一系列设备、装置的总体称为通风系统,按照分类标准的不同,通风系统有不同的分类。

（一）按照通风系统的作用范围不同划分

按照通风系统的作用范围不同，建筑通风系统可分为全面通风和局部通风两种。

1. 局部通风

通风的范围限制在有害物形成比较集中的地方，或是工作人员经常活动的局部地区的通风，称为局部通风。目的是改善这一局部地区的空气条件，局部通风又可分为局部排风、局部送风和局部送、排风。

（1）局部排风，是一种机械的局部排风系统，如图 7-1 所示。它是为了尽量减少工艺设备产生的有害物对室内空气环境的直接影响，用各种局部排气罩，在有害物产生时就立即随空气一起吸入罩内，最后经排风帽排至室外，是比较有效的一种通风方式。有时为了不让有害物污染周围大气和损坏风机或者有经济价值的有害物应该回收时，应装设排气处理（净化、除尘或回收）装置。

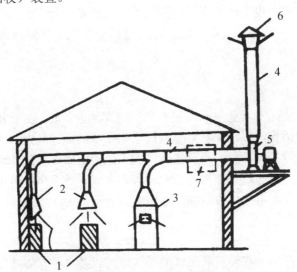

图 7-1　机械局部排风

1-工艺设备；2-局部排气罩；3-局部排气柜；4-风道；
5-通风机；6-排风帽；7-排气处理设置

（2）局部送风：对于车间面积很大、工作地点比较固定的厂房，要改善整个车间的空气环境是比较困难的。在这种情况下，可以向局部工作地点送风，造成对工作人员温度、湿度、清洁度合适的局部空气环境。这种通风方式叫做局部送风，直接向人体送风的方法又叫岗位吹风或空气淋浴。

岗位吹风分集中式和分散式两种。图 7-2 是铸工车间浇注工段集中式岗位吹风示意图。风是从集中式送风系统的特殊送风口送出的，系统应包括从室外取气的采气口、风道系统和通风机,送风需要进行处理,还应有空气处理设备。

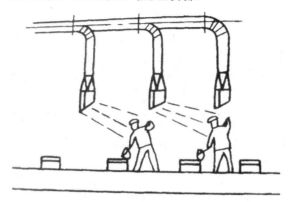

图 7-2　集中式岗位吹风示意图

(3) 局部送、排风:有时采用既有送风又有排风的局部通风装置,可以在局部地点形成一道"风幕",利用这种风幕来防止有害气体进入室内,是一种既不影响工艺操作又比单纯排风更为有效的通风方式,如图 7-3 所示。浇注工段面积较大时,也可以在工段的一边安装一排送风口送风,而在相对的另一边装一排排风口吸风,这样可以防止浇注时产生的有害气体上升进入车间。

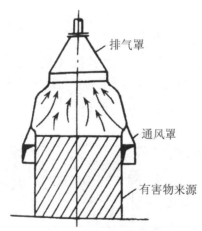

图 7-3　局部送、排风示意

2. 全面通风

由于生产条件的限制,不能采用局部通风或采用局部通风后室内空气环境仍然不符合卫生和生产要求时,可以采用全面通风,即在车间或房间内全面的进行空气交换。

全面通风适用于有害物产生位置不固定的地方、面积较大或局部通风装置影响操作的地方、有害物扩散不受限制的房间或一定的区段内。这就需要将有害物散入车间,同时引入室外新鲜空气稀释房间内的有害物浓度，使其车间内的有害物的浓度降低到合乎卫生要求的允许浓度范围内，然后再从室内排出去。

全面通风又可分为三种，即全面排风、全面送风和全面送、排风。

（1）全面排风：为了使室内产生的有害物尽可能不扩散到其他区域或邻室去，可以在产生有害物比较集中的区域或房间内采用全面排风，如图7-4所示。在风机作用下，将含尘量大的室内空气通过引风机排除，此时室内处于负压状态，而较干净的一般不需要进行处理的空气则会从其他区域、房间或室外补入以冲淡有害物。图7-4a所示是在墙上装有轴流风机的最简单的全面排风。图7-4b所示是室内设有排风口，含尘量大的室内空气从专设的排气装置排入大气的全面排风系统。

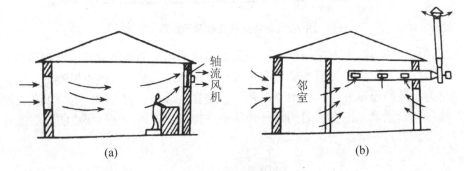

图7-4　全面机械排风

（2）全面送风：当不希望邻室或室外空气渗入室内，又不希望送入的空气是经过简单过滤、加热处理的情况下，多用如图7-5所示的全面机械送风系统来冲淡室内有害物，这时室内处于正压，室内空气会通过门窗压出室外。

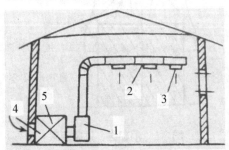

图7-5　全面机械送风

1-通风机；2-风道；3-送风口；4-采气口；5-处理小室

（3）全面送、排风：在很多情况下，一个车间会同时采用全面送风系统和全面排风系统相结合的全面送、排风系统。

（二）按照通风系统的工作动力不同划分

按照通风系统的工作动力不同，建筑通风可分为自然通风和机械通风两种。

1. 自然通风

自然通风是指利用建筑物室内、室外空气因温度不同产生密度差引起的热压，或室外大气运动引起的风压来引进室外新鲜空气，从而达到通风换气作用的一种通风方式。它不消耗机械动力，同时，在适宜的条件下又能获得巨大的通风换气量，是一种节能的通风方式。自然通风在一般的居住建筑、普通办公楼、工业厂房（尤其是高温车间）中被广泛的应用，能经济有效地满足工作人员与室内空气品质的要求及生产工艺的一般要求。

自然通风按照产生的原因不同，可以分成风压作用下的自然通风和热压作用下的自然通风。

（1）风压作用下的自然通风：风压是由空气流动造成的压力，也称风力。风力是人们常利用的一种最便宜的动力，风车、帆船都是风力的利用。利用风压也可以导致室内外空气的交换，从而改变室内空气环境。如图 7-6 是利用穿堂风使房间通风换气的示意图，房屋在迎风面形成正压区（大于室内压力），从而风可以从门窗吹入，同时却在背风面形成负压（小于室内压力），室内空气又可以从背风面的门窗压出。

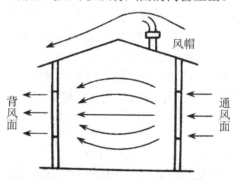

图 7-6　风压作用下的自然通风

屋顶上的风帽、带挡板的天窗就是利用风从它们的上部开口吹过造成的负压来使室内空气排出，这也是一种利用风压的自然通风。显然，利用风压的自然通风的效果取决于风速的大小及房屋的结构和形状。

（2）热压作用下的自然通风：热压是当室内空气温度比室外空气温度高时，室内热空气密度小、比较轻，就会上升并从建筑的上部开口（天窗）跑出去，较重的室外冷空气就会经下部门窗补充进来（如图 7-7 所示）。热压的大小除了跟室内外温差大小有关外，还与建筑高度有关。这同烟囱的原理一样，高度越高，温差越大，抽力（即自然通风效果）就越好。

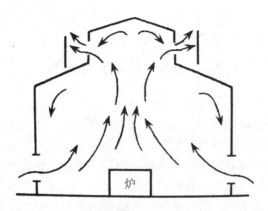

图 7-7 热压作用下的自然通风

（3）利用热压和风压来进行换气的自然通风对于产生大量余热的生产车间是一种既经济又有效的通风降温方法。例如，机械制造厂的锻造、热处理车间，各种加热炉，化工厂的烘干车间以及锅炉房等均是利用自然通风，这是一种既简单又经济的方法。在考虑通风时应优先采用这种方法。但是，自然通风也有其缺点：①自然进入的室外空气一般不能预先进行处理，因此对于对空气的温度、湿度、清洁度要求高的车间来说就不能满足要求；②从车间排出来的脏空气也不能进行除尘，会污染周围的环境；③受自然条件的影响，风力不大、温差较小时，通风量就少，因而效果就较差。比如风力和风向一变，空气流动的情况就变了；一年四季气温也总是不断变化的，依靠的热压力也很不稳定，冬季温差较大，夏季温差较小，这些都使自然通风的使用受到一定的限制。

对于一般工厂来说，自然通风效果好坏还与门窗的大小、形式、位置有关。在有些情况下，自然通风与机械通风混合使用，可以达到较好的效果。

2. 机械通风

所谓机械通风是指依靠风机作为空气流动的动力来进行的通风。与自然通风相比，机械通风作用范围大，可用风道把新鲜空气送到任何指定地点或者把任何指定地点被污染的空气直接或经处理后排到室外，前者称为机械进风，后者称为机械排风。

与自然通风相比，机械通风有如下优点：

（1）送入车间或工作房间内的空气可以首先加热或冷却，加湿或减湿；

（2）从车间排出的空气可以实行净化和除尘，从而保证工厂附近的空气不被污染；

（3）能够满足卫生和生产上所要求的房间内人为的空气条件；

（4）可以将吸入的新鲜空气，按照需要送到车间或工作房间内任何地点，同时也可以将室内污浊的空气和有害气体，从产生地点直接排除到室外去；

（5）通风量在一年四季都可以得到保证，不受外界气候的影响。必要时，根据车间或工作房间内的需要，还可以任意调节换气量。

【项目二】通风管道及设备

【任务一】通风管道

通风管道是通风系统的重要组成部分,其作用是输送气体。根据制作所用的材料不同可分为风管和风道两种。

(一)通风管道的材料

在工程中采用较多的是风管,风管是用板材制作的,风管的材料应根据输送气体的性质(如一般空气或腐蚀性气体等)来确定。常用的风管材料有以下几种。

1. 普通薄钢板

普通薄钢板又称"黑铁皮",结构强度较高,具有良好的加工性能,价格便宜,单表面易生锈,使用时应做防腐处理。

2. 镀锌铁皮

镀锌铁皮又称"白铁皮",是在普通薄钢板表面镀锌而成,既具有耐腐蚀性能,又具有普通薄钢板的优点,应用广泛。

3. 不锈钢板

在普通碳素钢中加入铬、镍等惰性元素,经高温氧化形成一层紧密的氧化物保护层,这种钢就叫"不锈钢"。不锈钢板具有防腐、耐酸、强度高、韧性大、表面光洁等优点,但价格高,常用在化工等腐蚀要求较高的通风系统中。

4. 铝板

铝板的塑性好、易加工、耐腐蚀,由于铝在受摩擦时不产生火花,故常用在有防爆要求的通风系统上。

5. 塑料复合板

在普通薄钢板表面上喷一层塑料层,使之既具有塑料的耐腐蚀性能,又具有钢板强度大的性能,常用温度在-10℃~+70℃范围内的耐腐蚀通风系统上。

6. 玻璃钢板

玻璃钢是由玻璃纤维和合成树脂组成的一种新型材料。它具有质轻、强度高、耐腐蚀、耐火等特点,广泛用在纺织、印染等含有腐蚀性气体以及含有大量水蒸气的排风系统上。

在工程中有时还可以用砖、混凝土、矿渣石膏板等建筑材料制作风道。

（二）通风管道截面的确定

1. 通风管道的截面形状

通风管道的截面形状有两种：一种是圆形截面风管，其特点是节省材料、强度较高，而且流动阻力小，但制作较困难。当风管中流速高、直径较小时宜采用圆风管。另一种是矩形截面风管或风道，其特点是美观、管路易与建筑结构相配合，当截面尺寸大时，为充分利用建筑空间常采用矩形截面风管或风道。

2. 通风管道截面尺寸的确定

通风管道截面面积 F（m^2）按下式确定：

$$F = L / 3600V$$

式中：F——通风管道截面积（m^2）；

L——通风管道中空气流量（m^3/h）；

V——通风管道中空气流速（m/s）。

当确定通风管道截面尺寸时，通风管道中的空气流量（L）已由前面计算确定，只有空气流速（V）是未知数，所以应先取定空气流速。

在选取空气流速时须做全面考虑：若取较大值，管道截面尺寸小，好布置，管道本身的造价低，但空气流动阻力大，不但增大电能消耗，还易产生很大的噪声。如果取较小值，管道截面尺寸大，虽然省电能，噪声小，但管道占空间尺寸大，不好布置，且管道造价高。所以，须经经济技术比较选定最佳值。选定时，一般可参考表7-1中的数值。

表7-1　通风管道内空气流速（m/s）

管道类别	钢板及塑料风管	砖及混凝土风道
干管	6~14	4~12
支管	2~8	2~6

按照取定的空气流速，计算出通风管道截面积，然后套取通风管道标准尺寸，即圆管道为直径，矩形管道为宽×高。

（三）通风管道的布置

在通风管道布置的过程中，应注意以下几点。

（1）通风管道应根据系统的划定，结合建筑结构形式，在不影响采光和工艺操作的前提下，考虑到施工和维修的方便，进行合理的布置。

（2）地面以下的通风管道采用暗装，地面以上的通风管道采用明装。工业厂房内风管沿墙、柱敷设在支架上。若管道离墙、柱太远，也可以用吊架吊在楼板下面。管道力求顺直,以减少局部阻力;应力求简短,以减少摩擦阻力,并降低造价。

(3)管道根据介质的湿度情况可水平布置,也可按一定坡度布置。除尘管道应尽量避免水平敷设,一般与水平夹角大于45°,以防粉尘在风管内沉积,造成管路堵塞。

(4)为满足控制和调节的需要,须在管路分支处和设备上设置阀门。还应根据需要设置必要的测孔,其位置和数量应符合检测要求。

(5)在居住和公共建筑内,砖砌风道最好与建筑结构相配合,可砌筑在墙内,也可在墙外设置贴附风道,要注意解决因温度低而引起的结露和影响自然通风作用压力的问题。

(6)建筑物内通风管道的布置,还应满足防火规范的要求。

【任务二】通风系统的主要设备

(一)通风机

1. 通风机的分类和工作原理

通风机是通风系统中为空气的流动提供动力以克服输送过程中的阻力损失的机械设备。在通风工程中应用最广泛的是离心式通风机和轴流式通风机。

(1)离心式通风机是由叶轮、机壳、风机轴、进风口和电动机组成,其构造如图7-8所示。当装在机轴上的叶轮在电动机的带动下作旋转运动时,叶片间的空气在随叶轮旋转所获得的离心力的作用下,从叶轮中心高速抛出,压入螺旋形的机壳中,随着机壳流通断面的逐渐增加,气流的动压减小,静压增大,以较高的压力从排气口流出。当叶片间的空气在离心力的作用下,从叶轮中心高速抛出后,叶轮中心形成负压,把风机外的空气吸入叶轮,形成连续的空气流动。

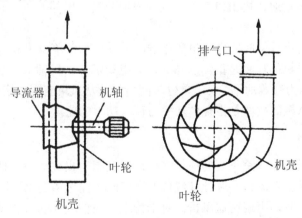

图7-8 离心式通风机

离心式通风机的特点是风压高、噪声低。通风机在运转时所产生的结构振动和噪声,会对通风的效果不利,为消除或减少噪声和保护环境,应采取减振措施。一般在设备底座、支架与楼板或基础之间设置减振装置,减振装置支撑点通常不少于四个。通风机的传动机构外露部分以及直通大气的进出口必须装设防护罩或采取其他安全措施。

(2)轴流式通风机由叶轮、机壳、电动机和机座组成,其构造如图 7-9 所示。轴流式通风机通常将叶片通过与电动机直连装在机壳内,电动机带动叶轮旋转后,空气一方面随叶轮作旋转运动,另一方面又因为叶片具有斜面形状,使空气沿着机轴方向向前推进,并以一定速度被送出,其原理与家用电扇相类似。

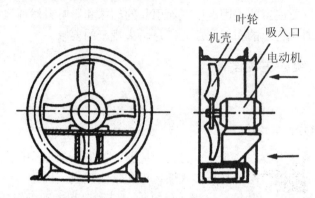

图 7-9 轴流式通风机

轴流式通风机的特点是风压低、噪声高、体积小、电耗小,但风量较大,主要用于厂房、公共建筑和民用建筑的通风换气。

2. 通风机的基本性能参数

(1)风压——是指通风机出口空气全压与入口空气全压的差值,它包括动压和静压两部分,单位为 Pa。

(2)风量——是指单位时间内风机所输送的气体体积,单位为 m^3/h。

(3)功率——风机的功率是指输入功率,即电动机传到机轴上的功率,也称轴功率;风机的输出功率,称为有效功率,表示单位时间内气体从风机获得的实际能量,单位为 W。

(4)效率——风机的效率是指有效功率与输入功率的比值。

3. 通风机的选择

(1)根据被输送气体(空气)的成分和性质以及阻力损失大小,选择不同类型的通风机。例如,用于输送含有爆炸、腐蚀性气体的空气时,需选用防爆、防腐性风机;用于输送含尘浓度高的空气时,用耐磨通风机;对于输送一般性气体的公共民用建筑,可选用离心式通风机;对于车间内防暑散热的通风系统,可选轴流式通风机。

(2)根据通风系统的通风量和风道系统的阻力损失,按照风机产品样本确定风机型号。可根据风机的磨损和系统不严密处产生的渗风量,对通风系统计算的风量和风压附加安全系数。

（二）除尘器

用于排除有毒气体或含尘气体的通风系统中，一般都要设置空气净化设备，以便将有毒气体或含尘空气净化处理达标后排放到大气中，而工程中常用的净化设备主要是除尘器。

除尘器可将排风中的粉尘捕集，使排风中粉尘的浓度降低到排放标准允许值以下。通风工程中常用的有重力沉降室除尘器、旋风除尘器、湿式除尘器和袋式除尘器等。

1. 重力沉降室除尘器

重力沉降室除尘器实际是一个比通风管道的断面尺寸增大了若干倍的除尘小室。含尘空气由除尘小室的一端上方进入，由于小室的过流断面突然扩大，含尘空气的流动速度迅速降低。在含尘空气缓慢的由除尘小室的一端流向另一端的过程中，空气中的粉尘粒子在重力的作用下，逐渐向灰斗里沉降，使得粉尘从空气中分离出来，而净化后的洁净空气由除尘小室的另一端的出口排除。在实际的应用中，为了提高除尘小室的除尘效果，常在除尘小室内部增设一些挡板。

此种除尘器是靠重力除尘的，因此，只适合捕集粒径大的粉尘，而且为有较好的除尘效果，要求重力沉降室具有较大的尺寸，但因其结构简单、制作方便、流动阻力小等优点，目前多用于双级除尘的第一级除尘。

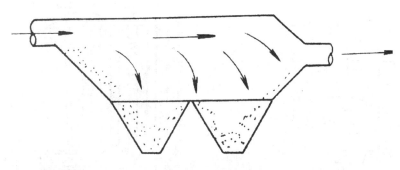

图 7-10 重力沉降室

2. 旋风除尘器

旋风除尘器是利用含尘空气在除尘器中的螺旋运动及离心力的作用达到分离颗粒使空气得到净化。当含尘气流以一定速度沿切线方向进入除尘器后，就会在内外筒之间的环形通道内作由上向下的旋转运动（形成外涡旋），最后经内筒（排出管）排出。含尘气流在除尘器内运动时，尘粒受离心力的作用被甩到外筒壁，受重力的作用和向下运动的气流带动而落入除尘器底部灰斗，从而被捕集。

旋风除尘器的结构简单，在除尘过程中没有机械运动部件，所以运行管理与维护方便，同时耐高温。如果在旋风除尘器的内壁上敷设耐磨衬，可以用于净化含有高磨蚀型粉尘的烟气，但对微细尘粒的除尘效率不高。旋风除尘器的结构形式如图 7-11 所示。

3. 湿式除尘器

湿式除尘器是利用粒径的可湿性使尘粒与液滴或液膜接触而分离出来。其构造简单、造价低、占地面积小、除尘效率高，同时对有害气体还可起到净化作用，但对沉降下的污水处理较难，需设置水处理设备。

4. 袋式除尘器

袋式除尘器是利用棉布、毛呢和人造纤维布等做成滤袋，然后将滤袋按一定的排列规律设置在一个箱体内，含尘空气沿着预先设计好的道路，由箱体下部进入各条滤袋中，从而对含尘空气进行过滤处理，使粉尘从空气中分离出来，以达到净化空气的目的。袋式除尘器的除尘效率高，特别是对细微粉尘也有较高的效率，一般除尘效率可达到 99%；适应性强，可以捕集不同性质的粉尘；空气的处理范围大，规模可大可小，因而使用灵活。结构形式如图 7-12 所示，其结构简单、工作性能稳定、管理维护方便。但受滤袋耐高温和耐腐蚀性的局限，对温度过高的烟气及腐蚀性强的含尘气体的处理不能使用袋式除尘器。

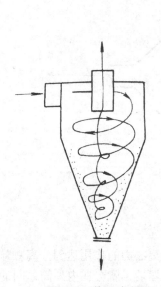

图 7-11　旋风除尘器

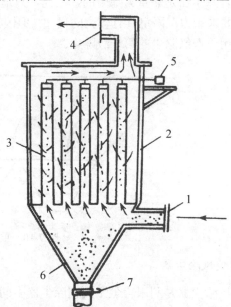

图 7-12　袋式除尘器

【项目三】高层建筑的防烟排烟

建筑物内发生火灾时，烟气的危害相当严重，在火灾事故的死伤者中，大多数是由烟气导致窒息或中毒所造成。火灾发生时产生的烟雾主要是以一氧化碳为主，这种气体具有强烈的窒息作用，对人员的生命构成极大的威胁，其人员的死亡率可达到50%～70%以上，换言之，火灾时一氧化碳是人员伤亡的祸首。另外，火灾发生所产生的烟雾对人的视线的遮挡，使人们在疏散时无法辨别方向，尤其是高层建筑因其自身的"烟囱效应"，使烟雾的上升速度非常快，如果不及时迅速地排除，那么，他会很快的垂直扩散到楼内的各处，危害性是显而易见的。因此，火灾发生后应该立即启动防烟排烟系统，使烟雾以最快的速度迅速排除，尽量防止烟雾扩散到楼梯、消防电梯以及非火灾区域。防烟排烟系统由防烟系统和排烟系统两个相互关联的系统构成。

【任务一】烟气扩散原理

烟气是指物质不完全燃烧时产生的固体及液体粒子在空气中的浮游状态。烟气的扩散受风压和热压等因素的影响。

（1）风压是风吹到建筑物的外表面时产生的压力。在迎风面，室外压力大于室内压力，空气从室外向室内渗透；在背风面，室外压力小于室内压力，空气从室内向室外渗透。发生火灾时，失火房间的窗户会因空气受热膨胀而破裂，如果窗户在建筑物的背风面，风形成的负压会使烟气从窗户排向室外。反之，风的作用会使烟气迅速扩散到整个失火楼层，甚至吹到其他楼层。

（2）热压或烟囱效应是由室内外空气的密度差和空气柱高度产生的作用力造成的。当室内温度高于室外温度时，在建筑物的竖井中有热空气上升，就像烟囱中的烟气一样，室内外的温度和竖井的高度越大，热压的作用也越大。当高层建筑的热压明显增大时，烟气会沿建筑物的竖井向上扩散，而且失火楼层越低，烟囱效应越明显。

另外，发生火灾时，空调系统风机提供的动力及竖向风道产生的烟囱效应会使烟气和火势沿着风道扩散，迅速蔓延到风道所能达到的地方。

【任务二】防烟系统

（一）防火分区与防烟分区

1. 防火分区

建筑中防火分区设计的目的是防止建筑物起火后火势的蔓延和扩散，便于火灾扑救和人员疏散。防火分区的设置是根据建筑物的功能、房间用途，把建筑从平面或空间划分成若干个防火单元，使火势控制在起火单元内，避免火灾的扩散。

我国高层建筑设计防火规范规定，平面防火单元的划分面积为：一类高层建筑每个防火单元允许最大建筑面积为 1000m²，二类高层建筑为 1500m²，地下室为 500m²。若防火单元内设有自动灭火设备，则该面积允许值可增加 1 倍。竖向防火分区，是以楼板作为分界。有些大型公共建筑常在两层或两层以上之间设置各种开口（如电梯、自动扶梯等），以这部分连通空间作为一个整体划分为一个竖向防火区，但连通各层面积之和不应大于允许值。另外，建筑内所有穿越楼板的竖井（如电缆井、排烟井、管道井等）都应单独设置，竖井内应每隔 1~2 层便用耐火材料做防火分隔，竖井上的检修门应是防火门。

每个防火分区用防火墙、耐火楼板、防火门隔断。防火墙采用耐火极限在 4 小时以上的非燃烧体，耐火楼板的耐火极限按 1 级、2 级建筑分别取为 1.5 小时和 1 小时以上。

2. 防烟分区

在建筑平面上为防止火灾发生后产生的烟气侵入疏散通道，需在设置排烟设施的走道、净高不超过 6m 的房间进行防烟分区。高层建筑防烟分区是防火分区的细分化，防烟分区不应跨越防火分区。防烟分区的划分与防火分区的划分方法基本相同，即按每层楼面作为一个垂直防烟分区；每层楼面的防烟分区可在每个水平防火分区内划分出若干个，每个防烟分区的面积不宜大于 500m²，对装设有自动灭火设备的建筑物其面积可增大一倍。

防烟分区一般用防火墙、挡烟垂壁或挡烟梁等分界，并在各防烟区内设置一个带有手动启动装置的排烟口。防烟墙是采用非燃材料砌筑的隔墙；挡烟垂壁是用非燃材料（如钢板、夹丝玻璃、钢化玻璃等）制成的固定或活动的挡板，它垂直向下地吊在顶棚上。因为火灾发生时，烟气受浮力作用聚集在顶棚处，为保证防烟效果，垂壁下垂高度要超过烟气层，故垂壁高度不小于 0.5m。活动式挡烟垂壁在火灾发生时落下，其下缘距地坪的间距应大于 1.8m，并且使在垂壁落下后仍留有人们通过的必要高度。活动式挡烟垂壁可由消防控制室或手动控制。挡烟垂壁的构成如图 7-13 所示。

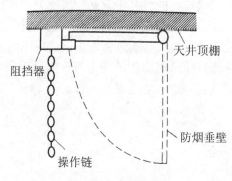

图 7-13 挡烟垂壁

（二）防烟系统的分类

在防烟系统中，我们最常用的就是机械加压防烟设施和密闭防烟设施两种。

1. 机械加压防烟设施

通常我们对安全疏散区采用机械加压防烟方式来达到防烟的目的。机械防烟是利用风机造成的气流和压力差来控制烟气流动方向的防烟技术，凭借机械力，将室外新鲜的空气送入应该保护的疏散区域。

（1）建筑的下列部位应设置独立的机械加压防烟设备：①不具备自然排烟条件的防烟楼梯间、消防电梯前室或合用前室；②采用自然排烟措施的防烟楼梯间，其不具备自然排烟条件的前室；③封闭避难层；④带裙房的高层建筑防烟楼梯间及其前室，消防电梯间前室或合用前室。当裙房以上部分利用可开启外窗进行自然排烟，裙房部分不具备自然排烟条件时，其前室或合用前室应设置局部正压送风系统。

（2）机械加压系统由加压送风机、送风道、加压送风口及其自控装置等部分组成，如图7-14所示。依靠加压送风机提供给建筑物内被保护部位的新鲜空气，并使其压力高于火灾压力，形成压力差，阻止烟气侵入，从而可以为人员疏散及消防扑救工作提供安全场所。

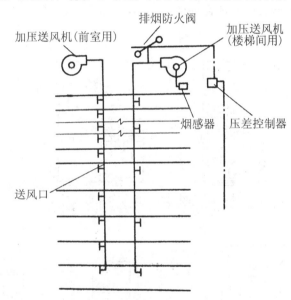

图7-14 机械加压送风系统

2. 密闭防烟设施

密闭防烟设施是指当火灾发生时，将着火房间封闭起来，使之因缺氧而缓解火势，同时达到防止烟气蔓延扩散的设施。它多用于具有较好耐火性能的维护结构和防火门且面积较小的房间。

【任务三】排烟系统

利用自然或机械作用力，将烟气排到室外，称之为排烟。利用自然作用力的排烟称为自然排烟；利用机械（风机）作用力的排烟称为机械排烟。排烟的部位有两类：着火区和疏散通道。着火区排烟的目的是将火灾发生的烟气（包括空气受热膨胀的体积）排到室外，降低着火区的压力，使烟气不能流向非着火区，以利于着火区的人员疏散及救火人员的扑救；对于疏散通道的排烟是为了排除可能侵入的烟气，保证疏散通道无烟或少烟，利于人员安全疏散及救火人员的通行。

（一）自然排烟

自然排烟是以风压和热压作为动力的排烟方式，具体来说它是利用房间内可开启的外窗、排烟口、屋顶的天窗及阳台，依靠火灾时所形成的热压或自然界本身的风压将室内所产生的烟气排出。自然排烟具有不需要动力和复杂的装置、结构简单、经济便利的优点，其主要的缺点是当利用风压进行自然排烟时，会受室外风力不稳定因素的制约。

自然排烟的方式主要包括以下两种。

（1）利用建筑的阳台、凹廊或在外墙上设置便于开启的外窗或排烟楼梯间进行无组织的自然排烟，如图 7-15 所示。

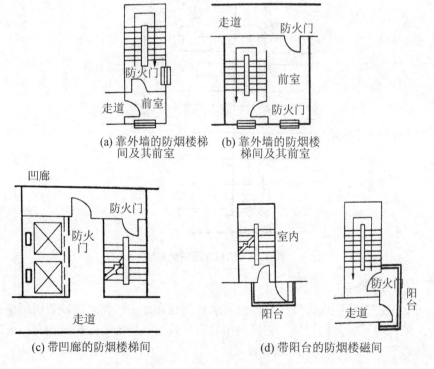

图 7-15　自然排烟方式示意图

这种排烟方式因受室外风向、风速和建筑本身的密封性或热压作用的影响，排烟效果不太稳定。但其构造简单、经济，不需要专门的排烟设备，火灾时不受电源中断的影响，且平时可兼做换气用。根据我国目前的经济、技术条件及管理水平，此方式值得推广，并宜优先采用。

（2）在防烟楼梯间前室、消防电梯前室或合用前室内设置专用的排烟竖井，依靠室内火灾时产生的热压和室外空气的风压形成"烟囱效应"，进行有组织的自然排烟。但是由于烟囱效应所产生的压力很小，而排烟量又大，因此需要竖井的截面及排烟风口的面积都很大。日本建筑基准法规定：前室排烟竖井的面积不小于 $6m^2$，排烟口开口面积不小于 $4m^2$。如此大的面积很难为建筑业主和设计人员接受，因此近年来已很少被采用。

（二）机械排烟

1. 机械排烟系统的分类及特点

机械排烟就是使用排烟风机进行强制排烟，以确保疏散时间和疏散通道安全的排烟方式。机械排烟可分为局部排烟和集中排烟两种方式。局部排烟是在每个房间内设置排烟风机进行排烟，适用于不能设置竖风道的空间或旧建筑；集中排烟是将建筑物分为若干个区域，在每个分区内设置排烟风机，通过排烟风道排出各房间内的烟气。

（1）机械排烟的主要优点是：①不受排烟风道内温度的影响，性能稳定；②受风压的影响小；③排烟风道断面小，可节省建筑空间。

（2）机械排烟的主要缺点是：①设备要耐高温；②需要有备用电源；③管理和维修复杂。

2. 机械排烟系统的布置

机械排烟系统由排烟口、防火排烟阀、排烟风阀、排烟风管或竖井、排烟出口、排烟风机、报警及控制系统组成。

机械排烟系统的布置应考虑排烟效果、可靠性、经济性等原则。如果一个排烟系统担负的防烟分区或房间数量较多，那么该系统一定具有排烟口多、管路长、布置困难、漏风量大及系统可靠性低等特点，但是相对的风机设备会减少，可以节省机房面积，总投资相对较低；反之则相反。下面将介绍建筑常见部位的机械排烟系统规划方案。

（1）内走道的机械排烟系统：内走道每层的位置相同，因此宜采用垂直布置的系统（如图 7-16 所示）。当任何一层着火后，烟气将从排烟风口吸入，经管道、风机、百叶风口排到室外。系统中的排烟风口可以是常开型风口（如铝合金百叶风口），但在每层的支管上都应装有排烟防火阀。排烟防火阀是常闭型阀门，由控制中心通 24V 直流电开启或手动开启，在 280℃时自动关闭，复位必须手动。它的作用是当烟温达到 280℃时，人已基本疏散完毕，排烟已无实际意义；而烟气中此时已带火，阀门自动关闭，以避免火势蔓延。系统的排烟风口也可以用常闭型的防火排烟口,而取消支管上排烟防火阀。火灾时,该风口由控制中心通24V直流电开启或手动开启;当烟温达到280℃时自动关闭,复位也必须手动。排烟风机房入口也应装排烟防火阀,以防火势蔓延到风机房所在层。

排烟风口的作用距离不得超过30m,如果走道太长,需设两个或两个以上排烟风口时,可以设两个或两个以上与下图相同的垂直系统;也可以只用一个系统,但每层设水平支管,支管上设两个或两个以上排烟风口。

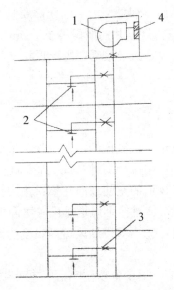

图7-16 竖向布置的走廊排烟系统

1-风机;2-排烟风口;3-排烟防火阀;4-百叶风口

(2)多个房间(或防烟分区)的机械排烟系统:地下室或无自然排烟的地面房间设置机械排烟时,每层宜采用水平连接的管路系统,然后用竖风道将若干层的子系统合为一个系统,如图7-17所示。图中排烟防火阀的作用同图7-16所示,但排烟风口是常闭型的风口,火灾时由控制中心通24V直流电开启或手动开启,但复位必须手动。排烟风口布置原则是其作用距离不得超过30m。当每层房间很多,水平排烟风管布置困难时,可以分设几个系统。每层的水平风管不得跨越防火分区。

(3)中庭的机械排烟:中庭的机械排烟口应设在中庭的顶棚上或靠近中庭顶棚的集烟区。排烟口的最低标高应位于中庭最高部分门洞的上边,如图7-18所示。

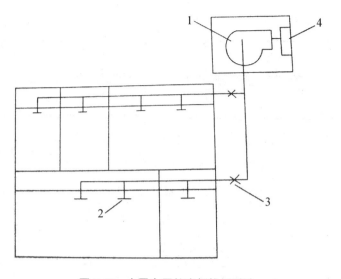

图 7-17 水平布置的房间排烟系统
1-风机；2-排烟风口；3-排烟防火阀；4-百叶风口

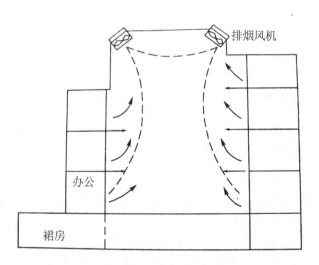

图 7-18 中庭的机械排烟示意图

3. 机械排烟系统对建筑设计的要求

（1）排烟口应设在顶棚或靠近顶棚的墙壁上，并且与附近安全出口沿走道方向相邻边缘之间的最小水平距离不小于 1.5m。设在顶棚上的排烟口与可燃物构件或可燃物品的距离不小于 1m。排烟口应尽量布置在与人流疏散方向相反的地方，如图 7-19 所示。

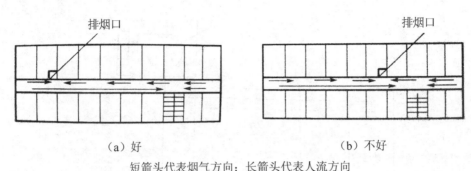

(a) 好　　　　　　　　　　(b) 不好

短箭头代表烟气方向；长箭头代表人流方向

图 7-19　走道排烟口与疏散口的位置

（2）走道长度在 30m 和 60m 之间，但可开启外窗只能设在走道一端，不能满足排烟口位置到走道内任一点的水平距离不超过 30m 的要求时，应在走道内设机械排烟。

（3）排烟口应设有手动和自动控制装置，手动开关设置在距地面 0.8m～1.5m 的地方。

（4）根据空气流动的原理，需要排除某一区域的空气，同时也需要有另一部分的空气来补充。在地下建筑和地上密闭场所中设置机械排烟系统时，应同时设置补风系统。排烟风机和用于补风的送风风机宜设在通风机房内，机房围护结构的耐火极限不小于 2.5 小时，机房的门应采用乙级防火门。补风系统的室外进风口宜布置在室外排烟口的下方，且高差不宜小于 3.0m；当水平布置时，水平距离不宜小于 10m。

【项目四】通风与防排烟系统的管理与维护

【任务一】通风与防排烟系统的管理

通风与防排烟系统是一个复杂的、自动化程度高的系统，除了依靠拥有高技术素质和高度责任心的操作运行人员进行运转管理外，还要依赖于科学的管理制度。

通风与防排烟系统的管理要建立以下规章制度：

（1）岗位责任制，规定配备人员的职责范围和要求；

（2）巡回检查制度，明确定时检查的内容、路线和应记录项目；

（3）交接班制度，明确交接班要求、内容及手续；

（4）设备维护保养制度，规定设备和仪表的检查、保养周期，检查的内容和要求等；

（5）清洁卫生制度，包括人员的配备和要求等；

（6）安全保卫和防火制度；

（7）制定安全操作规程。

同时还应有执行制度时的各种记录，例如运行记录、交接班记录、设备维护保养记录、事故记录等。

【任务二】通风与防排烟系统的维护

通风与防排烟系统的维护包括灰尘清理、巡回检查、仪表检验和系统检修。

（1）要经常清洗、更换过滤器，并不得污染滤料，安装过滤器要严密不漏风；对于循环使用的泡沫塑料滤料，要在干净的环境中进行清洗和晾干，并测定其效率，不合格的应更换；要经常打扫风机箱，定期上漆防锈，保持通风系统洁净，必要时对风管内部进行打扫；对消声器的材料要定期清洗或更换，保持材料干净；经常检查堵漏，减少系统漏风，定期测定空气的含尘量。

（2）巡回检查的内容包括：风机、水泵和电动机的声音是否正常，轴承的温度是否正常，传动带松紧度是否合适；风机箱和风管内的防锈油漆是否脱落，水阀门是否严密、开关是否灵活；管道及设备保温是否损坏，风道阀门是否工作正常；仪表动作是否正常，电气导线的接头是否松动、发热。

对发现的问题要做到心中有数，及时解决问题，并采取必要的补救措施，确保系统正常运行。

实 训 练 习

1. 实训目的：掌握通风的任务、通风的不同种类，掌握不同的场所应该使用哪种通风方式；分别掌握局部通风、全面通风、自然通风和机械通风的工作过程以及所使用的设备；掌握高层建筑防烟排烟系统的设计和所用到的仪器。

2. 实训地点：住宅小区、办公楼、商业楼

3. 实训措施：参观各种建筑的通风系统和防排烟系统的设置以及所使用的各种设施设备。

4. 实训内容

（1）学习通风系统的组成。

（2）学习在建筑物内通风系统各种设备的设置。

（3）学习防排烟系统的组成。

（4）学习建筑内防排烟系统的各种设备的设置。

（5）学习通风系统和防排烟系统的管理与维护。

复习思考题

1. 通风系统的任务是什么？
2. 按照动力不同，通风系统可以分为几类？
3. 简述风压作用下的自然通风的工作原理。
4. 自然通风的缺点有哪些？
5. 什么是机械通风？机械通风有哪些优点？
6. 通风管道的截面尺寸如何确定？
7. 分别介绍离心式通风机和轴流式通风机的工作原理。
8. 分别介绍重力沉降室除尘器、旋风除尘器、湿式除尘器和袋式除尘器是如何除尘的？
9. 为什么高层建筑要进行防烟和排烟？
10. 如何对建筑物进行防火分区和防烟分区？
11. 简述机械排烟系统如何进行规划。
12. 机械排烟对建筑设计有哪些要求？
13. 如何对通风系统和防排烟系统进行管理与维护？

第八章
空气调节

【学习目标】

1. 认识空调系统的工作原理以及分类。
2. 了解空调系统的主要设备。
3. 了解空调制冷的相关内容。

【能力目标】

◆ 项目一：空气调节系统的工作原理
　1. 认识空调的任务与作用
　2. 认识人对空调需要的舒适因素
　3. 认识空调系统的工作原理

◆ 项目二：空气调节系统的分类与组成
　1. 了解空调系统的分类
　2. 认识空调系统的组成

◆ 项目三：常用的空气调节设备
　1. 了解空调输配系统中的主要设备
　2. 认识空调系统中的空气处理设备

◆ 项目四：空气调节系统的制冷
　1. 认识空调冷源的不同种类
　2. 认识制冷系统的工作原理以及制冷设备
　3. 认识对制冷机房的要求以及设备布置原则

◆ 项目五：空气调节系统的管理与维护
　1. 了解空调系统的管理
　2. 了解空调系统的维护
　3. 了解空调系统的常见故障与排除方法

【项目一】空气调节系统的工作原理

空气调节（以下简称空调），是指通过对室内空气的各种处理和控制，使房间或封闭空间的空气温度、湿度、洁净度和气流速度等参数，达到给定要求的技术。空调技术在促进国民经济和科学技术的发展、提高人们的物质文化生活水平等方面都具有重要的作用。

【任务一】空调的任务与作用

（一）空调的任务

空调是指采用技术手段把某一特定空间内部的空气环境控制在一定状态下，以满足人体舒适和工艺生产过程的要求。控制的内容包括空气的温度、湿度、空气流动速度以及洁净度等。现代技术的发展有时还要求对空气的压力、成分、气味及噪声等进行调节与控制，所以采用技术手段创造并保持满足一定要求的空气环境是空气调节的任务。

众所周知，对这些参数产生干扰的来源主要有两个：一是室外气温变化、太阳辐射及外部空气中的有害物的干扰；二是内部空间的人员、设备与生产过程所产生的热、湿及其他有害物的干扰。因此需要采用人工的方法消除室内的余热、余湿，或补充不足的热量与湿量，清除室内的有害物，保证室内新鲜空气的含量。

（二）空调的作用

大多数空调房间对室内空气的温度和湿度都有不同程度的要求，同样，不同工艺生产和不同用途的房间对室内空气的洁净度、气流速度和噪声标准也有不同程度的要求。

1. 恒温恒湿空调

许多生产过程对空气环境有一定的要求，例如，纺纱车间空气的温度、湿度太高或太低，不仅影响工人的身体健康，而且还会影响工作的正常操作、生产效率及产品质量；光学仪器的生产及机械工业的精密加工车间、计量与刻线室等，只有在车间内的空气环境温度、湿度波动很小时，才能保证产品的质量和精度，这种空调称为"恒温恒湿空调"。

2. 净化空调

随着近代电子工业的发展，在集成电路及显像管的制造与生产车间中，不但要求具有一定的空气温度和湿度，而且对空气的含尘数量及颗粒大小也有严格的要求，满足这种要求的空调称为"净化空调"。

3. 一般空调（舒适性空调）

随着人们物质文化生活水平的不断提高，有一些公共建筑（如人民大会堂、中国剧院等），不仅要求室内空气具有一定的温度和湿度，还要求及时排除污浊的空气，保持场内空气新鲜,这种用来满足人们舒适要求的空调称为"一般空调"或"舒适性空调"。

4. 无菌空调

在医药工业的实验室、药物分装室以及医院的手术室内,除了要达到一定的温度、湿度和洁净度以外,还要求空调具有除菌的作用,达到室内无菌的状态,这种空调称为"无菌空调"。

除此之外,还有很多为满足各种不同的生产要求而设计的空调,比如以除湿为主的空调(用于地下建筑及洞库)以及"高温高湿室","潮湿室"和高空空间环境等的"人工气候室"等。

【任务二】人对空调需要的舒适因素

空调为人们的居住、办公或公共建筑中提供了使人感到舒适的环境。

(1)空气量的要求:需提供足够量的空气,以满足人们生活所必需的氧气。

(2)温度的要求:人体与所处的周围环境之间存在热的传递,而热传递过程与人体表面温度有关,这是因为人体表面由于新陈代谢的作用,一部分能量储存于体内,而其余部分会释放出来。在较冷或较热的环境中,虽然人体具有温度调节功能,但是仍会使人感到不舒服,因此需要给人们提供一个具有舒适温度的环境。

(3)湿度的要求:冬季室内干燥的空气和夏季潮湿的空气,都会令人感到不舒适,空气处理过程需采用加湿或去湿的方法来改变环境的湿度。

(4)空气流速:人们各部位对空气的流动速度敏感程度均不相同,过大的空气流速会使人有吹风感,流速过小会使人感到发闷,所以对空气的流速应有合理的选择及控制。

另外,有一些工艺性空调系统还对空调的气味、压力等有不同程度的要求。

【任务三】空调系统的工作原理

在现代化的大型建筑中通常都采用集中式空调系统,即中央空调系统,下面介绍一下中央空调的工作原理,原理图如图8-1所示。

当环境温度过高时,空调系统会通过循环方式将室内的热量带走,以维持室内温度于一定值。当循环空气通过风机盘管时,高温空气经过冷却盘管的铝金属先进行热交换,盘管的铝片吸收了空气中的热量,使空气温度降低,再将冷却后的循环空气吹入室内。冷却盘管的冷冻水由冷却机组提供,它是由压缩机、冷凝器与蒸发器组成。压缩机把制冷剂压缩后送进冷凝器,被冷却水冷却后,变成液体,析出的热量由冷却水带走,并在冷却器里排入大气。液体制冷剂由冷凝器进入蒸发器进行蒸发吸热,使冷冻水降温,然后冷冻水进入水冷风机盘管吸收空气中的热量,如此周而复始,循环不断,从而把室内的热量带出。

如果要想使室内的温度升高,需要以热水进入风机盘管,空气加热后送入室内。

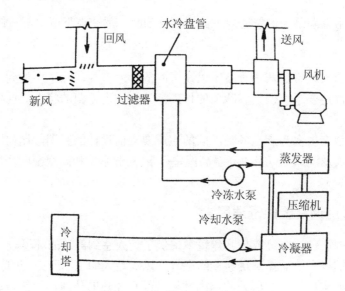

图 8-1 空调系统工作原理图

空气经过冷却后,有水分析出,相对湿度减少,会变得干燥。如果想增加湿度,可安装加湿器,进行喷水或喷蒸汽,对空气进行加湿处理,用这样的湿空气去补充室内水汽量的不足。

【项目二】空气调节系统的分类与组成

【任务一】空调系统的分类

空调系统一般均由空气处理设备、空气输送管道以及空气分配设备构成,根据实际需要它可以构成多种不同形式的系统。在实际应用中,选择合适的空调系统的类型,不仅需要考虑建筑物的用途、性质以及室内热、湿负荷的特点与温、湿度调节和控制的要求,还要考虑空调机房的面积和位置、初投资和运行管理及维修费用等许多方面的因素。

空调系统有很多类型,可以采用不同的方法对空调系统进行分类。

(一)按空气处理设备的布置情况分类

按照空气处理设备的布置情况可分为集中式空调系统、半集中式空调系统和全分散式空调系统。

1. 集中式空调系统

集中式空调系统是将所有的空气处理设备(包括风机、冷却器、加湿器、空气过滤器等空气处理设备）都设置在一个集中的空调机房里，处理后的空气通过送风管道、送风口送入空调房间来维持房间内所需要的温度和湿度；室内空气则通过回风口、回风管道排出室内，根据需要部分空气可再循环，另一部分则排至室外。空气处理需要的冷源、热源可以集中在冷冻室或锅炉房内。

按照不同的分类标准，集中式空调系统也有不同的分类。

（1）根据集中式空调系统的送风量是否有变化可分为定风量系统与变风量系统。①定风量系统的总风量不随室内热湿负荷的变化而变化，其送风量是根据房间最大热湿负荷确定的。当某个房间的室内负荷减少时，只有靠调节该房间的空调的送风温差。这是出现最早的，到目前为止使用最广泛的空调系统。②变风量系统的送风量随室内热湿负荷的变化而变化，热湿负荷大时送风量就大，热湿负荷小时送风量就小。变风量系统的优点是在大多数非高峰负荷期间不仅节约了再热热量与被再热器抵消了的冷量，还由于处理风量的减小，降低了风机消耗。

（2）根据集中式空调系统送入各被调房间的风道数目可分为单风道系统和双风道系统。①单风道系统仅有一根送风管，夏天送冷风，冬天送热风。缺点是为多个负荷变化不一致的房间服务时，难以进行精确调节。②双风道系统有两根送风管，一根热风管，一根冷风管，可通过调节二者的风量比控制各个房间的参数。缺点是占建筑空间大，系统复杂，冷热风混合热损失大，因此初投资和运行费高。

（3）根据集中式空调系统处理的空气来源，可分为封闭式系统、直流式系统和混合式系统。①封闭式空调系统处理的空气全部取自空调房间本身，没有室外新鲜空气补充到系统里来，全部是室内的空气在系统中周而复始的循环。该系统是空调房间与空气处理设备由风管连成的一个封闭的循环环路（如图 8-2a 所示），这种系统无论是夏季还是冬季冷（热）消耗量都最省，但空调房间内的卫生条件差，人在其中生活、学习和工作易患空调病。因此，封闭式空调系统多用于战争时期的地下庇护所、指挥部等战备工程以及很少有人进出的仓库。②直流式系统处理的空气全部取自室外，即室外的空气经过处理达到送风状态点后送入各空调房间，送入的空气在空调房间内吸热吸湿后全部排出室外（如图 8-2b 所示）。与封闭式系统相比，这种系统消耗的冷（热）量最大，但空调房间内的卫生条件完全能够满足要求，因此这种系统用于不允许采用室内回风的场所，例如放射性实验室和散发大量有害物质的车间等。③因为封闭式系统不能满足空调房间的卫生要求，而直流式系统消耗的能量又大，所以封闭式系统和直流式系统只能在特定的情况下才能使用。对大多数有一定卫生要求的场合，往往采用混合式系统。混合式系统综合了封闭式系统和直流式系统的利弊，既能满足空调房间的卫生要求，又比较经济合理，故在实际工程中被广泛采用，如图 8-2c 所示。

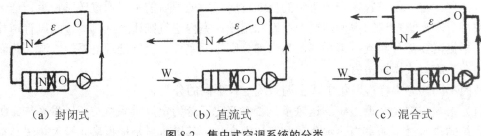

(a) 封闭式　　　　　　　(b) 直流式　　　　　　　(c) 混合式

图 8-2　集中式空调系统的分类

(N 表示室内空气，W 表示室外空气，C 表示混合空气，O 表示冷却达到送风状态的空气)

集中式空调系统的优点是主要空气处理设备集中于空调机房内，易于维护管理。在室外空气温度接近室内控制参数的过渡季（春季和秋季），可以采用改变送风的新风百分比或利用全新风来达到降低空气处理能耗的目的，同时还能为室内提供较多的新鲜空气，从而提高了房间的空气品质。

因为集中空调系统的管道内输送的是空气，如果风量大，则风道的截面积也相应较大，所以该系统所占建筑的空间也较大。集中式空调系统适用于处理空气量多，服务面积比较大的建筑，例如纺织厂、造纸厂、百货商场和影剧院等工业和民用建筑。

2. 半集中式空调系统

半集中式空调系统除了有集中的空调机房和集中处理一部分空调系统需要的空气外，半集中式系统还设有分散在空调房间内的末端空气处理设备。末端设备的作用是在空气送入空调房间之前，对来自集中处理设备的空气和室内一部分回风作进一步的补充处理，以适合各空调房间的空气调节的要求。

半集中式空调系统的优点是可根据各空调房间负荷情况自行调节，只需要新风机房，机房面积较小；当末端装置和新风机组联合使用时，新风风量较小，风管较小，利于空间布置。

半集中式空调系统的缺点是对室内温湿度要求严格时，难于满足，水系统复杂，易漏水。

对于层高较低又主要由小面积房间构成的建筑物的空调设计（如办公楼、旅馆饭店），可以采用这种空调系统。

3. 全分散式空调系统

全分散式空调系统又称局部机组系统，它是把冷、热源和空气处理设备以及空气输送设备（风机）集中设置在一个箱体内，使之形成一个紧凑的空气调节系统。因此，局部机组空调系统不需要专门的空调机房，可根据需要灵活分散地设置在空调房间内某个比较方便的位置。

常用的有窗式空调器、立柜式空调器、壁挂式空调器等，此系统使用灵活，安装方便，节省风道。

(二）按照处理空调负荷的介质可分为全空气系统、全水系统、空气—水系统和制冷剂系统

无论何种空调系统，均需要有一种或多种流体作为载体或介质带走作为空调负荷的室内产热、产湿或有害物，达到控制室内环境的目的。若按处理空调负荷的介质对空调系统进行分类，则可分为全空气系统、全水系统、空气—水系统和制冷剂系统。

1. 全空气系统

空调房间的空调负荷全部由经过空气处理设备处理的空气来承担的系统称作全空气系统，如图 8-3a 所示。在炎热的夏天，室内空调热负荷与湿负荷都为正值的时候，需要向空调房间内送冷空气，用以吸收室内多余的热量和多余的湿量后排除空调房间；而在寒冷的冬天，室内的空调负荷为负值（室内空气的热量通过空调房间的维护结构传给室外的空气）时，则需要向空调房间内送热空气，送入空调房间的热空气既要在空调房间内放出热量，同时又要吸收空调房间内多余的湿量（空调房间的湿负荷与夏季是相同的），这样才能保证空调房间内的设计温度与设计相对湿度。

全空气系统由于承担空调房间的空调负荷全部是空气，这种系统如果承担的空调面积过大，则空调系统总的送风量也会较大，从而会导致空调系统的风管断面尺寸过大，占据较大的有效建筑空间。只有采用高速空调系统才能减小风道的断面尺寸，但当风道中的风速过大时，又会产生较大的噪声，同时形成的流动阻力也会加大，运行消耗的能量也要增加。

2. 全水系统

空调房间的空调负荷全部由水作为冷（热）工作介质来承担的系统称作全水空调系统，如图 8-3b 所示。由于水携带能量（冷量或热量）的能力要比空气大得多，所以无论是夏天还是冬天，在空调房间空调负荷相同的条件下，只需要较小的水量就能满足空调系统的要求，从而减少了风道占据建筑空间的缺点。因为这种系统使用管径较小的输送冷（热）水管道代替用较大断面尺寸输送空气的风道，所以占据建筑空间较小。

在实际应用中，仅靠冷（热）水来消除空调房间的余热和余湿，并不能解决房间内新鲜空气的供应问题，因而通常不单独采用全水空调系统。

3. 空气—水系统

空气—水系统是全空气系统与全水系统的综合应用，它既解决了全空气系统因风量大导致风管断面尺寸大而占据较多有效建筑空间的矛盾，也解决了全水空调系统空调房间的新鲜空气供应问题，因此这种空调系统特别适合大型建筑和高层建筑，如图 8-3c 所示。

4. 制冷剂系统

制冷剂系统是将制冷系统的蒸发器直接放在空调房间内吸收空调房间内的余热、余湿，因为蒸发器是靠低压制冷剂在其中不断蒸发来吸收周围空气的热量，从而达到空气调节的目的，所以室内空调负荷完全是由制冷剂来承担的。例如，现在的家用分体式空调器，它分为室内机和室外机两部分。其中室内机实际就是制冷系统中的蒸发器，并且在其内设置了噪声极小的贯流风机，迫使室内空气以一定的流速通过蒸发器的换热表面，从而使室内空气的温度降低；室外机就是制冷系统中的压缩机和冷凝器，其内设有一般的轴流风机，迫使室外的空气以一定的流速流过冷凝器的换热表面，让室外空气带走高温高压制冷剂在冷凝器中冷却成高压制冷剂液体放出的热量，如图8-3d所示。

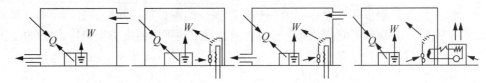

（a）全空气系统　（b）全水系统　（c）空气—水系统　（d）制冷剂系统

图8-3　按负担室内空调负荷所用介质种类对空调系统的分类

【任务二】空调系统的组成

图8-4是集中式空调系统的示意图，从图上可以看出一个完整的集中式空调系统是由空气处理部分、空气输送部分、空气分配部分和辅助系统部分组成。

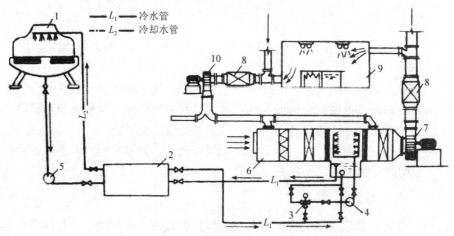

图8-4　两次回风集中式空调系统

1-冷却塔；2-冷水机组；3-三通混合阀；4-冷水泵；5-冷却水泵；
6-空调箱；7-送风机；8-消声器；9-空调房间；10-回风机

（一）空气处理部分

集中式空调系统的空气处理部分是一个包括各种空气处理设备在内的空气处理室，其中主要有空气过滤器、喷淋室（或表冷器）和加热器等。用这些空气处理设备对空气进行净化过滤和热湿处理，可将送入空调房间的空气处理到所需要的送风状态点。各种空气处理设备都有现成的定型产品，这种定型产品称之为空调机（或空调器）。

（二）空气输送部分

空气输送部分主要包括送风机、排风机、风管系统以及必要的风量调节装置。作用是不断将空气处理设备处理好的空气有效地输送到各空调房间，并从空调房间内不断的排除处于室内设计状态的空气。

（三）空气分配部分

空气分配部分主要包括设置在不同位置的送风口和回风口，作用是合理地组织空调房间的空气流动，保证空调房间内工作区（一般是 2m 以下的空间）的空气温度和相对湿度均匀一致，空气的流速不致过大，以免对室内的工作人员和生产形成不良的影响。

（四）辅助系统部分

辅助系统是为空调系统处理空气提供冷（热）工作介质的部分，该系统可分以下两部分。

1. 空调制冷系统

在炎热的夏天，无论是喷淋室还是表冷器，都需要温度较低的冷水作为工作介质。而处理空气用的冷水的来源，一般都是由空调制冷系统制备出来的。目前使用的空调制冷系统都由定型的计算机控制运行的整体式机组，这种机组称作空调用冷水机组。

整体式空调用冷水机组在空调系统中被广泛的选用，因为它安装方便，只要机组放在事先设计好的基础上，再将管道、冷水循环泵、冷却水循环泵、冷却塔连接起来就可以运行。

2. 空调用热源系统

空调中加热空气所用的工作介质一般是水蒸气，而加热空气用的水蒸气又是由设置在锅炉房内的锅炉产生的，如图 8-5 是锅炉房设备的简图。锅炉产生的蒸汽首先输送到分气缸，然后由分气缸分别送到各个用户（如空调、采暖、蒸煮等）。蒸汽在各用户的用气设备中凝结放出汽化潜热而变成凝结水，凝结水再由凝结水管回到软水箱。储存在软水箱里的软化水（一部分是凝结水）由锅炉给水泵加压注入锅炉重新加热变为蒸汽，这样周而复始、循环不断地产生用户所需要的蒸汽。

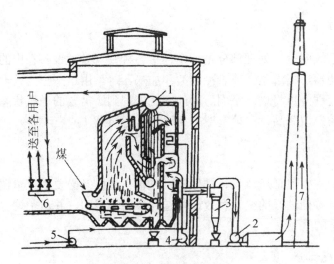

图 8-5 锅炉示意图

1-上锅筒；2-引风机；3-旋风除尘器；4-鼓风机；
5-锅炉给水泵；6-分气缸；7-烟囱

【项目三】常用的空气调节设备

空气调节系统主要由输配系统各种设备、空气处理设备和空调制冷设备组成。

【任务一】空调的输配系统

空调的输配系统主要由风机、风道、风阀以及水泵等组成。

（一）风机

风机是输送空气的机械，在空调系统中，常用的风机有离心式风机、轴流式风机和贯流式风机。一般说来，风机运行时的实际风量随风机实际上所需的阻力的上升而下降，而风机的电耗以及噪声也随风机的压头和风量的增加而增加。同一台风机，如果运行的转速提高，风机所能提供的风量和压头也随之提高。因此，风机的选择一般要考虑它的额定风量、全压、功率、转速、效率和噪声水平。

1. 离心式风机

离心式风机外形如图 8-6a 所示，主要由叶轮、机壳、风机轴、进风口和电动机等组成。离心式风机的工作原理与离心式水泵相同，主要借助叶轮旋转时产生的离心力使气体获得压能和动能。离心式风机的特点是噪声低、全压头高，往往用于要求低噪声、高风压的系统。

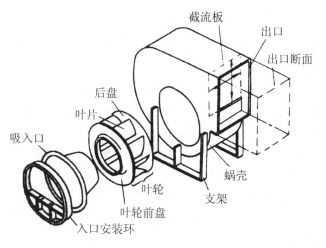

(a) 离心式风机

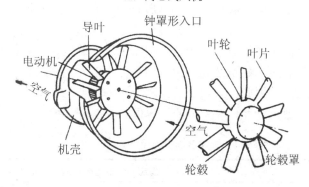

(b) 轴流式风机

图 8-6 风机

2. 轴流式风机

轴流式风机外形如图 8-6b 所示，主要由叶轮、机壳、电动机和机座等组成。与离心式风机相比，特点是其产生的风压较低，且噪声较高；优点是风量较大，占地面积小，电耗小，便于维修。常用于噪声要求不高，阻力较小或风道较短的大风量系统，如纺织车间的空调系统。

3. 贯流式风机仅用于一些风机盘管上，此处不作详细介绍。

(二) 风道

风道是空气输配系统的主要组成部分之一。对于集中式空调系统与半集中式空调系统来说，风道的尺寸对建筑空间的使用与布置有重大影响。风道内风速的大小与风道的敷设情况不仅影响着空调系统空气输配的动力消耗，而且对建筑物的噪声水平有着决定性的作用。

1. 风道的形状与材料

风道的形状一般为圆形或矩形。圆形风道强度大，节省材料，但占有效空间大，其弯管与三通需较长距离；矩形风道占有效空间较小，易于布置，明装较美观，因此，空调管多采用矩形风管。此外，还有软风管，可任意弯曲伸直，安装方便，截面多为圆形或椭圆形。

制作风道的材料很多，一般空调通风工程中采用的是薄钢板涂漆或镀锌薄钢板制作的风道。钢板的厚度为 0.5～1.2mm，风道的截面积越大，采用的钢板越厚。输送腐蚀性气体的风道可采用塑料或玻璃钢。软风管一般是由铝制成的波纹状圆管。

在民用和公用建筑中，为节省钢材和便于装饰，常利用建筑空间或地沟敷设钢筋混凝土风道、砖砌风道和预制石棉水泥风道等，其表面应抹光，要求高的还要刷漆。要注意的是土建风道往往存在漏风问题。例如，地下水位较高，地沟风道需要做防水处理。

2. 风道的截面积计算

风道的截面积 F（m^2）与风量 L（m^3/h）及风速 v（m/s）有如下关系：

$$F=L/3600v$$

因此，在确定风道的截面积时，必须事先拟定风道内的流速。如果流速取得较大，可以减少风道截面积，节省所占建筑空间，但会增加风机电耗，并且会提高风机噪声、风道气流噪声与送风口的噪声。因此，必须经过技术经济比较来选定流速。表 8-1 是经过技术经济比较提出的供空调通风设计计算参考的流速值。

表 8-1 空调系统中的空气流速（m/s）

风速部位	室内允许噪声级/dB			
	25—35	35—50	50—65	65—85
主风道	3—4	4—7	6—9	8—12
支风道	<2	2—3	2—5	5—8
新风入口	3	3.5	4—4.5	5

3. 风道的布置与敷设

风道的布置应尽量减少其长度和不必要的拐弯；空调箱集中设在地下室内，一般由主风道直上各楼层再于各楼层内水平分配；吊顶内水平风管所需空间净高为风道高度加100mm；如果空调机房设在空调房间的同一楼层上，则主风道可直接从机房引出，在走廊吊顶内延伸。

工业建筑的风道布置应避免与工艺过程和工艺设备相互影响；民用建筑中，风道的布置应以不占或少占房间的有效面积或与建筑结构结合为佳，应充分利用建筑的剩余空间。风道的断面大小应考虑结构的可能及房间的美观要求，使风道与内部装修相协调。当房间有吊顶时，应尽量将风道布置在吊顶内。

在居住和公共建筑中，垂直的砖风道最好砌筑在墙内。但为了避免结露和影响自然通风的作用压力，一般不允许设在外墙中，而应设在间壁墙内。相邻两个排风或进风竖风道的间距不能小于1/2砖，排风与进风竖风道的间距不小于1砖。敷设在地下的风道，应避免与工艺设备及建筑物的基础相冲突，还应与其他各种地下管道和电缆的敷设相配合。

不在空调房间内的送、回风管及可能在外表面结露的新风管均需要进行管道保温。在空调房间内的风道如果太长，对室内参数有不利影响时，也应保温。保温的目的：一是防止冷热损失增加运行费；二是防止冷管道表面结露产生凝水影响环境；三是防止冷热损失使管内介质参数达不到设计要求。保温层的厚度应取防止结露的最小厚度与经济厚度二者中的较大值。保温材料应采用热阻大、重量轻、不腐、难燃、吸湿性小的材料，一般采用聚苯乙烯泡沫塑料板、岩棉板和矿渣棉等作保温材料。常用的保温结构由防腐层、保温层、防潮层和保护层组成。

【任务二】空气处理设备

（一）基本的空气处理手段

空气调节的含义就是对空调房间的空气参数进行调节，因此对空气进行处理是空调必不可少的过程。对空气的主要处理过程包括热湿处理与净化处理两大类方式。

最简单的空气热湿处理过程可分为四种：加热、冷却、加湿以及除湿。所有实际的空气处理过程都是上述几种单过程的组合，例如，夏季最常用的冷却除湿过程就是降温与除湿过程的组合，喷水室内的等焓加湿过程就是加湿与降温过程的组合。在实际空气处理过程中有些过程往往不能单独实现，例如降温有时总是伴随着除湿或加湿。

1. 加热

单纯的加热过程是容易实现的，其主要实现途径是用表面式空气加热器、电加热器加热空气。如果用温度高于空气温度的水喷淋空气，则会在加热空气的同时又使空气的湿度升高。

2. 冷却

采用表面式空气冷却器或用温度低于空气温度的水喷淋空气均可使空气温度降低。如果表面式空气冷却器的表面温度高于空气的露点温度，或喷淋水的水温等于空气的露点温度，则可实现单纯的降温过程；如果表面式空气冷却器的表面温度或喷淋水的水温低于空气的露点温度，则空气在冷却过程中同时还会被除湿。如果喷淋水的水温高于空气的露点温度，则空气在被冷却的同时还会被加湿。

3. 加湿

单纯的加湿过程可通过向空气加入干蒸汽来实现,此外利用喷水室喷循环水也是常用的加湿方法。通过直接向空气喷入水雾(高压喷雾、超声波雾化)可实现等焓加湿过程。

4. 除湿

除了可用表冷器与喷冷水对空气进行减湿处理外,还可以使用液体或固体吸湿剂来进行除湿。液体吸湿是通过某些盐类水溶液对空气中的水蒸气的强烈吸收作用来对空气进行除湿的,主要是根据要求的空气处理过程的不同(降温、加热还是等温)用一定浓度和温度的盐水喷淋空气。固体吸湿是利用有大量孔隙的固体吸附剂(如硅胶)对空气中的水蒸气进行表面吸附来除湿,由于吸附过程近似为一等焓过程,故空气在干燥过程中温度会升高。

5. 空气过滤

空调系统处理的空气是来源于室外新风和室内回风两者的混合物,新风中因室外环境有尘埃的污染,室内空气则因人的生活、工作和工艺发生污染。空气中所含的灰尘除对人体有危害外,还会对空气处理设备(如加热、冷却器等设备)的传热不利,所以要在对空气进行热、湿处理前,用过滤器除去空气中的悬浮尘埃。而某些生产工艺,例如电子生产车间等特殊工艺厂房,对空气洁净度的要求更高,对空气环境的要求已远远超过从卫生角度出发的尘埃要求,即可谓"洁净室"或"超净车间",有这种要求的生产车间,还必须进行过滤效率的计算。

(二)主要的空气处理设备

1. 空气加热设备

在空调系统中,常用的空气加热设备是空气加热器。空气加热器的种类很多,主要有表面式加热器和电加热器两种。

(1)表面式加热器是由多根带有金属肋片的金属管连接在两端的联箱内,热媒在管内流动并通过管道表面及肋片放热,空气通过肋片间隙与其进行热交换,从而达到加热空气的目的,如图8-7所示。

空气加热器可根据需加热的空气量组成空气加热器组,通入加热器的热媒可采用蒸汽或热水。表面式加热器是空调工程中最常用的空气处理设备,它的优点是结构简单、占地少、水质要求不高、水侧的阻力小。

(2)电加热器可采用电阻丝安装在金属管内(电阻丝外安装有绝缘环),通过电阻丝发热使管表面温度升高,也可制作成盘管等形式,适用于加热处理量较小的系统,缺点是其耗电量较大。

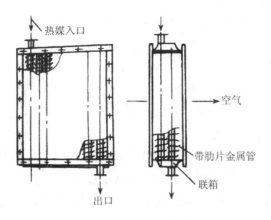

图 8-7 表面式加热器

2. 空气冷却设备

用于夏季冷却空气处理,可采用表面式冷却器及喷水冷却的方法。

(1)喷水室的空气处理方法是向流过的空气直接喷淋大量水滴,被处理的空气与水滴接触,进行热湿交换,从而达到要求的状态。

喷水室由喷嘴、水池、喷水管路、挡水板以及外壳等组成,如图 8-8 所示。在喷水室横断面上均匀地分布着许多喷嘴,而冷冻水经喷嘴以水珠的形式喷出,充满整个喷水室间。当被处理的空气经前挡水板进入喷水室后,全面与水珠接触,它们之间进行热、湿交换,从而改变了空气状态。经水处理后的空气由后挡水板析出所夹带的水珠,再进行其他处理,最后在通风机的作用下送入空调房间。

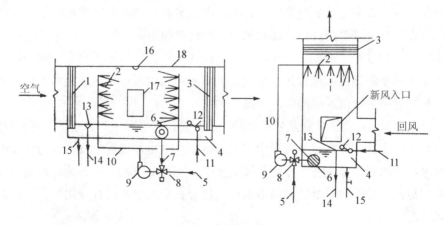

图 8-8 喷水室的构造

1-前挡水板;2-喷嘴与排管;3-后挡水板;4-底池;5-冷水管;6-滤水器;7-循环水管;
8-三通混合阀;9-水泵;10-供水管;11-补水管;12-浮球阀;13-溢水器;
14-溢水管;15-泄水管;16-防水灯;17-检查门;18-外壳

喷水室喷水降温的优点是能够实现多种空气处理过程，具有一定的空气净化能力，耗费金属最少，容易加工；缺点是不但占地面积大，对水质要求高，水系统复杂，水泵电耗大，而且要定期更换水池中的水，清洗水池，耗水量比较大。目前在一般建筑中已不常使用，但在纺织厂、卷烟厂等以调节湿度为主要任务的场所仍大量使用。

（2）表面式冷却器简称表冷器，它的构造与表面式加热器构造相似，它是由铜管上缠绕的金属翼片所组成排管状或盘管状的冷却设备，管内通入冷冻水，空气在管表面通过进行热交换冷却空气。因为冷却水的温度一般在7℃～9℃左右，所以夏季有时管表面温度低于被处理空气的露点温度就会在管表面产生凝结水滴，使其完成一个空气降温去湿的过程。

表冷器在空调系统中被广泛使用，其结构简单、运行安全可靠、操作方便，但必须提供冷冻水源，不能对空气进行加湿处理。

3. 空气的加湿设备

当冬季空气中含湿量降低时（一般指内陆气候干燥地区），对湿度有要求的建筑内需对空气加湿，生产工艺对湿度有要求的车间或房间也需采用加湿的设备。

加湿的方法有采用喷水室喷水加湿法、喷蒸汽加湿法和电加湿法等。

（1）喷水室喷水加湿：当水通过喷头喷出细水滴或水雾时，空气与水雾进行湿热交换，这种交换取决于喷水的温度。当喷水的平均水温高于被处理空气的露点温度时，喷嘴喷出的水会迅速蒸发，使空气达到在水温下的饱和状态，从而达到加湿的目的。而空气需进行减湿处理时，喷水水温要低于空气的露点温度，此时空气中的水蒸气部分冷凝成水，使空气得以减湿。在喷水室完成加湿及减湿的过程中，水温可靠调节装置来控制。

喷水室在加湿及减湿的过程中还起到空气净化的作用。

喷水室的工作过程：被处理的空气以一定的速度经过前挡水板进入喷水空间，在那里与喷嘴中喷出的水滴相接触进行热湿交换，然后经后挡水板流出，从喷嘴喷出的水滴完成与空气的热湿交换后，落入底池中，如图8-9所示。

（2）蒸汽加湿器：蒸汽喷管是最简单的加湿装置，它由直径略大于供气管的管段组成，管段上开有多个小孔。蒸汽在管网压力作用下由小孔喷出，混入空气中。为保证喷出的蒸汽中不夹带冷凝水滴，蒸汽喷管外设有保温套管，如图8-10所示。使用蒸汽喷管需要由集中热源提供蒸汽，它的优点是节省动力用电，加湿稳定迅速，运行费用低，因此在空调工程中应用广泛。

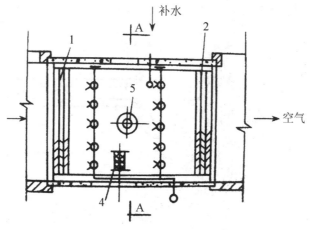

喷水室平面

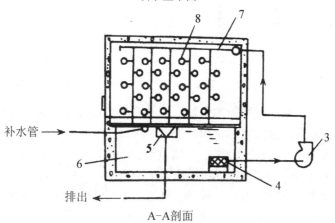

A-A剖面

喷水室平面

图 8-9 喷水室构造

1-前挡水板；2-后挡水板；3-水泵；4-滤水器；
5-溢水盘；6-水池；7-喷水管；8-喷嘴

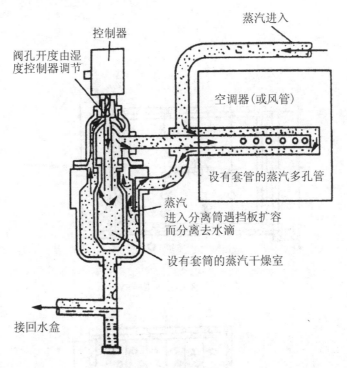

图 8-10 蒸汽加湿器

（3）电加湿器是一种喷蒸汽的加湿器，它是利用电能使水汽化，然后用短管直接将蒸汽喷入空气中，电加湿器包括电热式和电极式两种。

电热式加湿器是将放置在水槽中的管状电加热元件通电后，把水加热至沸腾而发生蒸汽的设备。它由管状加热器、防尘罩和浮球开关等组成，如图 8-11 所示。管状电加热元件由电阻丝包在绝缘密封管内组成。加湿器上还装有给水管，并和自来水相连，箱内水位由浮球阀控制。在供电线路上装有电流控制设备，当需要蒸汽多时，则可增大供电电流，反之，则减小供电电流。在送气管上装有电动调节阀，由装在空气中的湿度敏感元件控制，这样可以确保加湿空气的相对湿度。

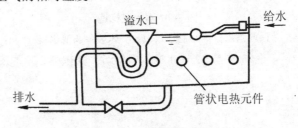

图 8-11 电热式加湿器

电极式加湿器是在水中放入电极，当电流从水中通过时就会将水加热的设备。它由外壳、三根铜棒电极、进水管、出水管和接线柱等组成，如图8-12所示。电极棒通电后，电流从水中通过，水被加热产生蒸汽，蒸汽喷入空气中，对空气加湿。水容器内的水位越高，导电面积越大，则通过的电流越强，发生的蒸汽量也就越多，因此可以通过调节溢流管内的水位的高低来调节加湿器产生的蒸汽量，进而调节对空气的加湿量。

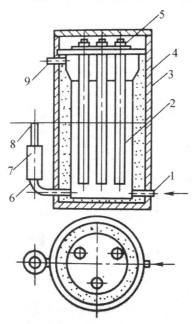

图 8-12　电极式加湿器
1-进水管；2-电极；3-保温层；4-外壳；5-接线柱；
6-溢流管；7-橡皮短管；8-溢水嘴；9-蒸汽管

4. 空气的减湿设备

对于空气湿度比较大的场合，往往需对空气进行减湿处理，可以用空气除湿设备降低湿度，使空气干燥。空气的减湿方法有加热通风法、冷却减湿法、液体吸湿剂减湿和固体吸湿剂减湿等。民用建筑中的空气减湿设备主要是冷冻除湿机。

（1）冷冻除湿机由制冷系统与送风装置组成（如图8-13所示），其中制冷系统的蒸发器能够吸收空气中的热量，并通过压缩机的作用，把所吸收的热量从冷凝器排到外部环境中去。冷冻除湿机的工作原理是由制冷系统的蒸发器将要处理的空气冷却除湿，再由制冷系统的冷凝器把冷却除湿后的空气加热。这样处理后的空气虽然温度较高，但湿度很低，适用于只需要除湿，而不需要降温的场所。

（2）固体除湿就是利用固体吸湿剂来吸收空气中的水蒸气以达到除湿的目的。
固体吸湿剂有两种类型：一种是具有吸附性能的多孔性材料（如硅胶（SiO_2）、铝胶

（Al_2O_3）等），吸湿后材料的固体形态并不改变；另一种是具有吸收能力的固体材料（如氯化钙等），这种材料在吸湿之后，由固态逐渐变为液态，最后失去吸湿能力。

固体吸湿剂的吸湿能力不是固定不变的，在使用一段时间后失去了吸湿能力时，需进行"再生"处理，即用高温空气将吸附的水分带走（如硅胶的再生），或用加热蒸煮法使吸收的水分蒸发掉（如氯化钙的再生）。

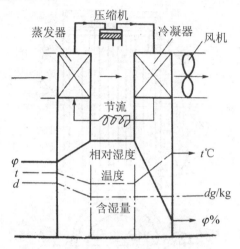

图 8-13 冷冻除湿机

下面以氯化锂转轮除湿机为例，介绍固体除湿的工作。

氯化锂转轮除湿机是由除湿转轮传动机构外壳风机与再生电加热器组成。如图 8-14 所示，它利用含有氯化锂和氯化锰晶体的石棉纸来吸收空气中的水分。吸湿纸做的转轮缓慢转动，要处理的空气流过 3/4 面积的蜂窝状通道时被除湿，再生空气经过滤器与加热器进入另 1/4 面积通道，带走吸湿纸中的水分并排出室外。这种设备吸湿能力强，维护管理简单，是比较理想的除湿设备。

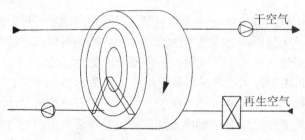

图 8-14 氯化锂转轮除湿机

5. 空气的净化处理设备

空调的任务之一是保证被处理的空气有一定的洁净度，因此在空调系统中，必须设置各种形式的空气净化处理设备。空气净化包括除尘、消毒、除臭以及离子化等，其中除尘是最常见的空气净化工作，对于除尘，最常用的就是空气过滤。

空气过滤主要是将大气中的有害的微粒（包括灰尘、烟尘）和有害气体（烟雾、细菌、病毒）通过过滤设备处理，从而降低或排除空气中的微粒。

（1）空气过滤器按作用原理可分为金属网格浸油过滤器、干式纤维过滤器和静电过滤器三种。

下面介绍一下金属网格浸油过滤器的工作原理。如图8-15所示，该过滤器是由数层波浪形的金属网格叠配而成，每层网格的孔径不同，靠近进气面孔径最大，靠近出风面孔径最小。每个过滤器都浸上粘性油，当含尘气流以一定速度通过波浪式网格时，由于多次曲折运动，灰尘被捕获且被油粘牢，从而达到除尘过滤目的。

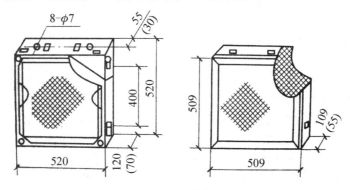

图8-15 金属网格浸油空气过滤器

注：括号外尺寸为大型；括号内尺寸适用于小型

（2）空气过滤器按照过滤灰尘颗粒直径的大小可分为初效、中效和高效过滤器三种。初效过滤器主要用于过滤粒径大于 $5.0\mu m$ 的大颗粒灰尘；中效过滤器主要用于过滤粒径大于 $1.0\mu m$ 的中等粒子灰尘；高效过滤器主要用于过滤粒径小于 $1.0\mu m$ 的粒子灰尘。实践表明，过滤器不仅能过滤掉空气中的灰尘，还可以过滤掉细菌。

初、中效过滤器材料多数采用化纤无纺布滤料，亚高效过滤器多数采用聚丙烯超细纤维滤料，高效过滤器采用超细玻璃纤维滤纸。对大多数舒适性空调系统来说，设置一道初效过滤器，将空气中大颗粒灰尘过滤掉即可。对某些空调，有一定的洁净要求，但洁净度指标还达不到最低级别洁净室的洁净度要求，在这种系统中需设置两道过滤器，即第一道为初效过滤器，第二道为中效过滤器。而对于空气洁净度要求较高的净化车间，应从工艺的特殊要求出发，除了设置上述两道空气过滤器外，在空调送风口前需再设置第三道过滤器，即高中效、亚高效或高效过滤器。

6. 空气的消声设备

空调设备在运行时会产生噪声，并通过风管及建筑结构传入空调房间。噪声主要来源于风机、水泵、制冷压缩机、风管以及送风末端装置等。对噪声控制有要求的空调工程，应采取适当的措施来降低噪声。

消声措施包括两个方面：一是设法减少噪声的产生；二是必要时在系统中设置消声器。

（1）在所有降低噪声的措施中，最有效的是削弱噪声源。因此，在设计机房时就必须考虑合理安排机房位置，机房墙体采取吸声、隔离措施，选择风机时尽量选择低噪声风机，并控制风道的气流流速。

为减小风机的噪声，可采取下列措施：①选用高效率、低噪声形式的风机，并尽量使其运行工作点接近最高效率点；②风机与电动机的传动方式最好采用直接连接，如果不可能，则采用联轴器连接或带轮传动；③适当降低风管中的空气流速，有一般消声要求的系统，主风管中的流速不宜超过 8m/s，以减少因管中流速过大而产生的噪声，有严格消声要求的系统，不宜超过 5m/s；④将风机安装在减振基础上，并且风机的进出风口与风管之间采用软管连接；⑤在空调机房内和风管中粘贴吸声材料，并且将风机设在有局部隔声措施的小室内。

（2）消声器的构造形式很多，按消声的原理可分为阻性消声器、共振性消声器、抗性消声器和宽频带复合式消声器。

阻性消声器是用多孔松散的吸声材料制成的（如图 8-16a 所示），当声波传播时，将激发材料空隙中的分子振动，由于摩擦阻力的作用，使声能转化为热能而消失，从而起到消减噪声的作用。这种消声器对于高频和中频噪声有良好的消声性能，但对低频噪声的消声性能较差。

如图 8-16b 所示，小孔处的空气柱与共振腔内的空气构成一个弹性振动系统，当外界噪声的振动频率与该弹性振动系统的振动频率相同时，引起小孔处的空气柱强烈共振，空气柱与孔壁发生剧烈摩擦，声能就会因克服摩擦阻力而消耗。这种消声器有消除低频的性能，但频率范围很窄。

如图 8-16c 所示，当气流通过截面突然改变的风道时，将使沿风道传播的声波向声源方向反射回去而起到消声作用，这种消声器对低频噪声有良好的消声作用。

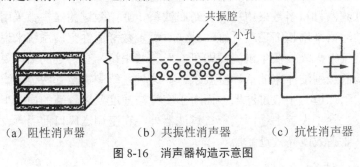

（a）阻性消声器　　（b）共振性消声器　　（c）抗性消声器

图 8-16　消声器构造示意图

宽频带复合式消失器是上述几种消声器的综合体，它可以集中他们各自的性能特点和弥补单独使用时的不足。例如，阻、抗复合式消声器和阻、共振消声器等，这些消声器对于高、中、低频噪声均有较良好的消声性能。

7. 减振设备

空调系统中的通风机、水泵、制冷压缩机等设备产生的振动，会传至支撑结构（如楼板或基础）或管道，并引起后者振动。这些振动有时会影响人的身体健康或者会影响产品的质量，甚至还会危及支撑结构的安全。

（1）设备减振：为减弱风机等设备运行时产生的振动，可将风机固定在钢筋混凝土板上，下面再安装隔振器；有时也可将风机固定在型钢支架上，下面再安装隔振器。图8-17a为通风机型钢隔振台座示意图，图8-17b为钢筋混凝土台隔振座示意图。

钢筋混凝土台座的重量较大，台座振动小，运行比较平稳，但制作复杂，安装也不太方便；型钢台座重量轻，制作、安装方便，应用比较普遍，特别是当设备设置在楼层或屋顶时，较多采用这种台座，但台座振动较前者大。

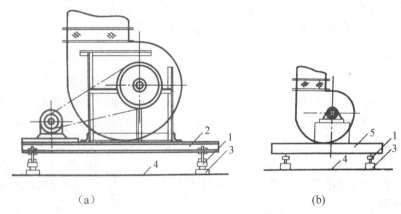

图 8-17 风机隔振台座示意图

1-减振器；2-型钢支架；3-混凝土支墩；4-支承结构；5-钢筋混凝土板

（2）管道振动是由于运行设备的振动及输送介质（气体、液体）的振动冲击所造成的。为减少管道振动时对周围的影响，除了在管道与运行设备的连接处采用软接头外，还要每隔一定距离设置管道隔振吊架或隔振支承，在管道穿过墙、楼板（或屋面）时，采用软接头连接。

【项目四】空气调节系统的制冷

【任务一】空调冷源

空气调节工程使用的冷源有天然冷源和人工冷源两种。

（一）天然冷源

天然冷源是指自然界本身存在的温度较低的介质，利用这些低温介质可以降低空调房间的温度，如深井水、山涧水、天然冰以及地道风等。在空调制冷的过程中，空调系统所使用的冷源是至关重要的，按使用的冷源可分为以下几种。

1. 地下水

在我国的大部分地区，用地下水喷淋空气都具有一定的降温效果，特别是在北方地区，由于地下水的温度较低（如东北地区的北部和中部是 4℃～12℃），可满足恒温恒湿空调工程的需要，是一种常用的天然冷源。

2. 地道风（包括地下隧道、人防地道以及天然隧洞）

由于夏季地道壁面的温度比外界空气的温度低的多，因此在有条件利用时，使空气通过一定长度的地道，也能实现冷却或减湿冷却的处理过程。

3. 天然冰等

此外，天然冰、深湖水和山涧水等，也都是可以利用的天然冷源。

利用天然冷源具有成本低、无污染、技术简单等优点，但天然冷源的利用又具有很大的局限性，例如，地下水的过量开采会引起地陷，利用深井回灌技术又容易污染地下水源。

（二）人工冷源

当天然冷源不能满足空调需要时，需采用人工冷源，即用人工的方法，利用制冷剂和制冷机制取冷源。

1. 制冷机

制冷机按照工作原理的不同可分为以下三种。

（1）压缩式制冷机：根据压缩机类型的不同，压缩式制冷机可分为活塞式、螺杆式、离心式三种。当前，压缩式制冷机的应用最为广泛。

（2）吸收式制冷机：吸收式制冷机根据热源的不同，可分为蒸汽热水式和直燃式两种。

（3）蒸汽喷射式制冷机：蒸汽喷射式制冷机根据制冷机组冷凝器的冷却方式的不同，可分为水冷式和风（空气）冷式。当机组生产的冷媒若为冷水，就称为"冷水机组"；机组产生的冷媒为冷空气，则称"直接蒸发式机组"。

2. 制冷剂

制冷循环内的工作物质即工质，称为"制冷剂"。目前，常用的制冷剂有氨和氟利昂。

（1）氨：单位容积制冷能力强，蒸发压力和冷凝适中，吸水性好，不溶于水，价格低廉，来源广泛。但氨的毒性较大，有强烈的刺激性气味和爆炸的危险，所以使用受到限制。

氨作为制冷剂仅用于工业生产中，不宜在空调系统中应用。

（2）氟利昂：饱和碳氢化合物的卤族衍生物的总称，种类很多，可以满足各种制冷要求。与氨相比，氟利昂无毒无味，不燃烧，使用安全，对金属无腐蚀作用，所以一直广泛应用于空调制冷系统中；缺点是价格较高，渗透性强并且不易被发现。但是，由于某些氟利昂类制冷剂对大气臭氧层有破坏作用，多种氟利昂制冷剂将要逐渐被取代，进而禁止使用，所以研制和应用新的制冷剂已势在必行。

（3）水和溴化锂组合的溶液是吸收式制冷机的制冷剂。

【任务二】空调的制冷原理与制冷设备

上节已经介绍了人工制冷的不同种类，下面主要介绍制冷系统的工作原理以及在制冷系统中所使用的各种设备。

（一）制冷系统的工作原理

1. 压缩式制冷

压缩式制冷机是利用"液体汽化时要吸收热量"的物理特性，通过制冷剂的热力循环，以消耗一定量的机械能作为补偿条件来达到制冷的目的。

压缩式制冷系统由制冷压缩机、冷凝器、膨胀阀和蒸发器四个主要部件所组成，并用管道连接，从而构成一个封闭的循环系统，如图8-18所示。

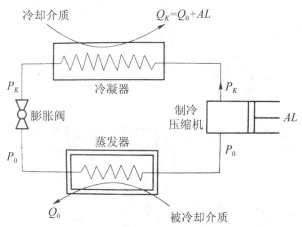

图8-18 压缩式制冷

制冷剂在压缩式制冷机中历经蒸发、压缩、冷凝和节流四个热力过程。

首先在蒸发器中，低压低温的制冷剂液体吸取其中被冷却介质（如冷水）的热量，蒸发成为低压低温的制冷剂蒸汽（每小时吸收的热量 Q_0，即制冷量）；然后低压低温的制冷剂蒸汽被压缩机吸入，并压缩成为高压高温气体（压缩机消耗机械功 AL），接着进入冷凝器中被冷却水冷却，成为高压液体[放出热量 Q_k（$Q_k=Q_0+AL$）]，再经膨胀阀减压后，成为低温低压的液体；最终在蒸发器中吸收冷却介质（冷冻水）的热量而汽化。如此不断地经过压缩、冷凝、膨胀、蒸发四个过程，液态制冷剂不断从蒸发器中吸热而获得冷冻水，并成为空调系统的冷源。

由于冷凝器中所使用的冷却介质（水或空气）的温度比被冷却介质（水或空气）的温度高的多，因此上述制冷过程实际上就是从低温物质夺取热量而传递给高温物质的过程。由于热量不可能自发的从低温物体转移到高温物体，故必须消耗一定量的机械能（AL）作为补偿条件，正如要使水从低处流向高处时，需要通过水泵消耗电能才能实现一样。

2. 吸收式制冷

吸收式制冷和压缩式制冷的工作原理相同，都是利用液态制冷剂在一定低温低压状态下吸热气化而制冷。但在吸收式制冷机中是利用二元溶液在不同压力和温度下能够吸收和释放制冷剂的原理来进行循环的。吸收式制冷机，其工作原理是以沸点不同但却能相互溶解的两种物质的溶液为工质，其中高沸点物质为吸收剂，低沸点物质为制冷剂。

制冷剂和吸收剂两种工质之间应具备两个基本条件：（1）在相同压力下，制冷剂的沸点应低于吸收剂；（2）在相同温度条件下，吸收剂应能强烈吸收制冷剂。

目前，实际应用的工质主要有两种：一种是溴化锂—水溶液，其中水是制冷剂，溴化锂是吸收剂，制冷温度为0℃以上；另一种是氨—水溶液，其中氨是制冷剂，水是吸收剂，制冷温度可以低于0℃。

吸收式制冷机主要由发生器、冷凝器、膨胀阀、蒸发器以及吸收器等设备组成，并用管道连接组成一个封闭的循环系统，工作循环如图8-19所示。

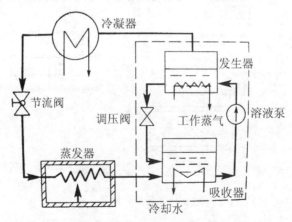

图 8-19 吸收式制冷

图 8-19 中点划线外的部分是制冷剂循环，从发生器出来的高温高压的气态制冷剂在冷凝器中放热后凝结为高温高压的液态制冷剂，经节流阀降温降压后进入蒸发器。在蒸发器

中，低温低压的液态制冷剂吸收被冷却介质的热量气化制冷，气化后的制冷剂返回吸收器并进入点划线内的吸收剂循环，图 8-19 中点划线内的部分称为吸收剂循环。在吸收器中，从蒸发器来的低温低压的气态制冷剂被从发生器来的浓度较高的液态吸收剂溶液吸收，形成制冷剂—吸收剂混合溶液，通过溶液泵加压后送入发生器。在发生器中，制冷剂—吸收剂混合溶液用外界提供的工作蒸汽加热，升温升压，其中沸点低的制冷剂吸热气化成高温高压的气态制冷剂，与沸点高的吸收剂溶液分离，进入冷凝器做制冷剂循环。发生器中剩下的浓度较高的液态吸收剂溶液则经调压阀减压后返回吸收器，再次吸收从蒸发器来的低温低压的气态制冷剂。

（二）制冷系统中的主要设备

1. 制冷压缩机

制冷压缩机是制冷机的心脏，它的主要作用是从蒸发器中抽吸气态制冷剂，以保证蒸发器中有一定的蒸发压力，同时提高气态制冷剂的压力，使气态制冷剂能在较高的冷凝温度下被冷却剂冷凝液化。制冷压缩机的种类很多，空调工程中常用的有离心式、螺杆式和活塞式。

2. 冷凝器

冷凝器的作用是把压缩机排出的高温高压的气态制冷剂冷却并使其液化。根据所使用的冷却介质的不同，冷凝器可分为水冷式冷凝器、风冷式冷凝器、蒸发式冷凝器和淋激式冷凝器等类型。

3. 节流装置

节流装置的作用是对由冷凝器来的高压液态制冷剂进行节流降压，并保证冷凝器与蒸发器之间的压力差，以便使蒸发器中的液态制冷剂在要求的低压下蒸发吸热，达到降温制冷的目的。同时使冷凝器中的气态制冷剂在给定的高压下放热冷凝，还可调整进入蒸发器的制冷剂的流量。

4. 蒸发器

蒸发器的作用是使由节流装置来的低温低压的液态制冷剂吸收周围的介质（空气、水等）的热量汽化，同时周围介质因为失去热量而导致温度下降，从而达到制冷的目的。

冷水机组是把整个制冷系统中的压缩机、冷凝器、蒸发器、节流阀等设备以及电气控制设备组装在一起，为空调系统提供冷冻水的设备。冷水机组的类型众多，主要分为压缩式和吸收式两种。冷水机组的主要特点是：①结构紧凑、占地面积小，机组产品系列化，冷量可组合配套，便于设计选型，施工安装和维修操作方便；②以水为载冷剂，可进行远距离输送，分配和满足多个用户的需要；③机组电气控制自动化，具有能量自动调节功能，便于运行节能。

【任务三】制冷机房

设置制冷设备的房屋称为制冷机房或制冷站。小型制冷机房一般附设在主体建筑内，氟利昂制冷设备也可设在空调机房内。规模较大的制冷机房，特别是氨制冷机房，则应单独修建。

（一）对制冷机房的要求

单独修建的制冷机房，易布置在厂区夏季主导风向的下风侧。在动力站区域内，一般应布置在乙炔站、锅炉房、煤气站、堆煤厂等的上风侧，以保持制冷机房的清洁。

氨制冷机房不应靠近人员密集的房间或场所以及有精密贵重设备的房间等，以免发生事故时造成重大损失。

制冷机房应尽可能设在冷负荷的中心处，力求缩短冷水和冷却水管路。当制冷机房是全厂的主要用电负荷时，还应尽量靠近变电站。

规模较小的制冷机房可不分隔间；规模较大的，按不同情况可分为：机器间（布置制冷压缩机和调节站）、设备间（布置冷凝器、蒸发器等设备）、水泵间（布置水泵和水箱）、变电间（耗电量大时应有专用变压器）以及值班室、维修室和生活室等。

房间净高：氨压缩机室不低于 4m，氟利昂压缩机室不低于 3.2m，设备间一般不低于 2.5m～3m。

对制冷机房的防火要求应按现行的《建筑设计防火规范》执行。

制冷机房应有不少于 3 次/h 换气的自然通风措施，氨制冷机房还应具备不少于 7 次/h 换气的事故通风设备。

制冷机房的机器间和设备间应充分利用天然采光，窗孔投光面积与地板面积的比例不小于 1∶6。

（二）设备布置原则

制冷系统一般应由两台以上的制冷机组组成，但不宜超过六台。制冷机的型号应尽量统一，以便维护管理。大中型制冷系统，宜同时设置一到两台制冷量较小的制冷机组，以适应低负荷运行时的需要。

机房内的设备布置应保证操作、检修的方便，同时要尽可能使设备布置紧凑，以节省占地面积。设备上的压力表、温度计等应设在便于观察的地方。

机房内各主要操作通道的宽度必须满足设备运输和安装的要求。

制冷机房应设有为主要设备安装维修的大门及通道，必要时可设置设备安装孔。

【项目五】空气调节系统的管理与维护

【任务一】空调系统的管理

(一) 空调系统的制度管理

空调系统是一个复杂的、自动化程度高的系统,其正常运转除了要求配备高技术素质及高度责任心的操作运行人员外,还依赖于科学的管理制度。

1. 制定操作规程

按制冷机及其辅助设备使用说明书并与制造厂商一起制定设备操作规程,保证制冷机及辅助设备得以正常、安全地操作。

操作规程包括:①空调机操作规程;②制冷机操作规程;③冷却塔操作规程;④水处理设备操作规程;⑤水泵操作规程;⑥换热器操作规程;⑦其他设备操作规程。

2. 建立各项规章制度

(1) 各项规章制度主要包括:①岗位责任制,规定配备人员的职责范围和要求;②巡回检查制度,明确定时检查的内容、路线和应记录项目;③交接班制度,明确交接班要求、内容及手续;④设备维护保养制度,规定设备各部件、仪表的检查、保养、检修、检定周期、内容和要求;⑤清洁卫生制度;⑥安全、保卫、防火制度。

(2) 执行制度时应有下列记录:①运行记录;②交接班记录;③水质化验记录;④设备维护保养记录;⑤事故记录。

(二) 空调系统的运行管理

空调系统的运行管理主要是对系统的运行进行调节。空调系统在全年运行中,室内本身的热、湿负荷是变化的,室外的气象参数一年四季也大不相同,空调系统不可能都按满负荷运行,为保证室内温、湿度的要求必须根据负荷的变化进行运行调节。

空调系统的运行应注意以下几个环节。

1. 开车前的检查

开车前要做好运行准备工作,检查风机、水泵等运转设备有无异常、冷热水温度是否合适,给测湿仪表加水,打开系统的阀门,并检查供水、供电、供气设备是否正常。

2. 室内、外空气参数的测定

室内、外空气参数的测定主要测定室内、外空气的温度和湿度,因为室内、外的气象参数决定空调系统的运行方案。

3. 开车

开车是指启动风机、水泵、换热设备及制冷机组等空调设备，向空调房间送风。启动设备时，为防止启动电流过大而跳闸，设备不能同时启动，一般顺序是先启动送风机，后启动回风机，再开电加热器等设备，并观察各种设备的运行情况。

4. 运行

开车后空调系统便投入正式运转，应按规定认真做好运行记录，值班人员要坚守岗位，巡视机房各种设备的运行情况及各种仪表的显示情况，分析系统是否按运行方案运行，发现问题应及时处理，及时报告。

5. 停车

停车就是停止空调系统的运行，关闭各种空调设备。操作时应先关闭加热器，再关闭回风机，最后停送风机。值班人员检查无异常情况后，方可离开。

【任务二】空调系统的维护

空调系统的维护主要包括空调机房和设备、制冷机房和设备的维护，维护的主要内容包括灰尘清理、巡回检查、仪表检定和系统检修四个方面。空调系统灰尘主要来源于新风、漏风、风管内积尘以及回风从室内带出来的灰尘等，运行人员要进行清理，防止空气污染。

1. 空调机组的维护

空调机组的维护主要包括空调机组的检查及清扫，一般在停机时进行。主要检查机组内过滤网、盘管、风机叶片及箱底的污染、锈蚀程度和螺栓坚固情况，要进行彻底清扫，并在运转处加注润滑油，部件损坏的要及时更换。

内部检查后进行单机试车，同时检查电流、电机温升、设备的震动及噪声等是否正常。单机试车结束后进行运行试车，注意送、回风温度是否正常，各种阀门、仪表运行是否正常。

2. 风机盘管的维护

对于空气过滤器，要根据其表面污垢情况维护，一般每月用水清洗一次；盘管要根据肋片管表面的污垢情况和传热管的腐蚀情况维护，一般每半年清洗一次；风机可根据叶轮沾污灰尘及噪声情况维护，每半年对叶轮清理一次；滴水盘可根据其排水情况维护，每半年对防尘网和水盘清扫一次；风管可根据实际情况进行修理。

3. 换热器的维护

换热器的维护需要对表面翅片进行清洗和除垢，可采用压缩空气吹污、手工或机械除污或化学清洗等方法。

4. 风机的检修

风机的检修包括小修和大修。小修内容包括清洗轴承、坚固螺栓、调整皮带松紧度和联轴器间隙、更换润滑油及密封圈等；大修内容包括对设备解体清洗检查、更换轴承和叶轮等。

5. 制冷机组的维护

目前蒸汽压缩式冷水机组的自动化程度较高，且有自动安全保护措施。维护管理过程中，要注意制冷剂的泄漏问题。氟利昂对大气臭氧层有很大的破坏作用，氨类制冷剂易燃易爆，因此要防止制冷剂泄露，在氨制冷机房中要有可靠的安全措施，例如事故报警装置、事故排风装置等。溴化锂吸收式机组在运行时易结晶和机组内真空度易破坏，运行管理复杂，要制订专门的维护保养计划。

【任务三】空调系统的常见故障与排除

空调器在使用过程中常出现一些故障，其原因多数是由于操作调整不当和安装不合理造成的，也有少数是产品质量问题。

1. 空调机的常见故障

以下几种为空调机的常见故障：
（1）风机零件损坏或电气故障而不能启动或运转不正常；
（2）盘管肋片损坏导致冷却或加热效果变差；
（3）风管断裂或损坏；
（4）空调冷冻水管破裂；
（5）制冷剂泄露导致制冷效果变差；
（6）水冷式冷凝器因冷却水量不足导致冷却不充分。

2. 窗式空调器常见故障与排除

窗式空调器常见故障、原因分析与故障排除方法如表8-2所示。

表8-2 窗式空调器常见故障及其排除方法

故障名称	原因分析	处理方法
空调器不能启动	电源没接通或保险丝断开	重新合闸或更换保险丝
	停电或电压不正常	检查照明灯是否亮，确认是否停电
冷气效果不好	空气过滤网、冷凝器和蒸发器上灰尘污物过多	将空气过滤网、冷凝器和蒸发器上灰尘污物清除干净
	门或窗没关上	关闭门窗

续表

故障名称	原因分析	处理方法
冷气效果不好	温控拨钮位置不适当	重新调整温控拨钮的位置
	阳光直射入室内	采用窗帘等遮阳措施

3. 分体式空调器常见故障与排除

分体式空调器常见故障、原因分析与故障排除方法如表 8-3 所示。

表8-3 分体式空调器常见故障及其排除方法

故障名称	原因分析	处理方法
空调器不能启动	继电器触点故障、电容器击穿、导线短路	根据检查结果进行修理或更换
	电源电压太低	使用稳压器
	房间要求温度与空调器允许使用的温度范围不一致	重新选用空调器
空调器制冷或制热效果不好	室内负荷过大	维护结构进行必要的保温
	空气过滤网、冷凝器和蒸发器上灰尘污物过多	将污物清除干净、平时保持清洁
	室内机前由障碍物影响空气流动、室外机通风条件不好	将障碍物移走、使室内气流畅通
	有制冷剂泄露	查出漏点,先放出系统制冷剂方可修补,修好后经抽空、干燥,再向系统灌入一定量的制冷剂
空调机有异常杂声和振动	压缩机进、排气阀损坏,产生敲击声	更换进、排气阀片
	压缩机底脚螺栓松动	拧紧底脚螺栓
	继电器接触面有灰尘	清除继电器表面灰尘或更换
	风机叶轮松动,有摩擦声	调整叶轮并坚固

实 训 练 习

1. 实训目的:通过实训加强对空调系统的了解,进一步掌握空调系统的组成、分类及制冷系统的组成、空气输送及处理的主要设备,掌握调试的内容及运行管理的要求,并能排除一般空调系统的故障。

2. 实训地点:住宅小区、办公楼、商业楼。

3. 实训措施:参观各种建筑的空调系统的组成、各种空调系统的主要设备以及制冷系统的组成和分类。

4. 实训内容

（1）学习空调系统的组成。

（2）学习在建筑物内空调系统各种设备的设置。

（3）学习制冷系统的组成。

（4）学习空调系统的维护管理。

（5）学习空调系统常见故障的分析和处理方法。

复习思考题

1. 空调系统的任务和作用分别是什么？
2. 简述空调系统的工作原理。
3. 空调系统按照空气处理设备的布置情况，可分为哪几类？
4. 简述集中式空调系统的分类。
5. 空调系统由哪些部分组成？
6. 空气处理包括哪几部分？
7. 空气处理设备都有哪些？分类介绍这些设备都是如何进行空气处理的。
8. 空气的消声设备最常用的有哪几种？
9. 空调冷源由哪些来源构成？
10. 分别简述压缩式制冷系统和吸收式制冷系统的工作原理。
11. 对制冷机房有哪些要求？
12. 如何对空调系统进行管理？
13. 如何对空调系统进行维护？
14. 空调系统的常见故障有哪些？如何进行排除？

第九章

建筑供配电系统

【学习目标】

1. 运用电工学的基本知识。
2. 学会电力系统的组成、供电质量的评定以及用电负荷的容量、类别和分级等。
3. 了解建筑低压配电系统的配电方式及低压配电线路。
4. 了解变配电室的位置、形式、布置及对建筑的要求等相关内容。
5. 了解低压配电系统各种保护装置的作用及分类。
6. 认识建筑供配电系统的管理和维护。

【能力目标】

◆ 项目一：电工的基本知识
  1. 认识电路的组成、状态和基本物理量
  2. 了解三相交流电的产生和连接
  3. 认识变压器的结构和工作原理

◆ 项目二：建筑供配电系统概述
  1. 了解电力系统的内容和组成
  2. 认识供电质量的评定指标
  3. 了解建筑用电负荷容量、类别和分级
  4. 了解建筑低压配电系统的配电方式
  5. 认识建筑低压配电线路

◆ 项目三：变配电室
  1. 了解变配电室的位置
  2. 认识变配电室的形式及布置
  3. 了解变配电室对建筑的要求

◆ 项目四：低压配电系统的保护装置
  1. 认识刀开关的相关知识
  2. 认识熔断器的作用
  3. 认识自控空气开关的分类和保护方式选择
  4. 认识漏电保护器的分类及动作电流的选择

◆ 项目五：建筑供配电系统的管理与维护
  1. 认识建筑供配电系统的管理
  2. 认识建筑供配电系统的维护

【项目一】电工的基本知识

【任务一】电路的基本概念

（一）电路的组成

无论简单电路还是复杂电路，都是由电源、负载、输电导线和控制装置组成。对电源来讲，负载、输电导线和控制装置称为外电路，电源内部的一段称为内电路。

1. 电源

电源是供应电能的装置，它把其他形式的能转换为电能。例如，汽轮发电机把机械能转换成电能，干电池把化学能转换成电能。

2. 负载

负载是使用电能的装置，它把电能转换为其他形式的能。例如，电灯把电能转换成光能，电炉把电能转换成热能，电动机把电能转换成机械能。

3. 输电导线

输电导线是电能的传输路径，把电能从一个位置传输到另一个位置。例如，汽轮发电机发出的电可以通过输电导线传输到我们的家庭或厂矿。

4. 控制装置

控制装置是控制负载是否使用电能的装置。例如，它能使电灯亮或暗，电动机停或转。

（二）电路状态

电路一般有三种状态：通路状态、断路状态和短路状态。

1. 通路状态（负载工作状态）

通路就是电源与负载接成闭合回路。

2. 断路状态

断路状态就是电源与负载没有接成闭合回路。

3. 短路状态

短路状态就是电源未经负载而直接由导线接通成闭合回路。

（三）电路的基本物理量

1. 电流

电路中的带电粒子（电子和离子）受到电源电场力的作用，形成有规则的定向运动，称为电流。电荷从电源"+"端经过负载回到电源"-"端,在电源内部,它又从"-"端移向"+"端。电荷的这种移动是连续的,在导线的每一个截面上都有电荷通过。

电流的大小用单位时间内通过导体横截面上电量的大小来衡量,在物理学中叫电流强度,工程上简称电流。电流的表达公式为

$$I = \frac{Q}{t}$$

式中:Q——电量,单位为 C;

t——时间,单位为 s;

I——电流,单位为 A。

电流的方向,习惯上以正电荷运动的方向作为电流的方向(与电子运动的方向相反)。在分析和计算电路的过程中,如果电路比较负载,某些电流的方向开始还不能确定时,常任意假定某一方向为电流的正方向,并用箭头表示在电路上。计算的结果,如果电流为正值,则表示假定的正方向就是电流的实际方向;如果电流为负值,则表示电流的实际方向与假定的正方向相反。

2. 电位

电位是表示电场中不同点位置所具有的电位能。要确定电位能的大小,必须选择一个参考点作为电位零点(基准点)。通常把电路中的接地点或线路公共点定位零点,称为电位参考点。那么,电荷在电场内某点所具有的电位能也可以用电荷从该点移到参考点时,电场力所做的功来表示。

在外电路,电流的方向从高电位指向低电位时,方向为正,反之为负。在电源的内部则是电流的方向从低电位指向高电位时,方向为正,反之为负。

3. 电压

在电源电场力的作用下,将对运动的电荷做功,为了表征电场力作功本领的大小,引入电压这一物理量。电场力把电位正电荷从电路 a 点移到 b 点所作的功称为 ab 两点间的电压。用 Uab 表示,ab 间电压表达式为

$$Uab = \frac{A}{q}$$

式中:A——电场力把电荷 q 从 a 点移到 b 所作的功,单位为 J;

q——电荷量,单位为 C;

Uab——a、b 两点之间的电压,单位为 V。

对于参考点零电位来说,a、b 两点之间的电压就是两点电位之差。电压的正方向规定为从高电位指向低电位,所以电压也称作电压降。

4. 电动势

为了表示在电源的内部外力作功的本领，引入电动势这一物理量。电动势的定义是：在电源内部，外力把单位正电荷从电源负极移向正极所做的功率称为电动势，用 E 表示，单位为 V。外力把 1C 的电荷从负极移到正极所作的功就是 1V。电动势的方向是：在电源内部由负极指向正极，在电源外部由正极指向负极。电动势的表达公式为

$$E = \frac{A}{Q}$$

式中：A——外力移动正电荷所作的功，单位为 J；

Q——被移动的正电荷量，单位为 C。

电动势的大小和方向不随时间的变化而变化的电源，称为直流电源；电动势的大小和方向随时间的变化而变化的电源，称为交流电源。

5. 电能

当电流通过电路时，电路内将发生能量转换。在电源内部，外力不断的克服电场力驱使正负电荷分别向电源两极移动而作功，从而把其他能转换成电能。在外电路，电荷不断地通过负载，把电能转换成其他形式的能。

负载消耗的电能等于同端电压与电荷的乘积，电荷又等于电流和时间的乘积，即

$$A = UQ = IUt$$

6. 电功率

在单位时间内电路中产生的或消耗的电能，称为电功率，简称功率，用 P 表示，单位为 W，其表达式为

$$P = \frac{A}{t} = \frac{IUt}{t} = IU$$

式中：P——电功率，单位为 W；

t——时间，单位为 s；

I——电流，单位为 A。

7. 电阻

电荷在导体内流动必然要受到导体内分子的阻力，这种阻力称为电阻，用 R 表示。实验证明，在一定温度下，对某一种材料，其电阻 R 与长度 L 成正比，与其截面 S 成反比。

【任务二】三相交流电

三相制是指以三个频率相同而相位不同的电动势作为电源供电体系，这三个电动势的

最大值和频率相同,但相位上互差 120°。三相交流电路是指由三个单相交流电路所组成的电路系统。

三相制得以广泛应用,主要是它与单相交流电相比具有许多优点。单相交流电路瞬时功率随时而变,而对称三相交流电路总的瞬时功率恒定,三相电动机比单相电动机性能平稳可靠;在输送功率相同、电压相同和距离、线路损失相等的情况下,采用三相制输电可以比单相制节约材料。

(一)三相交流电的产生

三相交流电由三相交流发电机产生。用来产生对称三相交流电动势的电源称为对称三相交流电源。

(二)三相交流电源的连接

三相交流电源的连接方式有星型连接和三角形连接两种,星型接法用的最为广泛。

1. 三相交流电源的星型连接

把三相发电机绕组的末端连接在一起,成为一个公共点 N,这种连接方式称为星型连接,如图 9-1 所示。公共点 N 称为中点或零点,A、B、C 三端与输电线连接,输送电能到负载,这三根输电线称为相线,俗称火线。从中点 N 引出的导线称为中线,俗称零线。三相四线制可以为负载提供两种电压,例如,相电压等于 220V 时,线电压等于 380V。能同时得到两种三相对称电压是三相四线制电源供电的优点之一。如图 9-2 所示,是既有动力又有照明的三相四线制的低压配电线路,接到照明负载的是一根相线和一根中线,电压是相电压。三相电源的星型连接还有一种不引出中线的方式,构成三相三线制电源,为负载提供一种电压,即三相对称的相电压。

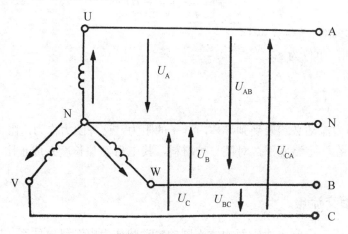

图 9-1 电源的星型连接

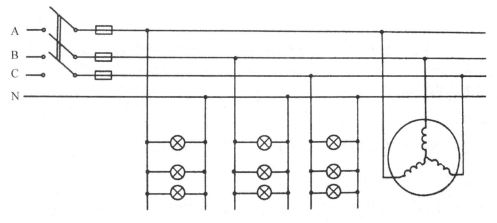

图 9-2 动力和照明共用的配电线路

2. 三相交流电源的三角形连接

三角形连接时,电源仅能提供一种电压,线电压有效值等于相电压有效值,如图 9-3 所示。

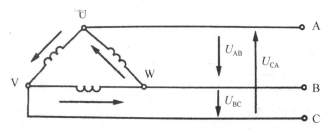

图 9-3 电源三角形连接

【任务三】变压器

变压器是根据电磁感应原理,将某一种电压、电流的交流电能转变成另一种电压、电流的交流电能的静止电气设备。建筑用电设备所需的电源电压各不相同,例如,常用的三相异步电动机,其额定电压为 380V,单相异步电动机或照明电压一般为 220V。因为发电场所输出的电压一般为 6.3KV、10.5KV,最高不超过 20KV,而电能要经过很长的输电线才能送到建筑用电设备,为了减少输送过程线路上的电能损失,目前主要采用高压输电,即将电压升到 10KV、35KV、110KV、220KV、330KV、500KV 等级的高电压或超高压进行输送。所以,为了输配电和用电的需要,要使用升压变压器或降压变压器,将同一交流电压变换成同频率的各种不同电压等级,以满足各类建筑用电设备的需要。

(一)变压器的结构

变压器主要包括铁芯和绕组两大部分。

1. 铁芯

铁芯是变压器的基本部分，变压器的一次、二次绕组都绕在铁芯上。它的作用是在交变的电磁转换中，提供闭合的磁路，让磁通绝大部分通过铁芯构成闭合回路，所以变压器的铁芯多采用硅钢片叠压而成。

2. 绕组

绕组由绝缘铜线或铝线绕制而成，有同心式和交叠式两种。

（二）变压器的工作原理

如图 9-4（a）所示是变压器工作原理示意图，原绕组的匝数为 N_1，副绕组的匝数为 N_2，输入电压为 u_1、电流为 i_1；输出电压为 u_2、电流为 i_2；负载为 Z_L。在电路中，变压器用如图 9-4（b）所示表示，变压器的名字用字母 T 表示。在一定的输出电压范围内，从副绕组上抽头，可输出不同的电压，得到多输出变压器。

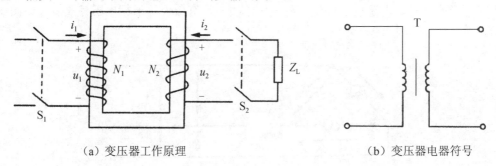

(a) 变压器工作原理　　　　　　　　(b) 变压器电器符号

图 9-4　变压器的工作原理图

（三）变压器的主要额定值

变压器运行的依据是铭牌上的额定值。额定值是制造厂根据设计或试验数据，对变压器正常运行状态所做的规定值。

1. 额定容量

额定容量（S_N）指在额定运行状态下所能输送的容量（视在功率）。

2. 额定电压

原边额定电压是指根据绝缘强度，变压器长时间运行所能承受的工作电压。副边额定电压是指原边加额定电压，副边线圈开路（空载）时的端电压。三相变压器额定电压一律指线电压。

3. 额定电流

额定电流指变压器在额定容量和允许温升条件下，长时间通过的电流。三相变压器额定电流一律指线电流。

【项目二】建筑供配电系统概述

建筑用电，差不多都是电力系统供给的。一般的建筑采用低压供电，高层建筑采用10KV甚至35KV供电。

供配电设计是建筑电气设计的重要内容。为了搞好建筑供配电系统的设计，必须对电力系统有所了解。

【任务一】电力系统概述

电力用户所消耗的电能是电力系统中发电厂供给的。发电厂多数是建造在燃料、水力资源丰富的地方，而电能用户是分散的，往往又远离发电厂。这样，就必须设置输电线路和变电所等中间环节，将发电厂发出的电能输送给用户。由于电能目前尚不能大量储存，其生产、输送、分配和消费的全过程是在同一时间完成的，而且发电量是随着用电量的变化而变化，生产和消费是严格平衡的，所以必须将发电厂、电力网和电能用户有机的连接成一个整体，即电力系统。

由各种电压的电力线路将一些发电厂、变电所和电能用户联系起来的一个发电、输电、变电和用电的整体，称为电力系统。电力系统由以下几部分组成。

1. 发电厂

发电厂是将自然蕴藏的各种一次能源（如煤、水、风和原子能等）转换为电能（称二次能源），并向外输出电能的工厂。

发电厂的种类很多，根据所利用能源的不同，有火力发电厂、水力发电厂、原子能发电厂、地热发电厂、潮汐发电厂以及风力发电厂、太阳能发电厂等。在现代的电力系统中，各国都以火力发电厂和水力发电厂为主。近些年来，各国正在大力发展原子能发电。

2. 变电所

变电所是接收电能、变换电压和分配电能的场所，由电力变压器和高低压配电装置组成。按照变压的性质和作用不同，又可以分为升压变电所和降压变电所两种。

仅用来接收和分配电能而不改变电压的场所称为配电所。

3. 电力网

电力系统中各种不同电压等级的电力线路及其所联系的变电所，称为电力网。其任务是将发电厂生产的电能输送、变换和分配到电能用户。

电力网按其功能常分为输电网和配电网两大类。由 35KV 及以上的输电线路和与其连接的变电所组成的电力网称为输电网，它是电力系统的主要网络，它的作用是将电能输送到各个地区或直接输送给大型用户；由 10KV 及以下的配电线路和配电变压器所组成的电力网称为配电网，它的作用是将电能分配给各类不同的用户。

4. 电能用户

电能用户是所有用电设备的总称。

【任务二】供电质量

供电质量是指供电的可靠性和电能质量，电能质量的指标通常是电压、频率和波形，其中电压和频率尤为重要。电压质量包括电压的偏移、电压的波动和电压的三相不平衡度等。

1. 供电的可靠性

供电的可靠性是运用可靠技术进行定量的分析，从单个元件的不可靠程度到整个系统的不可靠程度，都可以进行计算。但是这项计算需要大量的调查统计资料，鉴于目前在这方面的资料缺乏，因而一般凭经验做定性的判断。

2. 电压等级

电压等级是根据国家的工业生产水平，电机、电器的制造能力，进行技术经济综合分析比较而确定的。我国规定了三类电压标准：

第一类，额定电压值在 100V 以下，主要用于安全照明、蓄电池、断路器及其他开关设备的操作电源。

第二类，额定电压值在 100V 以上、1000V 以下，主要用于低压动力和照明。用电设备的额定电压，直流分 110V、220V、440V 三档，交流分 380V/220V 和 220V/127V 两档。建筑用电的电压主要属于这一范围。

第三类，额定电压值在 1000V 以上，主要作为高压用电设备及发电、输电的额定电压。

3. 电压偏移

电压偏移是指供电电压偏高（高于或低于）用电设备额定电压的数值占用电设备额定电压值的百分数。大于等于 3kV 的供电，不超过±5%；小于等于 10kV 高压供电，低压电力网为±7%。

4. 电压波动

用电设备接线端电压时高时低，这种短时间的电压变化称为电压波动。照明和电子设备对电压的波动比较敏感，但电子设备附有稳压电路，其适应性较强；而照明电源的光通常有明显变化，甚至影响正常工作。对常用设备电压波动的范围有所规定，如果连续运转的电动机为±5%，室内主要场所的照明灯为-2.5%～+5%。

5. 电压频率

在电气设备的铭牌上都标有额定频率。我国电力工业的标准频率为50Hz，其波动一般不得超过±0.5%。在电力工业的发展速度跟不上负荷的增长速度或电力网调频措施不完备时，电网的频率偏差就会超过允许值，此时为了保证（如电子计算机等）重要负荷的正常工作，需要装设稳频装置。

6. 电压的波形

电力系统中交流电的波形从理论上是50Hz的正弦波，但由于大量可控硅整流和变频装置的应用等原因，在电力系统中产生与50Hz基波成整数倍的高次谐波，电压的波形发生畸变，成为非正弦波。高次谐波大大改变了电气设备的阻抗值，造成发热、短路，使设备损坏，电子设备的工作受到干扰。

对供配电系统中的谐波分量的限制，尚未做出规定。一般是尽量限制谐波量的产生，将产生高次谐波的设备与供配电系统屏蔽开。

7. 电压的不平衡度

由于单相负荷在三相系统中不可能完全平衡，因而变压器低压侧和用户端的三个相电压不可能完全平衡。对于单相负荷，接于不同的相上有的可能形成更大的电压偏移；三相电压不平衡可造成电动机转子过热。因此，在设计与施工中应尽量使单相负荷平均地分配在三相中，保证三相电压平衡，以维持供配电系统的安全和经济运行，三相电压不平衡程度不应超过±2%。

电源的供电质量直接影响用电设备的工作状况，例如，电压偏低使电动机转数下降、灯光昏暗，电压偏高使电动机转数增大、灯泡寿命缩短；电压波动导致灯光闪烁、电动机运转不稳定；频率变化使电动机转数变化，更为严重的是可引起电力系统的不稳定运行，影响照明和各种电子设备的正常工作，故需对供电质量进行必要的监测。

用电设备不合理地布置和运行，也会对供电质量造成不良影响。如果单相负载在各相内，若不是均匀分配，就将造成电压不平衡。

【任务三】建筑用电的负荷容量、类别和分级

电力网上的用电设备所消耗的功率称为用户的用电负荷或电力负荷。

确定建筑供配电系统之前，首先要确定电气负荷的容量，区分各个负荷的类别主级别，这是供配电设计工作的基础。

（一）负荷类别

负荷类别主要以照明和非工业电力来区分，其目的是为了按不同电价核算电力支付

费用。

1. 照明和划入照明的非工业负荷

照明和划入照明的非工业负荷包括民用、非工业用户和普通工业用户的生活、生产照明用电（家用电器、普通插座等），空调设备用电等，总容量不超过 3kW 的晒图机、太阳灯等。

2. 非工业负荷

非工业负荷包括商业用电、高层建筑内电梯用电，民用建筑中采暖风机、生活煤机和水泵等动力用电。

3. 普通工业负荷

普通工业负荷指总容量不足 320kVA 的工业负荷，如纺织合线设备用电、食品加工设备用电等。

（二）负荷容量

负荷容量以设备容量（或称装机容量）、计算容量（接近于实际使用容量）或装表容量（电度表的容量）来衡量。

所谓设备容量，是建筑工程中所有安装的用电设备的额定功率的总和，在向供电部门申请用电时，这个数据是必须提供的。

在设备容量的基础上，通过负荷计算，可以求出接近于实际使用的计算容量。对于直接由市电供电的系统，需根据计算容量选择计量用的电度表，用户极限是在这个装表容量下使用电力。

在装表容量小于等于 20A 时允许采取单相供电。而一般情况下均采用三相供电，这样有利于三相负荷平衡和减少电压损失，同时为使用三相电气设备创造了条件。

（三）负荷级别

电力负荷分级是根据建筑的重要性和对其短时中断供电在政治上和经济上所造成的影响和损失来分等级的，对于工业和民用建筑的供电负荷可分为三级。

1. 一级负荷

（1）中断供电将造成人员伤亡者；

（2）中断供电将造成重大政治影响者；

（3）中断供电将造成重大经济损失者；

（4）中断供电将造成公共场所的秩序严重混乱者。

根据供配电系统的运行统计资料表明，系统中各个环节以电源对供电可靠性的影响最大，其次是供配电线路等其他因素。因此，为保证供电的可靠性，对于一级负荷应有两个独立电源供电，即指双路独立电源中任一个电源发生故障或停电检修时，都不至于影响另一个电源的供电。对于一级负荷中特别重要的负荷，除双路独立电源外，还应增设第三电源或自备电源（如发电机组、蓄电池）。根据用电负荷对停电时间的要求，确定应急电源的接入方式。蓄电池为不间断电源，也称 UPS；柴油发电机组为自备应急电源，适用于停电时间为毫秒级。当允许中断供电时间为 1.5s 以上时，可采用自动投入装置或专门馈电线路接入。对于允许 15s 以上中断供电时间时，可采用快速自动启动柴油发电机组。

2. 二级负荷

（1）中断供电将造成较大政治影响者；
（2）中断供电将造成较大经济损失者；
（3）中断供电将造成公共场所秩序混乱者。

二级负荷，一般应由上一级变电所的两端母线上引双回路进行供电，保证变压器或线路因发生常见故障而中断供电时，能迅速恢复供电。

3. 三级负荷

凡不属一级和二级负荷者。三级负荷对供电无特殊要求，可由单电源供电。

【任务四】建筑低压配电系统的配电方式

建筑低压配电系统的配电线路由配电装置（配电盘）及配电线路（干线及分支线）组成。常见的低压配电方式有放射式、树干式、链式及混合式四种，如图 9-5 所示。

（一）放射式

由总配电箱直接供电给分配电箱或负载的配电方式称为放射式，如图 9-5a 所示。

放射式的优点是各个负载独立受电，因而故障范围一般仅限于本回路。各分配箱与总配电柜（箱）之间为独立的干线连接，各干线互不干扰，当某线路发生故障需要检修时，只切断本回路而不影响其他回路，同时回路中电动机启动引起的电压的波动，对其他回路的影响也较小。缺点是所需开关和线路较多，系统灵活性较差。

放射性配电方式适用于设备容量大，要求集中控制的设备，要求供电可靠性高的重要设备配电回路以及有腐蚀性介质和爆炸危险等场所的设备。

（二）树干式

树干式是从总配电柜（箱）引出一条干线，各分配电箱都从这条干线上直接接线，如图 9-5b 所示。优点是投资省、结构简单、施工方便且易于扩展；缺点是供电可靠性较差，一旦干线任意一处发生故障，都有可能影响到整条干线，故障影响的范围较大。

树干式配电方式常用于明敷设回路，设备容量较小，对供电可靠性要求不高的设备。

（三）链式

链式也是在一条供电干线上连接多个用电设备或分配电箱，与树干式不同的是其线路的分支点在用电设备上或分配电箱内，即后面设备的电源引自前面设备的端子，如图 9-5c 所示。优点是线路上无分支点，适合穿管敷设或电缆线路，节省了有色金属；缺点是线路或设备检修以及线路发生故障时，相连设备全部停电，供电的可靠性差。

链式配电方式适用于暗敷设线路，供电可靠性要求不高的小容量设备，一般串联的设备不宜超过 3~4 台，总容量不宜超过 10kW。

（四）混合式

在实际工程中，照明配电系统不是单独采用某一种形式的低压配电方式，多数是综合形式，这种接线方式可根据负载的重要程度、负载的位置、容量等因素综合考虑。例如，一般民用住宅所采用的配电形式多数为放射式与树干式或者链式的结合，如图 9-5d 所示。

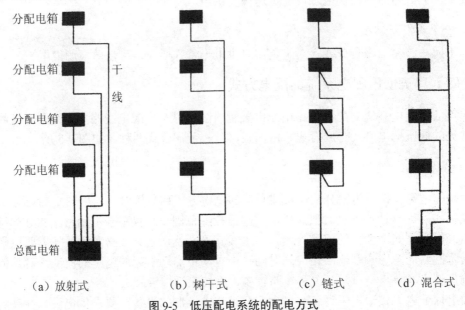

图 9-5　低压配电系统的配电方式

【任务五】建筑低压配电线路

建筑低压配电线路包括架空线路和电缆线路。

1. 架空线路

当市电为架空线路时，建筑物的电源宜采用架空线路引入方式。

架空线路主要由导线、电杆、横担、绝缘子和线路金具等组成。其优点是设备材料简单、成本低，容易发现故障，维护方便；缺点是易受外界环境的影响，供电可靠性较差，影响环境的整洁美观等。

2. 电缆线路

当市电为地下电缆线路时，电源引入采取地下电缆引入方式。

电缆线路的优点是不受外界环境影响，供电可靠性高，不占用土地，有利于环境美观；缺点是材料和安装成本高。在低压配电线路中广泛采用电缆线路。

电缆主要由线芯、绝缘层、外护套三部分组成。根据电缆的用途不同，可分为电力电缆、控制电缆、通信电缆等；按电压不同可分为低压电缆、高压电缆两种。电缆的型号中包含其用途类别、绝缘材料、导体材料、保护层等信息。

电缆敷设有直埋、电缆沟、排管、架空等方式，直埋电缆必须采用有铠装保护的电缆、埋设深度不小于 0.7m；电缆敷设应选择路径最短、转弯最少、少受外界因素影响的路线。地面上在电缆拐弯处或进建筑物处要埋设标示桩，以备日后施工维护时参考。

【项目三】变配电室

变配电室的作用是从电力系统接收电能、变换电压及分配电能。

变配电室可以分为升压变电站和降压变电站两大类型。升压变电站是将发电厂生产的 6~10V 的电能升高至 35kV、110kV、220kV、500kV 等高压，以利于远距离输电，降压变电站是将高压电网送过来的电能降至 6~10kV 后，分配给用户变压器，再降至 380V 或 220V，供建筑物或建筑工地的照明或动力设备、用电设备等使用。

【任务一】变配电室的位置

变配电室的位置应尽量接近电源侧，并靠近用电负荷的中心。应考虑进出线方便、顺直且距离短、交通运输和检修方便。应尽量躲开多尘、振动、高温、潮湿的场所和有腐蚀的气体、爆炸、火灾等危险场所的正上方或正下方，尽量设在污染源的上风向。不应贴近厕所、浴室或生产过程中地面经常潮湿和容易积水的场所，应根据规划适当考虑发展的可能性。

【任务二】变配电室的形式及布置

变配电室的形式有独立式、附设式和杆架式等。根据变配电室本身有无建筑物以及该建筑与用电建筑间的相互位置关系布置，附设式又分内附式和外附式两种。

变配电室一般包括高压配电室、变压器室、低压配电室和控制室（值班室），有时需设置电容器室。其布置原则为：具有可燃性油的高压开关柜，宜单独布置在高压配电装置室内，但当高压开关柜的数量少于 5 台时，可和低压配电屏置于同一房间。不具有可燃性的高、低压配电装置和非油浸电力变配电器以及非可燃性油浸电容器可置于同一房间内。有人值班的变配电室应单独有值班室，只具有低压配电室时，值班室可与低压配电室合并，但应保证值班人员工作的一面或一端到墙的距离不应小于 3.0m。单独值班室与高压配电室应直通户外或通向走廊，独立变配电室宜为单层布置。当采用二层布置时，变压器应设在首层，二层配电室应有吊装设备和吊装平台式吊装孔。各室之间及各室内部应合理布置，布置应紧凑合理，便于设备的操作、巡视、搬运、检修和试验，并应考虑发展的可能性。

【任务三】变配电室对建筑的要求

（1）可燃油油浸电力变配电器室应按一级耐火等级建筑设计，而非燃或难燃介质的电力变压器室、高压配电室、高压电容器室的耐火等级应等于二级或二级以上，低压配电室和低压电容器室的建筑耐火等级不应低于二级。

（2）变压器室的门窗应具有防火耐燃性能，门一般采用防火门。通风窗应采用非燃材料。变压器室及配电室门宽宜大于设备的不可拆卸宽度的 0.3m，高度应高于设备不可拆卸高度的 0.3m。变压器室、配电室、电容器室的门应外开并装弹簧锁，对相邻设置电气设备的房间，若设门时应装双向开启门或门向低压方向开。

（3）高压配电室和电容室窗户下沿距室外地面高度宜大于或等于 1.8m，其临街面不宜开窗，所有自然采光窗不能开启。

（4）配电室长度大于 8.0m 时应在房间两端设有两个出口，二层配电室的楼上配电室至少应有一个出口通向室外平台或通道。

（5）变配电室所有门窗，当开启时不应直通具有酸、碱、粉尘、蒸汽和噪声污染严重的相邻建筑。门、窗、电缆沟等应能防止雨、雪以及鼠、蛇类小动物进入屋内。

【项目四】低压配电系统的保护装置

当电流通过导体时，会产生发热现象，当通过的电流过大时，由于导线温升过高，其绝缘将迅速老化，缩短导线使用期限，严重时还可能引起火灾。因此，线路应具备一定的保护装置。低压配电线路的保护分为短路保护、过负荷保护、接地故障保护和中性线断线故障保护。

低压电器通常是指工作在交流电压为 1kV 及以下的电气设备，它对电能的产生、输送、分配与应用起着开关、控制、保护与调节的作用。按照低压电器的用途，它可以分为配电电器和控制电器两种。常用的低压电器主要有刀开关、熔断器、自动空气开关、漏电保护装置等，而低压成套设备常用的有配电箱（盘）。

【任务一】刀开关

刀开关是最简单的手动控制电器，可用于非频繁接通和切断容量不大的低压供电线路，并兼作电源隔离开关。按工作原理和结构形式，刀开关可分为胶盖闸刀开关、刀形转换开关、铁壳开关、熔断式刀开关和组合开关等。

"H"为刀开关和转换开关的产品的编码，HD 为刀型开关，HH 为封闭式负荷开关，HK 为开启式负荷开关，HR 为熔断式刀开关，HS 为刀型转换开关，HZ 为组合开关。

刀开关按其极数分，有三极开关和二极开关。二极开关用于照明和其他单相电路，三极开关用于三相电路。各种低压刀开关的额定电压：二极有 250V，三极有 380V、500V 等。开关的额定电流可从样品样本查找，其最大等级为 1500A。

刀开关断开的负荷电流不应大于制造厂允许的断开电流值。刀开关所在线路的三相短路电流不应超过制造厂规定的动、热稳定值。

一般结构的刀开关通常不允许带负荷操作，但装有弧室的刀开关，可不频繁带负荷操作。

【任务二】熔断器

熔断器是一种保护电器，它主要由熔体和安装熔体用的绝缘器组成。它在低压电网中主要用做短路保护，有时也用于过载保护。熔断器的保护作用是靠熔体来完成的，一定截面的熔体只能承受一定值的电流，当通过的电流超过规定值时，熔体将熔断，从而起到保护作用。"R"为熔断器的型号编码，RC 为插入式熔断器，RH 为汇流排式熔断器，RL 为螺旋式熔断器，RM 为封闭管式熔断器，RS 为快速式熔断器，RT 为填料管式熔断器，RX 为限流式熔断器。

【任务三】自动空气开关

自动空气开关属于一种能自动切断电路故障的控制兼保护电器。在正常情况下，可起"开"与"合"的开关作用；在电路出现故障时，自动切断故障电路，主要用于配电线路的电气设备的过载、失压和短路保护。自动空气开关动作后，只要切除或排除了故障，一般不需要更换零件，就可以再投入使用。自动空气开关的分断能力较强，所以应用极为广泛，是低压网络中非常重要的一种保护电器。

1. 分类

自动空气开关按其用途可分为配电用自动空气开关、电动机保护用自动空气开关、照明用自动空气开关；按其结构可分为塑料外壳式、框架式、快速式、限流式等自动空气开关；但基本形式主要有万能式和装置式两种，分别用 W 和 Z 表示。

（1）塑料外壳式自动空气开关属于装置式，具有保护性能好，安全可靠等优点。

(2) 框架式自动空气开关是敞开装在框架上的,因其保护方案和操作方式较多,故有"万能式"之称。

(3) 快速自动空气开关主要用于对半导体整流器的过载、短路的快速保护。

(4) 限流式自动空气开关用于交流电网快速动作的自动保护,以限制短路电流。

2. 保护方式

为了满足保护动作的选择性,过电流脱扣器的保护方式有:

(1) 过载和短路均瞬时动作;

(2) 过载具有延时,而短路瞬时动作;

(3) 过载和短路均为长延时动作;

(4) 过载和短路均为延时动作等方式。

【任务四】漏电保护器

漏电保护器又称触电保安器,它是一种自动电器,装有检漏元件、联动执行元件自动分断发生故障的线路。漏电保护器能迅速断开发生人身触电、漏电和单相接地故障的低压线路。

1. 漏电保护器的分类

漏电保护器的分类方法较多,这里介绍几种主要的分类。

(1) 漏电保护器按其动作原理可分为电压型、电流型和脉冲型。

(2) 漏电保护器按脱扣的形式可分为电磁式和电子式两种。电磁式漏电保护开关主要由检测元件、灵敏继电器元件、主电路开断执行元件以及试验电路等几部分构成;电子式漏电保护开关主要由检测元件、电子放大电路、执行元件以及试验电路等部分构成。电子式与电磁式相比,灵敏度高,制造技术简单,可制成大容量产品,但需要辅助电源,抗干扰能力不强。

(3) 漏电保护器按其保护功能及结构特征,可分为漏点继电器和漏电断路器。漏点继电器由零序电流互感器和继电器组成。它仅具备判断和检测功能,由继电器触头产生信号,控制断路器分闸或控制信号元件发出声、光信号。漏电断路器具有过载保护和漏电保护功能,它是在断路器上加装漏电保护器件而构成。

漏电断路器应有足够的分断能力,可承担过载和短路保护,否则,应另行考虑短路保护措施,例如加熔断器一起配合使用。

2. 漏电保护器动作电流的选择

当漏电保护器用于插座回路和末端配电线路,并侧重于防止间接电击时,应选择动作电流为 30mA 的高灵敏度漏电保护器。如果需要高一级的防止火灾保护,其动作电流应不小于 300mA,对于配电回路不大于 500mA。

电气线路和设备漏电电流值、分级安装漏电保护器动作特性的电流配合要求有如下三点。

（1）用于单台用电设备时，动作电流应不小于正常运行实测漏电电流的 4 倍；

（2）配电线路的漏电保护器动作电流应不小于正常运行实测漏电电流的 2.5 倍，同时还应满足不小于其中漏电电流最大一台用电设备正常运行漏电电流实测值的 4 倍；

（3）用于全配电网保护时，动作电流应不小于实测漏电电流的 2 倍。

【项目五】建筑供配电系统的管理与维护

【任务一】建筑供配电系统的管理

1. 配备专业的管理人员

接收经有关部门验收合格后的供配电设备后，应根据管理供配电设备的种类和数量分别配备专业技术人员进行管理。

2. 建立供配电设备档案

住宅区或高层楼宇以每栋楼为单位收集和整理有关技术资料，建立和健全供配电设备的档案。档案内容主要包括各类的图纸、数据、记录和报告等。

3. 明确供电系统的产权分界

供电系统产权分界的目的是分清供电系统维护的范围和事故的责任，根据"全国供用电规则"，维护管理与产权分界规定如下：

（1）低压供电，以供电接户线的最后（第一）支持物为分界点，支持物属供电局；

（2）10kV 及以下高压供电，以用户墙界外或配电室前的第一断路器或进线套管为分界点，第一断路器或进线套管的维护责任由双方协商确定；

（3）35kV 及以上高压供电，以用户墙或用户变电站外第一基电杆为分界点，第一基电杆属供电局；

（4）若采用电缆供电，本着便于维护管理的原则，由供电局与用户协商确定；

（5）产权属于用户的线路，以分支点或以供电局变电所外第一基电杆为分界点，第一基电杆维护管理责任由双方协商确定。

4. 供电系统的管理

为了使供电系统能安全、可靠地运行，在日常管理过程中应强制执行相关规定。

（1）负责供电运行和维修的人员必须持证上岗，并配备专业人员；

（2）建立严格的配送电运行制度和电气维修制度，加强日常维护检修；

(3) 建立 24 小时值班制度，做到发现故障，及时排除；

(4) 保证公共使用的照明灯、指示灯、显示灯和园艺灯的良好状态，电气线路符合设计、施工技术要求，线路负荷要满足业户需要，确保变配电设备安全运行；

(5) 停电、限电提前出安民公告，以免造成经济损失和意外事故；

(6) 对临时施工工程及住户装修要有用电管理措施；

(7) 对电表安装、抄表、用电计量及公共用电进行合理分配；

(8) 发生特殊情况，如火灾、地震和水灾时，要及时切断电源；

(9) 禁止乱、拉接供电线路，严禁超载用电，如果确实需要，必须取得主管人员的书面同意；

(10) 建立各类供电设备档案，如设备信息卡等。

5. 供电设备运行中的巡视管理

供电设备运行中的巡视管理是根据公司工程部制定的运行巡视管理规范，由值班人员定期对设备设施进行巡视、检查。

(1) 运行巡视制度主要考虑巡视的间隔次数并按规定填写《运行巡视记录表》。

(2) 运行巡视的内容包括变配电室巡视和线路巡视，在巡视过程中发现问题和故障应及时进行处理。

(3) 在巡视中发现问题时应考虑个人的能力，处理问题时应严格遵守物业管理公司制定的《供配电设备设施安全操作标准作业规程》和《供配电设备设施维护保养标准》的规定。

6. 发电机房管理

发电机房应根据相关的规程严格管理，柴油机组操作人员必须熟悉设备，严格按照规程操作。

7. 配电房管理

配电房是安装配电设备设施的建筑，如果设备出现事故，后果十分严重，因此配电房全部机电设备，由机电班负责管理和值班，停送电由值班电工操作，非值班电工禁止操作，无关人员禁止进入配电室，非管理处人员须办理书面许可才能进入。配电房的日常管理应严格执行相关规定。

8. 配电室交接班管理

配电室交接班管理要求包括以下几点。

(1) 接班人员应提前 10 分钟到达工作岗位，以便及时做好接班准备，了解设备运行情况，准确无误地做好接班手续。

(2) 接班人员生病、有酒意或精神不振者不得接班；值班人员缺勤时，应报告主管领导。

（3）交接班双方事先做好准备，必须按照下列内容进行交接。①运行记录、事故记录及设备记录、工作票、操作票、主管部门的通知及运行图纸等应正确齐全；②工具、设备用具、仪器、消防设备及钥匙等应齐全完整，室内外应清洁；③在交接班时发生事故或执行重大操作时，应由交班人员处理完毕后方可交接，接班人员要协助处理；④以上手续办好之后，双方应在记录本上签字；⑤双方签字之后，表示交接班手续已办妥，正式生效；未履行交接班手续的值班人员不可离开工作岗位。

【任务二】建筑供配电系统的维护

建筑供配电系统的维护是指为保证物业建筑供配电系统的正常运行而对供配电设备设施的维护和对供配电线路的维护。

1. 供配电设备设施的维护

供电设备设施的维护目的是消除事故隐患，防止供电设备设施出现较大故障；供电设备设施的维护由值班电工负责实施。按照《机电设备管理工作条例》中的规定，应定时对设备设施进行维护。

2. 供配电线路的维护

供配电线路的维护包括架空线路维护和电缆线路维护。架空线路应进行经常性的维护，其基本措施是巡视检查，发现问题及时处理；电缆线路维护一般要求维护人员首先应细致地了解电缆的走线方向、敷设方式以及电缆头的位置等基本情况。架空线路维护和电缆线路维护应根据相应的巡视项目进行。巡视检查中发现的问题也应进行记载并及时报告处理。

实 训 练 习

1. 实训目的：能够了解电力系统的组成、建筑低压配电系统的配电方式及低压配电线路；认识变配电室的位置、形式和布置；学会低压配电系统各种保护装置的作用及分类；能够认识建筑供配电系统的维护和管理。
2. 实训地点：住宅小区、办公楼、商业楼
3. 实训措施：参观各种建筑的低压配电系统、变配电室和低压配电系统的各种保护装置。
4. 实训内容

（1）学习电力系统的组成。

（2）学习低压配电系统的配电方式和配电线路。

（3）学习变配电室的位置、形式和布置。

（4）学习建筑内各种低压配电系统的保护装置。

（5）学习建筑供配电系统的维护管理。

复习思考题

1. 电路由哪几部分组成？
2. 电路有哪三种状态？
3. 什么是三相交流电？三相交流电是如何产生的？
4. 三相交流电源的星型连接是如何连接的，它的特点是什么？
5. 简述变压器的工作原理。
6. 电力系统由哪几部分构成？
7. 电力负荷是如何进行分级的？对于不同等级的电力负荷，应采取什么样的供电措施？
8. 常见的低压配电方式有哪四种？每一种配电方式各自有什么优缺点？
9. 变配电室对建筑有哪些要求？
10. 简述自动空气开关的分类及保护方式。
11. 简述如何对建筑供配电系统进行管理。

第十章

电　梯

【学习目标】

1. 了解电梯的种类和组成。
2. 认识电梯的工作原理。
3. 了解电梯的维护管理。

【能力目标】

◆ 项目一：电梯的种类和组成
　　1. 认识电梯的种类
　　2. 了解电梯的组成

◆ 项目二：电梯的工作原理
　　1. 了解电梯的工作原理
　　2. 了解电梯的控制功能

◆ 项目三：电梯的使用管理与维护
　　1. 了解电梯的使用管理
　　2. 认识电梯的检查维护

【项目一】电梯的种类和组成

在高层建筑中,垂直运输常常是必不可少的。办公楼、医院、旅馆、商场以及其他类型的建筑物必须装备足够的电梯和自动扶梯。而在高层饭店建筑中,电梯不仅仅是当做交通工具使用,还兼有观光的作用。因此,在电梯的家族中又出现了观光电梯。从某种意义上讲,没有电梯技术的发展,就没有高层建筑的出现。由此不难看出,电梯在高层建筑中的地位举足轻重。

【任务一】电梯的种类

电梯种类很多,分类方式不同,种类亦有所不同。

(一)按用途分类

1. 乘客电梯

为运送乘客而设计的电梯,具有完善和舒适的设施及安全可靠的防护装置。例如,关门保护、轿厢位置自动显示、自动平层、自动开关门、超速保护、超速报警及消防功能等。乘客电梯适用于宾馆、大厦、写字楼等高层建筑,是运送人员上下楼的主要交通工具。

2. 载货电梯

载货电梯主要是为运送货物而设计的电梯,通常有人伴随电梯,它的运行速度一般不高,结构牢固,载重量较大,具有必备的安全防护装置。载货电梯具有轿厢位置自动显示、超速保护、轿内应急照明、运行次数自动记录和轿厢警铃等功能。它主要用于工厂、商场、仓库等场所运送货物上下楼,使繁重的货物搬运变得轻松而快捷,并可搭载随行人员。

3. 客货电梯

客货电梯与乘客电梯的区别在于轿厢内部装饰结构和使用场所不同。这种电梯的轿厢较一般乘客电梯大,主要用于公共场所运送乘客,但也可以运送货物。

4. 住宅电梯

住宅电梯的控制系统和轿厢装饰均较简单,根据电梯载重量和轿厢空间选择运送人或物,具有客货电梯的特点,主要用于高层住宅。

5. 病床电梯

病床电梯的轿厢窄而长,运行速度较低,运行平稳,噪声低,平层精度高。主要用于医院运送病人及病床。

6. 杂物电梯

杂物电梯的轿厢内部尺寸较小,载重量轻,控制系统简单,速度较低,不允许载人。

主要供图书馆、办公楼运送图书、文件及饭店运送食品杂物等。

7. 汽车电梯

汽车电梯的轿厢大、承载重，常在立体式车场及车库等场所运送汽车。

8. 船舶电梯

专用于船舶上的电梯，能在船舶正常摇晃中使用。

9. 消防电梯

火警情况下能适应消防员专用的电梯，非火警情况下可作为一般乘客电梯或客货电梯使用。

10. 观光电梯

轿厢壁透明，供乘客游览观光建筑物外景的电梯，主要用于商场、饭店或旅游景点的高层建筑。

(二) 按电梯的额定速度分

(1) 低速电梯，速度小于 1m/s 的电梯。
(2) 快速电梯，速度小于 2m/s 的电梯。
(3) 高速电梯，速度大于 2m/s 的电梯。

(三) 按拖动方式分

(1) 直流电梯，指用直流电动机拖动的电梯。它包括直流发电机—电动机组拖动的电梯；直流可控硅励磁电梯以及整流器供电的电梯。此类电梯多为快速和高速电梯。

(2) 交流电梯，指用交流电动机拖动的电梯。它包括单速交流电力拖动、双速交流电力拖动、调速电力拖动以及调频、调压电力拖动的电梯。此类电梯多为低速和快速电梯。

(3) 液压电梯，指靠液压传动的电梯。包括柱式直顶式液压电梯和柱塞侧置式液压电梯。

(四) 按控制方式分

1. 手柄操纵电梯

由电梯司机操纵轿箱内的手柄开关，实现轿厢运行的电梯，多为货梯。手柄操纵电梯又可分为自动门电梯和手动门电梯。

2. 按钮控制电梯

操纵厅门外或轿厢内按钮，可使轿厢停靠层站的电梯。一般为货梯或服务电梯。也有自动门和手动门两类。

3. 信号控制电梯

厅门外上下招呼的信号，轿厢内的选层信号及其他信号，加以综合分析判断后，司机只需按下启动按钮，就会自行运行停靠的电梯。一般为客梯或客货两用梯。

4. 集选控制电梯

将各种信号加以综合分析，自动决定轿厢运行的无司机操纵的电梯。乘客进入电梯后，只需按下层楼按钮，电梯即会自动将其送到预达楼层。运行中，对符合运行方向的信号，能自动应答。集选控制的电梯，一般设有有/无司机操纵转换装置。当人流集中的高峰时间，为保证电梯的正常运行，常转为有司机操纵。这时，就转为信号控制。而在人流较少的时间，改为无司机控制，即为集选控制。

5. 向下集选控制电梯

只有轿厢向下运行时，才应答顺向停靠招呼的电梯；电梯上行时，不能载停。一般为住宅电梯。

6. 并联控制电梯

将两台或三台电梯集中排列，共用层门外召唤信号，按规定程序自动调度，确定其运行状态。采用此控制方式的电梯，在无召唤信号时，在主楼面有一台电梯处于关门备用状态，另外一台或两台电梯停在中间楼层随时应答厅外召唤信号，前者称为基梯，后者称为自由梯。当基梯运行时，自由梯可以自动运行至基站等待。如果厅外其他层站有召唤信号时，自由梯则前往应答与其运行方向相同的所有召唤信号。如果两台（或三台）电梯都在应答两个方向的召唤信号时，先完成应答任务的电梯返回主楼面备用。这种控制方式有利于提高电梯的运输效率，节省乘客的候梯时间。

7. 群控电梯

群控电梯是将多台电梯进行集中排列，并共用层门外按钮，按规定程序集中调度和控制的电梯。利用轿厢底下的负载自动计量装置及其相应的计算机管理系统，进行轿厢负载计算，并根据上下方向的停站数、厅外的召唤信号和轿厢所处的位置，选择最合适流量的输送方式，避免轿厢轻载启动运行、满载时中途召唤停靠和空载往返。这种控制方式有利于提高电梯的运输能力，提高效率，节省乘客的候梯时间，减少电力消耗，适用于配用电梯在三台以上的高层建筑中。

8. 智能控制电梯

一种先进的应用计算机技术对电梯进行控制的群控电梯。其最大的特点是：它能根据厅外召唤，给梯群中每部电梯做试探性分配，以心理性等候时间最短为原则，避免乘客长时间等候；同时可避免将厅门外召唤信号分配给满载性较大的电梯而使乘客候梯失望，从而提高了预告的准确性和运输效率，可以达到电梯的最佳服务效果。由于采用计算机控制，取代了大量的继电器，因此故障率大大降低，控制系统可靠性大大增强。

【任务二】电梯的组成

各类电梯的组成大同小异，其结构如图10-1所示。

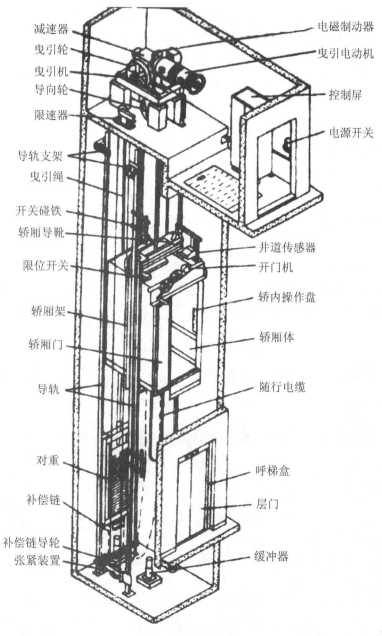

图 10-1　电梯的组成

（一）曳引系统

曳引系统指输出与传递动力，使曳引机的旋转运动转换为电梯的垂直运动的系统，主要由曳引机和曳引绳组成。

（1）曳引机由电动机、制动器和曳引轮等组成。电梯的驱动与停止主要靠曳引绳和曳引轮槽摩擦力。曳引机包括有齿轮曳引机和无齿轮曳引机两种类型。

（2）曳引绳是连接轿厢和对重的装置，是与曳引轮槽产生摩擦力驱动轿厢升降的专用钢丝绳。

（二）导向系统

导向系统的作用是保证轿厢与对重的相互位置，限制轿厢和对重的活动自由度，使轿厢和对重只能沿着导轨坐升降运动。导向系统主要由导轨、导轨支架、导靴、导向轮和反绳轮等部件组成。

（三）轿厢系统

轿厢系统是用于运送乘客或货物的系统，主要由轿厢架和轿厢体组成。

（1）轿厢架：支撑和固定轿厢的框架，包括上梁、立柱、底梁和拉杆等部件。

（2）轿厢体：轿厢体具有一定的空间，是运载乘客或货物的容体。它由轿厢底、轿厢壁、轿厢门和轿厢顶组成。

（四）门系统

门系统的作用是防止坠落和挤伤事故发生，主要由轿厢门、层门和开门机组成。

（五）门锁装置

装在层门内侧，门关闭后将门锁紧，同时接通控制电路，使轿厢运行。门不锁紧，电梯不能运行。

（六）重量平衡系统

重量平衡系统的作用是减轻曳引电动机工作负担，降低功率消耗，达到节能和提高效率的目的，它由下列装置构成。

（1）对重：由对重架和对重块组成，其重量与轿厢满载时的重量成一定比例，用来平衡轿厢自重和部分额定载重。

（2）重量补偿装置：在高层电梯中，用来补偿轿厢与对重侧曳引绳变化对电梯平衡影响的装置。

（七）电力拖动系统

电力拖动系统提供电梯运行动力，实现电梯速度控制，它由曳引电动机、供电装置、速度检测装置和电动机调速控制组成。

（八）电气控制系统

电气控制系统对电梯实行操作和控制，它由下列装置构成。
（1）操作装置：对电梯的运行进行操作的装置，包括轿厢内的按钮操作箱或手柄开关箱、层站召唤按钮箱、轿顶和机房中的检修或应急操作箱。
（2）位置显示装置：设置在轿厢内和层站的指示灯，以灯光数字显示电梯运行方向及轿厢所在层站的装置。
（3）控制屏（柜）：安装在机房中，对电梯实行电气控制的装置。
（4）平层装置：使轿厢达到平层准确度要求的装置，由磁感应器和遮磁板构成。
（5）选层控制器：由轿厢内开关控制器、按钮控制器、信号控制器、集选控制器、并列控制器和梯群控制器等类型。

（九）安全保护系统

安全保护系统的作用是保证电梯安全运行，防止一切危及人身安全的事故发生。
（1）安全钳装置：电梯速度达到限速器动作速度或在悬挂装置断裂的情况下，安全钳装置能夹紧导轨而使装有额定载重量的轿厢制停并保持静止状态。在安全钳装置工作时，装在它上面的电气安全装置能在安全钳动作前或同时，使曳引电动机停止转动，保证乘客、货物和设备的安全。
(2) 限速器：限速器是限制轿厢（或对重）运行速度的装置。当轿厢运行速度达到限定值时，限速器启动，使轿厢两边安全钳的锲块同步提起，夹住导轨。限速器通常安装在机房内或井道顶部。
(3) 缓冲器：缓冲器是电梯极限位置的安全装置，装在井道底部。当电梯轿厢或对重因种种原因而迅速下滑，直冲底部时，轿厢或对重撞击缓冲器，由缓冲器吸收和消耗电梯能量，这样可以尽量减轻对轿厢的冲击，使轿厢或对重安全减速直到停止。如果缓冲器随轿厢或对重运行，则在行程末端应设置与其相撞的支座，支座高度不小于0.5m。
(4) 超速保护开关：当电梯运行速度超过额定速度10%时，超速保护开关运行，切断控制电路，使电梯停止运行。
(5) 上、下端站超越保护：在井道顶端、底端设置强迫减速开关、端站限位开关和终端极限开关。在轿厢或对重碰到缓冲器之前切断控制电路，使电梯停运。
(6) 电气安全装置：主要由供电系统缺相保护装置、层门与轿门电气连锁装置和紧急操作装置等组成。

【项目二】电梯的工作原理

【任务一】电梯的工作原理

电梯的工作原理：曳引式电梯靠曳引力实现相对运动。

安装在机房的电动机通过减速箱、制动器组成的曳引机，使曳引钢丝绳通过曳引轮将一端连接轿厢，另一端连接对重装置。轿厢与对重装置的重力使曳引钢丝绳压紧轮绳槽产生摩擦力，这样电动机一转动就会带动曳引轮转动，驱动钢丝绳，拖动轿厢和比重作相对运动，即轿厢上升，对重下降；轿厢下降，对重上升。于是，轿厢就在井道中沿导轨上下往复运行，电梯就能执行它竖直升降的任务。

【任务二】电梯的控制功能

（一）电梯的控制方式

1. 简易自动式

简易自动式是自动控制方式中最简单的一种方式，一般用于客梯、货梯和病房梯。这种电梯的厅站外呼按钮只有一个，而且上行和下行都用一个按钮。轿厢由轿内选按钮或厅站外呼按钮来启动运行，最后停靠在内选或外呼的那一层。轿厢在执行某个呼梯指令运行中，不应答其他的呼梯。

2. 集选控制方式

集选控制方式比简易自动式的自动化程度要高，其特点是：
（1）厅站门旁有表示上下两个方向的呼梯按钮；
（2）它能记忆轿厢内和厅外选层和呼梯的信号；
（3）在顺向运行的电梯厅外呼叫时可按顺序停靠，如果运行前一次呼叫信号，轿厢自动反向运行；
（4）它可以编组，当有数个呼叫信号时，它可以统一指挥三台以下的轿厢运动，避免空载，使运输能力提高；
（5）乘客少时可以自选控制，人流多时也可以由司机控制，比较方便。

3. 群控方式

群控方式是在计算机技术高度发展的基础上产生的，特别适用于上下班时乘客多、运输量急增的情况（大型办公楼）。群控方式的特点是：这种控制方式无须司机操作。在机房或轿厢下，设有负荷自动计量装置，由与其相连的继电器和计算机不停地计算着轿厢内的乘客数量、上下方向的停站数、厅站的呼梯及轿厢的所在位置等，以此来选择最适宜的客流情况的输送方式。也就是说，它可以像熟练的司机那样自动选择最理想的输送方式。

其输送方式大致分为四种：

（1）上行客流顶峰状态（早晨上班上行乘客非常多）；

（2）平常时间状态（午餐时上行、下行交错往返，中等程度的客流量）；

（3）下行客流顶峰状态（下班时下行乘客非常多）；

（4）客闲时间状态（清晨或夜间时乘客很少）。

例如，在清晨有乘客来时，乘客一按呼梯按钮，这时并联电梯中的一台首先发车，其他轿厢不动。当客流量增大时，第二台又开始启动。当某一轿厢达到了额定数的40%左右时，并联的梯组就全部启动。当满足运行两次后，在60秒内自动变为"上行客流顶峰状态"运输方式。等到乘客逐渐减少，就转入"平常运输状态"。以后再转入"下行客流顶峰状态"、"正常运输状态"和"客闲时间状态"等。

如果一部电梯出了故障，此电梯就立即发出信号，通过指示屏，可以使这部电梯自动的脱离运行系统。故障排除后，它又可以自动返回参加并联机组工作。这种群控方式的运输能力要比由司机操作（轿内扳手开关的轿厢）高得多。在上行客流顶峰时大约可提高20%左右，在下行客流顶峰状态时大约可提高30%左右。

（二）电梯门的控制

电梯门的控制方式大体上有三种形式：手动控制（这是最早的控制方式，极少使用，从略），光电控制，接触装置控制。

1. 光电控制

光电控制装置的特点是轿厢的门受光电装置控制。光电控制是由一个光源和一个安装在门缝里的光电元件组成。一般情况下轿厢的门的开启时间是有一定限制的（一般情况下小于10秒），当超过关门的时间还有乘客出入轿门时，由于乘客切割了光线，光电装置就把信号送到控制系统中去，从而延缓关门时间。一旦无乘客出入，门就迅速关闭，轿厢开始启动。假如出现了异常情况，例如，轿厢已经满载，还有乘客强行乘梯，或者有什么障碍物阻碍电梯轿厢关门，这时为了提高运输能力，电梯轿厢设有强行关门装置，实行强行关门。如果乘客有意阻止关门，蜂鸣器自动鸣响，门停留在原来的位置。由于门关不上电梯不能启动，轿厢内的乘客会对强行乘梯者有意见。一旦强行乘梯者离开（或排除障碍物）门会很快关闭，电梯随即启动运行。

2. 接触装置控制

接触装置控制的轿厢是在门的边上设一个接触灵敏的装置，只要这种装置一碰到乘客就立即停止关门，并同时向反向移动，一旦乘客进入轿厢（或走出轿厢后）又立即关上。

用这种方法可以保证乘客的安全。

【项目三】电梯的使用管理与维护

电梯是集机械、电气设备于一体,结构复杂的垂直运输设备,涉及机械工程、电子技术、电力电子技术、电机与拖动技术、自动控制技术及计算机技术等多门学科。因此,对电梯的日常维护与保养、科学完善可行的管理措施、发生故障后的及时维修对延长电梯的使用寿命、提高运行效率至关重要。

【任务一】电梯的使用管理

电梯在完成安装、调试,并经政府主管部门验收合格交付使用后,便进入了运行管理阶段。为了使电梯能够安全可靠地运行,充分发挥其应有效益,延长日常使用寿命,必须在管理好、使用好、维修好上面下功夫。这就需要建立相应的管理制度,使电梯的日常使用和维修保养规范化、制度化。加强电梯的使用管理,需要明确管理职责,建立管理制度,重视电梯安全使用的控制。

(一)明确电梯的使用管理职责

明确电梯的使用管理职责是电梯投入使用后首先要落实的一项管理措施。电梯使用单位应根据本单位电梯配置的数量,设置专职司机和专职或兼职维修人员,负责电梯的驾驶和维护保养工作。电梯的管理人员可以由电梯专职维修人员兼任,但必须明确其管理职责。电梯数量多且使用频繁的单位,其维修人员必须是专职的,对于司机和专(兼)职维修人员须经政府主管部门进行电梯业务技术培训,考试合格取得岗位证书后,才能上岗操作。

(二)建立电梯使用管理制度

电梯的使用管理包括岗位职责、机房管理、安全操作管理及技术资料档案管理等。为了使这些管理工作有章可循,需要建立以下管理制度。

1. 岗位责任制

岗位责任制是一项明确电梯司机和维修人员工作范围、承担的责任及完成岗位工作的质和量的管理制度,也是管理好电梯的基本制度。岗位职责定的越明确、具体,就越有利于在工作中执行。因此,在制定此项制度时,要以电梯的安全运行管理为宗旨,将岗位人员在驾驶和维修保养电梯时应该做什么工作以及达到的要求进行具体化、条理化、程序化。

2. 交接班制度

对于多班运行的电梯岗位,应建立交接班制度,以明确交接双方的责任,交接的内容、方法和应履行的手续。否则，一旦遇到问题，就出现推诿现象，影响工作。在制定此项制度时，应明确以下内容。

（1）交接班时，双方应在现场共同查看电梯的运行状态，清点工具、备件和机房内配置的消防器材，当面交接清楚。

（2）明确交接前后的责任。通常，在双方履行交接签字手续后再出现的问题，由接班人员负责处理。若正在交接时电梯出现故障，应由交班人员负责处理，但接班人员应积极配合。若接班人员未能按时接班，在未征得领导同意前，交班人员不得擅自离开岗位。

（3）电梯岗位一般配置人员较少，如果遇到较大运行故障，当班人力不足时，已下班人员应在接到通知后尽快赶到现场共同处理。

3. 机房管理制度

机房的管理以满足电梯的工作条件和安全为原则，主要内容包括以下几方面。

（1）非岗位人员未经管理者同意不得进入机房；

（2）机房内配置的消防灭火器材要定期检查，放在明显易取部位（一般放在机房入口处），并经常保持完好状态；

（3）保证机房照明、通信电话的完好、畅通；

（4）经常保持机房地面、墙面和顶部的清洁及门窗的完好，门锁钥匙不允许转借他人，机房内不准存放与电梯无关的物品，更不允许堆放易燃易爆危险品和腐蚀挥发性物品；

（5）保持室内温度在 5℃～40℃范围内，有条件时，可适当安装空调设备，但通风设备必须满足机房通风要求；

（6）注意防水、防鼠的检查，严防机房顶、墙体渗水、漏水和鼠害；

（7）注意电梯电源配电盘的日常检查，保证其完好、可靠；

（8）保持通往机房的通道、楼梯间的畅通。

4. 安全使用管理制度

安全使用管理制度的核心是通过制度的建立，使电梯得以安全合理地使用，避免人为损坏发生事故。对于主要为乘客服务的电梯，还应制定单位职工使用电梯的规定，以免影响对乘客的服务质量。

5. 维修保养制度

为了加强电梯日常运行检查和预防性检修，防止突发事故，使电梯能够安全、可靠、舒适、高效率的提供服务，应制定详细的操作性强的维修保养制度。在制定时，应参考电梯厂家提供的使用维修保养说明书及国家有关标准和规定，结合单位电梯使用的具体情况，将日常检查、周期性保养和定期检修的具体内容、时间和要求，做出计划性安排，避开电梯使用的高峰期。维修备件、工具的申报、采购、保管和领用办法及程序，也应列于此项管理制度中。

6. 技术档案管理制度

电梯是建筑物中的大型重要设备之一,应对其技术资料建立专门的技术档案。该档案包括新梯的移交资料、设备档案卡和电梯运行阶段的各种记录等。

(三) 加强电梯安全使用的有效控制

电梯安全使用的有效控制包括电梯行驶前的安全检查、行驶中的安全操作和紧急情况下的安全措施三个环节。

1. 电梯行驶前的安全检查

电梯能否安全合理的使用,与电梯司机和维修人员的安全意识、工作责任心、掌握电梯的知识和驾驶、维修电梯的技能及处理紧急情况的经验和能力有关。电梯司机除了做好轿厢内部和层站部位的清洁卫生外,还应认真对电梯进行行驶前的安全检查。检查的主要内容包括以下几方面。

(1) 对多班运行的岗位,接班人员要详细了解上一班电梯的运行状况,做到心中有数。

(2) 在开启厅门进入轿厢前,必须确认轿厢实际停层位置,不能盲目直入。

(3) 对电梯做上下试运行,观察电梯从选层启动到平层销号及开关门是否正常,有无异常响声和晃动,各信号指示是否完好正确,急停按钮是否可靠。

(4) 检查确认门联锁的可靠性。厅、轿门未完全关闭时,电梯应不能启动;厅门关闭后,应不能从外面将门随意扒开。对有安全触板的电梯,应检查其动作是否正常。

(5) 检查确认轿厢内电话是否畅通,警铃是否好用。

(6) 检查门地坎滑槽内有无垃圾,轿厢和门是否清洁。

(7) 检查轿厢内照明和电风扇是否完好,开关是否好用。

(8) 在试运行中注意轿厢运行时有无碰擦声和异常响声。

对检查中发现的问题,应通知维修人员尽快处理,正常后方可投入运行。

对无司机电梯,每班应由电梯维修人员跟梯检查1~2次,及时处理异常现象,防止电梯带故障运行。连续停用7天以上的电梯,启用前应认真检查,无问题后方可使用。

2. 行驶中的安全操作

(1) 电梯司机在值班期间,应坚守岗位。确需离开轿厢时,应将轿厢回至基站,断开轿厢内电源开关,关闭厅门。单班制运行的岗位,每次下班时,也应按此要求进行停梯。

(2) 控制电梯不能超载行驶。载货电梯的轿厢内负载应分布均匀,防止轿厢倾斜行驶。

(3) 引导乘客正确乘梯。不准在轿厢内吸烟、打闹或高声喧哗,不准紧靠轿门或以身体、行李挡住轿门、厅门。

(4) 乘客电梯不允许装运易燃易爆危险品或腐蚀、挥发性物品。载货电梯运输此类物品时,应事先采取相应的安全防患措施。

(5) 不准打开轿厢顶部安全窗或轿厢安全门运送超长杆件。轿顶上面严禁堆放除电梯固定装置外的任何物品。

(6) 禁止在厅、轿门开启情况下,用检修速度做正常行驶,也不允许以检修开关、急停按钮做正常运行中的信号。

(7) 电梯行驶时不得突然换向。必要时应先将轿厢停止,再换向启动运行。

(8) 手动门电梯严禁用轿门、厅门作为开停电梯的开关。若运行中因故停电,以手柄开关控制的电梯,应将手柄回至零位。

(9) 住宅有/无司机控制的电梯应有司机操纵,不允许置于无司机控制方式由乘梯者自行操作。

(10) 不允许轿厢在无照明情况下行驶。

(11) 当轿厢异常停止时,司机应劝阻乘客扒门而出,应由维修人员来解救。

(12) 电梯行驶中严禁对电梯进行清洁、检修。在清洗轿厢顶部照明隔光板时,禁止将其放在厅门、轿门之间的通道地面。在未断电情况下,禁止在轿厢内作任何维护保养工作。

3. 紧急情况下的安全措施

(1) 电梯在运行时出现失控、超速和异常响声或冲击等,应立即按急停按钮和警铃按钮。司机应保持镇静,维持轿厢内乘客秩序,劝阻乘客乱扒轿门,等待维修人员前来解救疏散。

(2) 电梯在运行中突然停止,应先切断轿厢内控制电源,并通知维修人员用盘车的办法将轿厢就近停止,打开轿门、厅门,安全疏散乘客。在进行人力盘车前,一定要先切断电动机的电源开关。然后由一人用松闸扳手松开抱闸,另一人用盘车手轮慢慢盘车,二人应密切配合,防止溜车。尤其在轿厢轻载需往上盘车或对高速梯进行盘车时,要缓步松开抱闸,防止电梯失控。

(3) 当轿厢因安全钳运行而被夹持在导轨上无法用盘车的方式移动时,应由维修人员先找出原因,排除故障后再启动运行,将乘客从就近层站救出,尽量不通过安全窗疏散。如果故障不能尽快排除,在利用安全窗疏散时,应先切断轿内控制电源,并注意救助过程中的安全。完成救助工作后,维修人员应对导轨的夹持面进行检查、修复。

(4) 当发生火灾时,应立即停止电梯的运行。司机或乘客应保持镇静,并尽快疏导乘客从安全楼梯撤离。除具有消防功能的电梯进入消防运行状态外,其余电梯应立即返至首层或停在远离火灾的楼层,并切除电源,关闭厅门、轿门,停止使用。若轿厢内电气设备出现火情,应立即切断轿内电源,用二氧化碳、干粉或1211灭火器进行灭火。

(5) 当电梯在运行中发生地震时,应立即就近停梯,疏导轿厢内乘客迅速撤离,关闭厅、轿门,停止使用。地震过后应对电梯进行全面细致的检查,造成的损坏进行修复后,还要反复做试运行检查,必要时还应由政府主管部门进行安全技术检验,确认一切正常后,方可投入使用。

(6)当电梯某一部位进水后,应立即停梯,切断总电源开关,防止短路、触电事故的发生,然后采取相应的除湿烘干措施,在确认一切正常后,再投入运行。

【任务二】电梯的检查维护

电梯的日常检查应由使用单位的电梯管理部门组织人力进行。定期的安全检查应由当地负责电梯注册登记的部门委派电梯注册或认证工程师按照国家标准规定的项目进行。

(一)电梯的日常检查

1. 锁闭装置

每周应对每层层门锁紧和关闭进行检查。当电梯在正常操纵下,如果有任何一扇层门被开启,则电梯应不能启动或继续运行。在厅外应不能把厅门扒开。

2. 轿门

每周应检查轿门的防护装置能否自动使门重新开启。自动门在关闭的过程中,触及安全触板,轿门应能自动打开。安全触板及其控制的微动开关应灵活可靠,其碰撞力应不大于 4.9N。

3. 消防功能

对有消防专用功能的电梯,每周应对其功能进行检查。

4. 报警和应急功能

每周检查轿内警铃、对讲系统、电话等紧急报警装置,建筑物内的管理部门应能及时应答紧急呼救。

5. 备用电源

每周应检查备用电源的工作情况。正在运行中的电梯,如果正常供电突然中断,备用电源应能使轿厢停靠在最近的楼层。

6. 其他功能

对轿内的应急照明,每周应检查是否有效。在日常检查中,若发现有不正常现象发生,能修理的,应及时进行修理、调整或更换。若一时不能处理,而又允许稍缓的,应密切注意其发展状况,严防事态恶化。一旦情况严重,要立即报告主管人员,设法处理。

(二)电梯的季度检查

季度检查由使用单位按电梯日常检查办法进行。它主要是针对机房的主要设备,例如,检查曳引机运行时有无异常噪声;减速机是否漏油,减速机与曳引机的温升情况;曳引机制动器的可靠制动情况;速度反馈装置的反馈信号有无变化;限速器运转是否灵活可靠,控制柜内电器元件运行是否可靠；极限开关运行是否可靠。

（三）使用单位的年度检查

每年一度的检查是针对电梯在运行过程中的整机性能和安全设施进行检查。整机性能应包括乘坐的舒适感，运行的振动、噪声、运行速度和平层准确度五个方面。安全设施应包括超速保护、断相保护、超越上和下位置保护等。同时每年检查一次电气设备的金属外壳接地和接零装置、设备的耐压绝缘等。根据年度检查情况来确定是否需要进行处理，有维修能力且有具备电梯专业知识的技术人员的使用单位，可以自行建立维修组织，但也可委托获得政府管理部门颁发的电梯维修许可证的单位进行维修。

（四）定期的安全检查

定期的安全检查根据当地政府管理部门规定，应由各地负责电梯注册登记的部门或管理部门委派电梯注册或认证工程师执行。定期的安全检查应包括检验和试验的内容，其周期应由各地主管该项工作的部门决定。检验合格的电梯，发给使用证书，证书注明安全有效期并应悬挂在轿厢内。超过期限的电梯应禁止使用。

定期检验和试验与形式试验及安装竣工后交付使用前的检验和试验有很大区别，它的要求与方法远不及形式试验严格，因为这些需要试验和检验的部件在生产厂的形式试验中，对其技术性能与能力已经进行检验。在交付使用前的检验和试验中，对电梯的装配和运行正确性以及特有的功能已经检验。定期检验和试验的目的是要确认这些安全部件在电梯正常运行时它们不运行，而总是处于可运行状态即可。因此，在进行定期试验时，如需要进行重复试验，应注意不应造成过度的试验件的磨损或降低电梯的安全性能。尤其是对安全钳和缓冲器应在轿厢空载和已减速的情况下进行，主要是试验其运行灵敏可靠。定期检验和试验应针对下述装置进行。

1. 门电连锁开关

门电连锁开关的运行应灵活可靠，自动门锁的锁勾碰压开关的压力和碰压点应合适。电连锁开关采用导电片和簧片时，应经常检查导电片与触头之间有无虚接现象。

当电梯在正常运行时，在各层层门外面如果不借助锁闭装置的紧急开锁钥匙，门锁始终是保持锁闭状态，即层门或多扇层门中的任何一扇应是不可能开启的。如果在正常操作下，有一扇层门或多扇层门中的任何一扇被开启，锁闭装置必须保证电梯不能启动或继续运行的安全保护功能。为此，锁闭装置的切断电路的接点件与机械锁闭装置之间的连接必须是直接的，不允许借助另外的开关接点来完成切断电路；同时应该保证在锁紧件处啮合至少为 7mm 时，轿厢才能启动的要求。

2. 钢丝绳

每周首先应检查曳引绳，因为曳引绳除了悬挂轿厢、对重、载荷、补偿装置以及随动电缆的全部重量外,同时还必须要承受与曳引轮绳槽之间产生的摩擦与损坏。其次是检查限速器保险绳,它是当轿厢超速运行时,牵动轿厢或对重安全钳运行的必不可少的安全保护装置。补偿绳和限速器保险绳的悬挂载荷不大,因此损坏的机会是很少的。对曳引绳应检查其磨损后是否有断丝、断股现象。每根曳引绳受力应相近,其偏差应不大于5%。对曳引绳的绳长,应根据碰击缓冲器的越程情况来决定是否需要截短曳引绳及其他钢丝绳。

若钢丝绳表面有严重锈蚀、发黑、斑点、麻坑以及外层钢丝松动,或钢丝绳表面磨损或腐蚀占直径的30%时,必须立即予以更换。

3. 制动器

每周应至少检查一次抱闸间隙,要求两侧闸瓦同时松开,间隙小于0.7mm。间隙过大,应予调整,并紧固连接螺栓。

在轿厢载以额定载荷,以额定运行速度上行和下行时,断开制动器的释放电路后,电梯应无附加延迟的为有效制动。如果制动器不能有效地使轿厢减速制动,则应仔细检查其轮壳、主轴及各联动装置的磨损情况,是否有腐蚀和污垢堆积,影响其正常的制动功能。

4. 限速器

首先应检查其调节速度部位的铅封是否有移动,然后检查其绳轮、轴、联动装置、夹绳装置等有无磨损、腐蚀和污垢堆积而影响其随时处于可运行状态。检查其电气安全装置,当限速器运行时,应没有异常噪声,转动部位应保持良好的润滑状态,油杯内应装满钙基润滑脂。

5. 安全钳

每周对安全钳的检查应在轿厢空载的情况下,以平层速度或已减速时下行,通过人为动作方式使限速器启动来操纵安全钳运行,致使轿厢停于导轨上。

6. 缓冲器

缓冲器的检查应在轿厢空载的情况下,以平层速度或已减速的情况下,接触缓冲器并使其全部压实,检查其有无任何永久性变形或损坏。对于耗能型缓冲器,应检查其液位是否正确,并须持续5分钟压实时间;然后,使轿厢或对重离开缓冲器时计时,至缓冲器恢复正常伸长位置时,其复位时间不应大于120秒。同时检查正常伸长位置所用的电气安全装置是否有效,此时安全电路应被接通。

7. 报警装置

应检查轿厢内紧急照明电源,在正常电源中断或发生故障时,应能由备用供电电源供电。警铃、对讲系统、外部电话,在正常电源被中断或发生故障情况下,应仍能有效地与建筑物的管理部门及时应答紧急呼救。

将上述试验及检验报告交给电梯注册或认证工程师确认并签署意见，由各地负责电梯注册登记的部门存档并予以发证。

实 训 练 习

1. 实训目的：通过对建筑物电梯运行情况的参观，掌握电梯的构造、组成，学习电梯的工作原理和控制方式，并且掌握电梯的日常维护和管理。
2. 实训地点：住宅小区、办公楼、商业楼
3. 实训措施：参观建筑物内电梯的运行。
4. 实训内容
（1）参观电梯的运行。
（2）学习电梯的构造和组成。
（3）学习电梯的工作原理和控制方式。
（4）学习电梯的日常维护和管理。
（5）学习常见电梯故障排除方法。

复习思考题

1. 按照用途，电梯可以分为哪几种？
2. 按照控制方式，电梯可以分为哪几种？
3. 电梯主要是由哪几部分组成的？
4. 简述电梯的工作原理。
5. 电梯的控制方式主要有哪几种？简述每一种控制方式是如何控制的。
6. 简述电梯在运行过程中突然停止，应采取的安全措施。
7. 简述电梯的日常维护包括哪几部分？

第十一章 电气照明

【学习目标】
1. 在物业设备实施管理岗位中,对电气照明故障进行分析并排除。
2. 熟悉电气照明设备管理的内容和要求。

【能力目标】

◆ **项目一:照明的基本知识**
　1. 认识照明的分类
　2. 认识照明的质量

◆ **项目二:常用电光源、灯具及其选用**
　1. 认识常用电光源
　2. 了解电光源的选用
　3. 认识灯罩
　4. 认识灯具

◆ **项目三:照明供电系统**
　1. 认识照明供电系统的组成
　2. 了解布置照明供电线路
　3. 了解敷设室内照明线路

◆ **项目四:电气照明的常见故障与维护**
　1. 掌握短路故障的分析与排除
　2. 掌握断路故障的分析与排除
　3. 掌握漏电故障的分析与排除

【项目一】照明的基本知识

【任务一】照明的分类

1. 按照明范围大小分类

（1）一般照明：整个场所或某个特定区域照度基本均匀的照明。对于工作位置密度很大而对光照方向无特殊要求，或受条件限制不适宜装设局部照明装置的场所，可以只采用一般照明。例如，办公室、体育馆和教室等。

（2）局部照明：只局限于工作部位的特殊需要而设置的固定或移动的照明。这些部位对高照度和照射方向有一定要求。

（3）混合照明：一般照明与局部照明共同组成的照明。对于照度要求较高，工作位置密度不大，或对照射方向有特殊要求的场所，宜采用混合照明。例如，金属机械加工机床、精密电子电工器件加工安装工作桌和办公室的办公桌等。

2. 按照明功能分类

（1）正常照明：在正常情况下使用的室内外照明称为正常照明。它一般可以单独使用，也可与应急照明同时使用，但控制线路必须分开。

（2）应急照明：在正常照明因故障熄灭后，供事故情况下继续工作或安全疏散通行的照明。

（3）值班照明：在非工作时间内供值班人员使用的照明。在非三班制生产的重要车间和仓库、商场等场所，通常设置值班照明。

（4）警卫照明：用于警卫地区周围的照明。警卫照明应尽量与区域照明合用。

（5）障碍照明：装设在建筑物或构筑物上作为障碍标志用的照明。为了保证夜航的安全，在飞机场周围较高的建筑物上，在船舶航行的航道两侧的建筑物上，应按民航和交通部门的有关规定装设障碍照明。障碍灯应为红色，有条件的宜采用闪光照明，并且接入应急电源回路。

（6）彩灯和装饰照明：为美化市容夜景以及节日装饰和室内装饰而设计的照明叫彩灯和装饰照明。

【任务二】照明的质量

照明设计应根据具体场所的要求，正确选择光源和照明器；确定合理的照明方式和布置方案；在节约能源和资金的条件下，创造一个满意的视觉条件，从而获得一个良好的、舒适愉快的工作、学习和生活环境。良好的照明质量，不仅要有足够的照度，而且对照明的均匀度、亮度分布、眩光的限制、显色性、照度的稳定性，频闪效应的消除均有一定要求。

照明质量是衡量照明设计优劣的主要指标,在进行照明设计时,应考虑照明的均匀度、舒适的亮度比、良好的显色性能、较小的眩光、消除频闪效应以及相宜的色温。

【项目二】常用电光源、灯具及其选用

【任务一】常用的电光源

电气照明的重要组成部分是电光源,目前用于照明的电光源,按发光原理可分为两大类。一类是热辐射光源,另一类是气体放电光源。

热辐射光源是利用导体通过电加热时辐射发光的原理制成的,如白炽灯、卤钨灯等。气体放电光源则是利用气体放电(电流通过气体的过程称气体放电)时发光的原理制成的,例如,荧光灯、高压汞灯、高压钠灯及管形氙气灯等。上述光源分类中的高压或低压是按灯管内放电时气体的气压高低来分的。常见电光源的名称、特点及适用场所如表11-1所示。

表11-1 常见电光源及其特点、适用场所

名 称	特点、适用场所
白炽灯	特点:显色性好、开灯即亮、可连续调光、结构简单、价格低廉,但寿命短、光效低。适用于居室、客厅、大堂、客房、商店、餐厅、走道、会议室及庭院等
卤钨灯	具有普通照明白炽灯的全部特点,光效和寿命比普通照明白炽灯提高一倍以上,且体积小。适用于会议室、展览展示厅、客厅、商业照明、影视舞台、仪器仪表、汽车、飞机及其他特殊照明
荧光灯	俗称日光灯。特点:光效高、寿命长、光色好。适用于办公室、学校、医院、商店及住宅等
节能灯	特点:光效高、节能
高压汞灯	特点:寿命长、成本相对较低。适用于道路照明、室内外工业照明及商业照明
高压钠灯	特点:寿命长、光效高、透雾性强。适用于道路照明、泛光照明、广场照明及工业照明等
金卤灯	特点:寿命长、光效高、显色性好。适用于工业照明、城市亮化工程照明、商业照明、体育场馆照明及道路照明等
管型氙灯	特点:功率大、光效高、开灯即亮。适用于广场、机场及海港照明等

【任务二】电光源的选用

各种电光源的发光效率有较大差别,气体放电光源要比热辐射电光源的发光效率高得多。选用时应根据照明的要求、使用场所的环境条件和光源的特点合理选用。一般情况下,

可逐步用气体放电光源替代热辐射电光源，并尽可能选用光效高的气体放电光源。

【任务三】灯罩

灯罩是光源的附件，主要作用是重新分配光源发出的光通量、限制光源的眩光作用、减少和防止光源的污染、保护光源免遭机械破坏、安装和固定光源以及与光源配合会起到一定的装饰作用。为改善配光需加罩，为减弱眩光需增大保护角等。

【任务四】灯具

灯具的主要功能是合理分配光源辐射的光通量，满足环境和作业的配光要求，并且不产生眩光和严重的光幕反射。选择灯具时，除考虑环境光分布和限制眩目的要求外，还应考虑灯具的效率，选择高光效灯具。

1. 灯具的分类

在实际的照明过程中，裸光源是不合理的，甚至是不允许的，因为裸光源会产生刺眼的眩光，而且会因为许多光源不能照到需要的工作面上而白白浪费，进而致使光照效率低。因此调整光源的投射方向，有效地节约电能就必须采用合适的灯具。

（1）按光线在空间的分布情况分为：直射型灯具、半直射型灯具、漫射型灯具、半间接型照明灯具和间接型灯具。

（2）按照灯具在建筑物上的安装方式分为：吸顶式、嵌入顶棚式、悬挂式、墙壁式和可移动式。

（3）为了适应某些特殊环境的需要，还有一些特殊的照明器，主要有以下几种：防潮型、防爆安全型、隔爆型以及防腐蚀型。

2. 灯具的选用

选择灯具要从实际出发，既要适用，又要经济，在可能的条件下注意美观。选择灯具一般可以从以下几个方面来考虑：①配光选择；②经济效益；③周围的环境条件（如有爆炸危险的场所）。一般生活用房和公共建筑多采用半直射型或漫射型灯具；生产厂房多采用直射型灯具；室外需采用防雨式灯具。

3. 灯具的布置

应满足的要求是：①规定的照度；②工作面上照度均匀；③光线的射向适当，无眩光、无阴影；④灯泡安装容量减至最少；⑤维护方便；⑥布置整齐美观并与建筑空间相协调。

【项目三】照明供电系统

【任务一】照明供电系统的组成

照明供电系统是由室外架空线路供电给照明灯具和其他用电器具使用的供电线路的总称,一般由进户线、配电箱、电源的支线和干线组成,如图11-1所示。

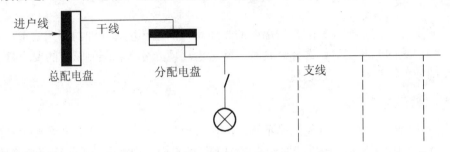

图 11-1　照明配电线路简例

【任务二】布置照明供电线路

建筑物的电气照明供电一般应采用380V/220V的三相四线制线路供电,额定电压偏移量允许在±5%范围内。这样供电方式对三相动力负载可以使用380V的线电压,对照明负载可以使用220V的相电压。

1. 进户线

进户点的位置应根据供电电源的位置、建筑物大小和用电设备的布置情况综合考虑后确定。建筑物的长度在60m以内者,采用一处进线,超过60m的可根据需要采用两处进线。进户线距室内地平面不得低于3.5m,对于多层建筑物,一般可以由二层进户。

2. 配电箱

配电箱是接受和分配电能的装置。配电箱装设有开关、熔断器及电度表等电气设备。三相电源的零线不经过开关,直接接在零线极上,各单相电路所需零线都可以从零线接线板上引出。照明配电箱一般安装在距离地面1.5m处。

3. 干线

从总配电箱到各分配电箱的线路称为干线。干线布置方式主要有以下几种,如图11-2所示。

(1)放射式,适用于一个电源对小区域建筑群的供电。

（2）树干式，适用于狭长区域的建筑群的供电。

（3）混合式，适用于大中型建筑群或上述两种建筑群的综合供电。

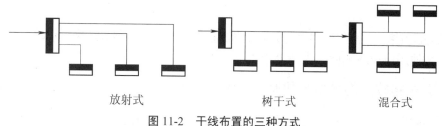

图 11-2　干线布置的三种方式

4. 支线

从分配电箱引出的线路称为支线。单相支线电流一般不宜超过 15A，灯和插座数量不宜超过 20 个，最多不应超过 25 个。

【任务三】敷设室内照明线路

室内照明线路的敷设方式通常分为明线敷设与暗线敷设两种。

1. 明线敷设

明线敷设就是把导线沿建筑物的墙面或顶棚表面、桁架、屋柱等外表面敷设，导线裸露在外。明线敷设方式有瓷夹板敷设、瓷柱敷设、槽板敷设、铝皮卡钉敷设及穿管明敷设等。明线敷设的优点是工程造价低，施工简便，维修容易；缺点是由于导线裸露在外，容易受到有害气体的腐蚀，受到机械损伤而发生事故，同时也不够美观。

2. 暗线敷设

暗线敷设就是将管子预先埋入墙内、楼板内或顶棚内，然后再将导线穿入管中。使用的线管有金属钢管、硬塑料管等。暗敷的优点是不影响建筑物的美观，防潮，可以防止导线受到有害气体的腐蚀和意外的机械损伤。缺点是安装费用较高，要耗费大量管材。由于导线穿入管内，而管子又是埋在墙内，在使用过程中检修比较困难，所以在安装过程中要求比较严格。

暗线敷设时应注意以下几点。

（1）钢管弯曲半径不得小于该管径的六倍，钢管弯曲角度不得小于 90°。

（2）管内所穿导线的总面积不得超过管内截面的 40%，为了防止管内过热，在同一根管内，导线数目不应超过八根。

（3）管内导线不允许有接头和扭拧现象，所有导线的接头和分支都应在接线盒内进行。

（4）考虑到安全的因素，全部钢管应有可靠的接地，因此安装完毕后，必须用兆欧表检查绝缘电阻是否合格，方可接通电源。

【项目四】电气照明的常见故障与维护

从电源配电箱,经过熔断器、开关线路,直到每个灯都需要进行检查维修。照明装置故障,与其他用电设备相同,大体分为以下三种。

【任务一】短路故障的分析与排除

短路是回路电流趋于最大的现象。短路发生时电源外电路无负载,阻抗极小,此时电流不通过用电器,而是直接流经电源外电路导线,与电源内电路形成闭合回路。由于电流的热效应,短路发生时,短路电流会迅速产生热能,以致烧坏载流导线和电源等,严重的短路会引起火灾。因此,在电器连接后正式供电前,首要的任务之一就是检查电路是否有短路发生。

【任务二】断路故障的分析与排除

断路即电源外电路与电源内电路未能形成闭合回路。其原因有,因短路或超负荷造成保险丝或保险管熔断,形成断路;电器连接不牢,接头脱落,造成断路;导线选用不当,被较大电流熔断;电器连接有误等。

查找断路故障点一般使用试电笔,沿火线依次查找,至试电笔氖泡不亮处,即为断路故障点。对自流低压电路,查找断路故障点则常用电表,测量不同极性导线间的电压值,至电压值为零处,即断路故障点。另外,查找断路故障点也可使用"挑担法"。

【任务三】漏电故障的分析与排除

漏电是指一部分电流不流经导线组成的回路,而是通过其他导体形成回路的现象。漏电一则费电能,二则危及人身安全,因此在实验室中,应该杜绝漏电现象。

漏电一旦发现应立即检修。在待查支路上串接一个电流表或电度表,将支路所有电器关闭看是否有电流流经表头,若有,则表明该支路存在漏电现象。

实 训 练 习

1. 实训目的:通过对灯具、开关及插座的实际安装,掌握灯具、开关及插座的种类和选择以及安装注意事项。学会使用常用的电工工具,掌握常见故障的分析与排除。
2. 实训地点:住宅小区或学校
3. 实训内容

(1) 观察灯具、开关和插座的基本结构。
(2) 学习灯具、开关和插座的安装方法和安装注意事项。
(3) 学习常用电工工具和常用电工测量仪表的使用。
(4) 学习灯具和开关常用故障的排除方法。

复习思考题

1. 常用电光源的种类有哪些？
2. 灯具的种类有哪些？
3. 短路、断路和漏电有何不同之处？

第十二章 建筑物防雷及安全用电

【学习目标】

1. 运用建筑防雷知识，对建筑物采取有效的防雷措施。
2. 运用安全用电知识，做到建筑物室内的安全用电。

【能力目标】

▶ 项目一：建筑物防雷

1. 认识雷电的形成及作用形式
2. 认识雷电的危害
3. 认识建筑物防雷装置及接地形式
4. 对建筑物采取各类防雷措施

▶ 项目二：建筑物的安全用电

1. 认识电气危害的种类
2. 概括电对人体的危害因素
3. 识别触电方式
4. 对触电者进行急救
5. 识别供电系统接地形式
6. 对电击采取有效的防护措施

【项目一】建筑物防雷

雷电是一种雷云对带不同电荷的物体进行放电的一种自然现象。雷电对电气线路、电气设备和建筑物进行放电,其电压幅值可高达几亿伏,电流幅值可高达几十万安,因此具有极大的破坏性,必须采取相应的防雷措施。

【任务一】雷电的形成及作用形式

(一)雷电的形成

雷电是一门古老的学科。人类对雷电的研究已经有数百年的历史,然而有关雷电的一些问题至今尚未能得到完整的解释。

雷电的形成过程可以分为气流上升、电荷分离和放电三个阶段。在雷雨季节,地面上的水分受热变蒸气上升,与冷空气相遇之后凝结成水滴,形成积云。云中水滴受强气流摩擦产生电荷,小水滴容易被气流带走,形成带负电的云;较大水滴形成带正电的云。由于静电感应,大地表面与云层之间、云层与云层之间会感应到异性电荷,当电场强度达到一定的值时,即发生雷云与大地或雷云与雷云之间的放电。典型的雷击发展过程如图 12-1 所示。

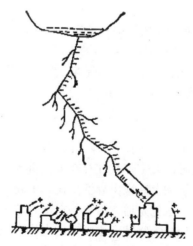

图 12-1 雷云对地放电示意图

(二)雷电的特点及作用形式

1. 雷电的特点

雷电流是一种冲击波,雷电流幅值 I_m 的变化范围很大,一般为数十至数百 kA。电流幅值一般在第一次闪击时出现,也称主放电。典型的雷电流波形如图 12-2 所示。雷电流一般在 1~4μs 内增长到幅值 I_m，雷电流在幅值以前的一段波形称为波头；从幅值起到雷电流衰减至 $I_m/2$ 的一段波形称为波尾。雷电流的陡度 α，用雷电流波头部分增长的速率来表示，即 $\alpha=di/dt$。据测定 α 可达 $50kA/\mu s$。雷电流是一个幅值很大，陡度很高的电流，具有很强的冲击性，其破坏性极大。

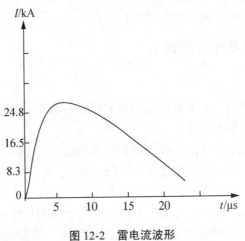

图 12-2　雷电流波形

2. 雷击的选择性

建筑物遭受雷击的部位是有一定规律的，建筑物雷击部位如下：

（1）平屋面或坡度不大于 1/10 的屋面——檐角、女儿墙、屋檐；

（2）坡度大于 1/10 且小于 1/2 的屋面——屋角、屋脊、檐角、屋檐；

（3）坡度不小于 1/2 的屋面——屋角、屋脊、檐角。

3. 雷电击的基本形式

雷云对地放电时，其破坏作用表现有以下四种基本形式。

（1）直击雷。当天气炎热时，天空中往往存在大量雷云。当雷云飘近地面时，就会在附近地面特别突出的树木或建筑物上感应出异性电荷。电场强度达到一定值时，雷云就会通过这些物体与大地之间放电，这就是通常所说的雷击。这种直接击在建筑物或其他物体上的雷电叫直击雷。直接雷击使被击物体产生很高的电位，从而引起过电压和过电流，不仅击毙人畜、烧毁或劈倒树木，破坏建筑物，甚至会因而引起火灾和爆炸。

（2）感应雷。当建筑上空有雷云时，在建筑物上便会感应出相反电荷。在雷云放电后，云与大地电场消失了，但聚集在屋顶上的电荷不能立即释放，因而屋顶对地面便有相当高的感应电压，造成屋内电线、金属管道和大型金属设备放电，引起建筑物内的易爆危险品爆炸或易燃物品燃烧。这里的感应电荷主要是由雷电流的强大电场和磁场变化产生的静电感应和电磁感应造成的，所以称为感应雷或感应过电压。

（3）雷电波侵入。当输电线路或金属管路遭受直接雷击或发生感应雷时，雷电波便会沿着这些线路侵入室内，造成人员、电气设备和建筑物的伤害和破坏。雷电波侵入造成的事故在雷害事故中占相当大的比重，应引起足够重视。

（4）球形雷。球形雷的形成研究，还没有完整的理论。通常认为它是一个温度极高的特别明亮的眩目发光球体，直径约在 10～20cm 以上。球形雷通常在电闪后发生，以每秒几米的速度在空气中漂行，它能从烟囱、门、窗或孔洞进入建筑物内部造成破坏。

4. 雷暴日

雷电的大小与多少和气象条件有关，评价某地区雷电的活动频繁程度，一般以雷暴日为单位。在一天内只要听到雷声或者看到雷闪就算一个雷暴日。由当地气象台站统计的多年雷暴日的年平均值，称为年平均雷暴日数。年平均雷暴日不超过 15 天的地区称为少雷区，超过 40 天的地区称为多雷区。

【任务二】雷电的危害

雷电有多方面的破坏作用，雷电的危害一般分成两种类型：一是直接破坏作用，主要表现为雷电的热效应和机械效应；二是间接破坏作用，主要表现为雷电产生的静电感应和电磁感应。

（一）热效应

雷电流通过导体时，在极短时间内转换成大量热能，可造成物体燃烧，金属熔化，极易引起火灾、爆炸等事故

（二）机械效应

雷电的机械效应所产生的破坏作用主要表现为两种形式：一是雷电流流入树木或建筑构件时，在它们内部产生的内压力；二是雷电流流过金属物体时产生的电动力。

雷电流的温度很高，一般在 6000℃～20000℃，甚至高达数万度。当它通过树木或建筑物墙壁时，被击物体内部水分受热急剧汽化，或缝隙中分解出的气体剧烈膨胀，因而会在被击物体内部出现强大的机械力，从而使树木或建筑物遭受破坏，甚至爆裂成碎片。

另外，我们知道载流导体之间存在着电磁力的相互作用，这种作用力称电动力。当强大的雷电流通过电气线路、电气设备时也会产生巨大的电动力使他们遭受破坏。

（三）电气效应

雷电引起的过电压，会击毁电气设备和线路的绝缘，产生闪络放电，以致开关掉闸，造成线路停电；会干扰电子设备，使系统数据丢失，造成通信、计算机、控制调节等电子系统瘫痪。绝缘损坏还可能引起短路，导致火灾或爆炸事故；防雷装置泄放巨大的雷电流时，使得其本身的电位升高，发生雷电反击；同时雷电流流入地下，可能产生跨步电压，导致电击。

（四）电磁效应

由于雷电流量值大且变化迅速，在它的周围空间就会产生强大且变化剧烈的磁场，处于这个变化磁场中的金属物体就会感应出很高的电动势，使构成闭合回路的金属物体产生感应电流，产生发热现象。此热效应可能会使设备损坏，甚至引起火灾。特别是存放易燃易爆物品的建筑物将更加危险。

【任务三】建筑物的防雷装置及接地

防雷装置一般由接闪器、引下线和接地装置三个部分组成。接地装置又由接地体和接地线组成。

（一）接闪器

接闪器就是专门用来接受雷云放电的金属物体。接闪器的类型有避雷针、避雷线、避雷带、避雷网、避雷环等，都是经常用来防止直接雷击的防雷设备。

所有接闪器都必须经过引下线与接地装置相连。接闪器利用其金属特性，当雷云先导接近时，它与雷云之间的电场强度最大，因而可将雷云"诱导"到接闪器本身，并经引下线和接地装置将雷电流安全地泄放到大地中去，从而保护了物体免受雷击。

1. 避雷针及保护范围

避雷针主要用来保护露天发电、配电装置、建筑物和构筑物。

避雷针通常采用圆钢或焊接钢管制成，将其顶端磨尖，以利于尖端放电。为保证足够的雷电流流通量，其直径应不小于表 12-1 给出的数值。

表 12-1 避雷针接闪器最小直径

针型 \ 直径	圆 钢（mm）	钢 管（mm）
针长 1m 以下	12	20
针长 1~2m	16	25
烟囱顶上的针	20	40

避雷针对周围物体保护的有效性，常用保护范围来表示。在安装有一定高度的接闪器下面，有一个一定范围的安全区域，处在这个安全区域内的被保护的物体遭受直接雷击的概率非常小，这个安全区域叫做避雷针的保护范围。确定避雷针的保护范围至关重要。

2. 避雷线

避雷线是由悬挂在架空线上的水平导线、接地引下线和接地体组成的。水平导线起接闪器的作用。它对电力线路等较长的保护物最为适用。

避雷线一般采用截面积不小于 35mm² 的镀锌钢绞线，架设在长距离高压供电线路或变电站构筑物上，以保护架空电力线路免受直接雷击。由于避雷线是架空敷设的而且接地，所以避雷线又叫架空地线。避雷线的作用原理与避雷针相同。

3. 避雷带和避雷网

避雷带和避雷网主要适用于建筑物。避雷带通常是沿着建筑物易受雷击的部位（如屋脊、屋檐、屋角等处）装设的带形导体。

避雷网是将建筑物屋面上纵横敷设的避雷带组成网格，其网格尺寸大小按有关规范确定，对于防雷等级不同的建筑物，其要求也不同，如表 12-3 所示。

避雷带和避雷网可以采用圆钢或扁钢，但应优先采用圆钢。圆钢直径不得小于 8mm，扁钢厚度不小于 4mm，截面积不得小于 48mm²。避雷带和避雷网的安装方法有明装和暗装两种。避雷带和避雷网一般无须计算保护范围。

4. 避雷环

避雷环是用圆钢或扁钢制作的均压环。防雷设计规范规定高度超过一定范围的钢筋混凝土结构、钢结构建筑物，应设均压环防侧击雷。当建筑物全部为钢筋混凝土结构时，可利用结构圈梁钢筋与柱内引下线钢筋焊接做为均压环。没有结合柱和圈梁的建筑物，应每三层在建筑物外墙内敷一圈 ϕ12mm 镀锌钢作为均压环，并与防雷装置所有的引下线连接。

（二）引下线

引下线是连接接闪器与接地装置的金属导体，其作用是构成雷电能量向大地泄放的通道。引下线一般采用圆钢或扁钢，要求镀锌处理。引下线应满足机械强度、耐腐蚀和热稳定性的要求。

1. 一般要求

引下线可以专门敷设，也可利用建筑物内的金属构件。

引下线应沿建筑物外墙敷设，并经最短路径接地。采用圆钢时，直径应不小于 8mm；采用扁钢时，其截面不应小于 48mm²，厚度不小于 4mm。暗装时截面积应放大一级。

在我国高层建筑中，优先利用柱或剪力墙中的主钢筋作为引下线。当钢筋直径为不小于 16mm 时，应用两根主钢筋（绑扎或焊接）作为一组引下线。当钢筋直径为 10mm 及以上时，应用四根钢筋（绑扎或焊接）作为一组引下线。建筑物在屋顶敷设的避雷网和防侧击的接闪环应和引下线连成一体，以利于雷电流的分流。

防雷引下线的数量多少影响到反击电压大小及雷电流引下的可靠性，所以引下线及其布置应按不同防雷等级确定，一般不得少于两根。

为了便于测量接地电阻和检查引下线与接地装置的连接情况，人工敷设的引下线宜在引下线距地面 0.3～1.8m 之间位置设置断接卡子。当利用混凝土内钢筋、钢柱作为自然引下线并同时采用基础接地时,不设断接卡。但利用钢筋作引下线时应在室内或室外的适当地点设置若干连接板,该连接板可供测量、接人工接地体和作等电位联结用。

2. 引下线施工要求

明敷的引下线应镀锌,焊接处应涂防腐漆。地面上约1.7m至地下0.3m的一段引下线,应有保护措施,防止受机械损伤和人身接触。

引下线施工不得直角转弯,与雨水管相距接近时可以焊接在一起。

高层建筑的引下线应该与金属门窗电气连通,当采用两根主钢筋时,其焊接长度应不小于直径的6倍。

引下线是防雷装置极重要的组成部分,必须可靠敷设,以保证防雷效果。

(三) 接地装置

无论是工作接地还是保护接地,都是经过接地装置与大地连接的。接地装置包括接地体和接地线两部分,它是防雷装置的重要组成部分。接地装置的主要作用是向大地均匀地泄放电流,使防雷装置对地电压不至于过高。

1. 接地体

接地体是人为埋入地下与土壤直接接触的金属导体;接地线是连接接地体或接地体与引下线的金属导线。

接地体一般分为自然接地体和人工接地体。自然接地体是指兼作接地用的直接与大地接触的各种金属体,例如利用建筑物基础内的钢筋构成的接地系统。有条件时应首先利用自然接地体,因为它具有接地电阻较小,稳定可靠,减少材料和安装维护费用低等优点。

人工接地体是专门作为接地用的接地体,安装时需要配合土建施工进行,在基础开挖时,也同时挖好接地沟,并将人工接地体按设计要求埋设好。

有时自然接地体安装完毕并经测量后,接地电阻不能满足要求时,需要增加敷设人工接地体来减小接地电阻值。

人工接地体按其敷设方式分为垂直接地体和水平接地体两种。垂直接地体一般为垂直埋入地下的角钢、圆钢、钢管等;水平接地体一般为水平敷设的扁钢、圆钢等。

(1) 垂直接地体多使用镀锌角钢和镀锌钢管,一般应按设计所提数量及规格进行加工。镀锌角钢一般可选用 40mm×40mm×5mm 或 50mm×50mm×5mm 两种规格,其长度一般为2.5m。镀锌钢管一般直径为 50mm,壁厚不小于 3.5mm。垂直接地体打入地下的部分应加工成尖形,其形状如图 12-3 所示。

接地装置需埋于地表层以下,一般深度不应小于 0.6m。为减少邻接地体的屏蔽作用,垂直接地体之间的间距不宜小于接地体长度的 2 倍,并应保证接地体与地面的垂直度。

接地体与接地体之间的连接一般采用镀锌扁钢。扁钢应立放,这样既便于焊接又可减小流散电阻。

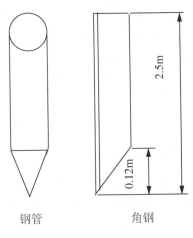

钢管　　　　　角钢

图 12-3　垂直接地体端部处理

（2）水平接地体是将镀锌扁钢或镀锌圆钢水平敷设于土壤中，水平接地体可采用 40mm×4mm 的扁钢或直径为 16mm 的圆钢。水平接地体埋深为不小于 0.6m。水平接地体一般有三种形式，即水平接地体、绕建筑物四周的闭合环式接地体以及延长外引接地体。普通水平接地体埋设方式如图 12-4 所示。普通水平接地体如果有多根水平接地体平行埋设，其间距应符合设计规定，当无设计规定时不宜小于 5m。围绕建筑物四周的环式接地体如图 12-5 所示。当受地方限制或建筑物附近的土壤电阻率高时，可外引接地装置，将接地体延伸到电阻率小的地方去，但要考虑到接地体的有效长度范围，否则不利于雷电流的泄散。

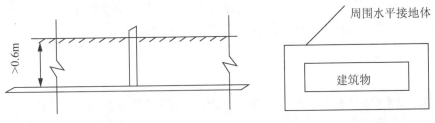

图 12-4　普通水平接地体　　　图 12-5　建筑物四周环式接地体

2. 接地线

接地线是连接接地体和引下线或电气设备接地部分的金属导体，它可分为自然接地线和人工接地线两种类型。

自然接地线可利用建筑物的金属结构，例如，梁、柱、桩等混凝土结构内的钢筋等。利用自然接地线必须符合下列要求。

（1）应保证全长管路有可靠的电气通路。

（2）利用电气配线钢管作接地线时管壁厚度不应小于 3.5mm。

（3）用螺栓或铆钉连接的部位必须焊接跨接线。

(4)利用串联金属构件作接地线时,其构件之间应以截面不小于 100mm² 的钢材焊接。

(5)不得用蛇皮管、管道保温层的金属外皮或金属网作接地线。

人工接地线材料一般采用扁钢和圆钢,但移动式电气设备、采用钢质导线在安装上有困难的电气设备可采用有色金属作为人工接地线,绝对禁止使用裸铝导线作接地线。采用扁钢作为地下接地线时,其截面积不应小于 25mm×4mm;采用圆钢作接地线时,其直径不应小于 10mm。人工接地线不仅要有一定机械强度,而且接地线截面应满足热稳定的要求。

【任务四】对建筑物采取防雷措施

前面介绍了各种主要防雷装置的基本结构、工作原理,各种防雷器件的保护特性和适用范围。对建筑物的防雷,需要针对各种建筑物的实际情况因地制宜地采取防雷保护措施,才能达到既经济又能有效地防止或减小雷击的目的。GB50057 把建筑物的防雷进行分类,并规定了相对应的防雷措施。

(一)建筑物的防雷分类

根据建筑物的重要性、使用性质、受雷击可能性的大小和一旦发生雷击事故可能造成的后果进行分类,按防雷要求分为三类,各类防雷建筑的具体划分方法,在国标 GB50057—1997 中有明确规定。

1. 第一类防雷建筑物

一类防雷建筑物对防雷装置的要求最高。

凡制造、使用或储存炸药、火药、起爆药、火工业品等大量爆炸物质的建筑物,因火花而引起爆炸,会造成巨大破坏和人身伤亡的。

2. 第二类防雷建筑物

国家级重点文物保护建筑物、会堂、办公建筑物、大型展览和博览建筑物、大型火车站、国宾馆、国家级档案馆、大型城市的重要给水泵房等特别重要的建筑物。

制造、使用或储存爆炸物质的建筑物,并且电火花不易引起爆炸或不致造成巨大破坏和人身伤亡的。

3. 第三类防雷建筑物

省级重点文物保护的建筑物及省级档案馆。

预计雷击次数大于或等于 0.012 次/年且小于或等于 0.06 次/年的省级办公建筑物及其他重要或人员密集的公共建筑物;预计雷击次数大于或等于 0.06 次/年且小于或等于 0.3 次/年的住宅、办公楼等一般性的民用建筑物。

平均雷暴日大于 15 天/年的地区,高度在 20m 及以上的烟囱、水塔等孤立的高耸建筑物。

（二）建筑物的防雷保护措施

接闪器、引下线与接地装置是各类防雷建筑都应装设的防雷装置，但由于对防雷的要求不同，各类防雷建筑物在使用这些防雷装置时的技术要求就有所差异。

在可靠性方面，对第一类防雷建筑物所提的要求相对来说是最为苛刻的。通常第一类防雷建筑物的防雷保护措施应包括防直击雷、防雷电感应和防雷电波侵入等保护内容，同时这些基本措施还应当被高标准地设置；第二类防雷建筑物的防雷保护措施与第一类相比，既有相同处，又有不同之处，综合来看，第二类防雷建筑物仍采取与第一类防雷建筑物相类似的措施，但其规定的指标不如第一类防雷建筑物严格；第三类防雷建筑物主要采取防直击雷和防雷电波侵入的措施。各类防雷建筑物的防雷装置的技术要求对比如表12-2所示。

表12-2 各类防雷建筑物的防雷装置的技术要求对比

防雷措施特点 \ 防雷类别	一 类	二 类	三 类
防直击雷	1. 应装设独立避雷针或架空避雷线（网），使保护物体均处于接闪器的保护范围之内 2. 当建筑物太高或其他原因难以装设独立避雷针、架空避雷线（网）时可采用装设在建筑物上的避雷网或避雷针或混合组成的接闪器进行直接雷防护，网格尺寸不大于 5m×5m 或者不大于 6m×4m	宜采用装设在建筑物上的避雷网（带）或避雷针或混合组成的接闪器进行直击雷防护。避雷网的网格尺寸不大于 10 m×10m 或不大于 12 m×8m	宜采用装设在建筑物上的避雷网（带）或避雷针或混合组成的接闪器进行直击雷防护。避雷网网格尺寸不大于 20m×20m 或不大于 24m×16m
防雷电感应	1. 建筑物的设备、管道、构架、电缆金属外皮、钢屋架和钢窗等较大金属物以及突出屋面的放散管和风管等金属物，均应接到防雷电感应的接地装置上 2. 平行敷设的管道、构架和电缆金属外皮等长金属物，其净距小于 100mm 时应采用金属跨接，跨接点的间距不应大于 30m。长金属物连接处应用金属线跨接	1. 建筑物内的设备、管道、构架等主要金属物，应就近接到接地装置上，可不另设接地装置 2. 平行敷设的管道、构架和电缆金属外皮等长金属物应符合一类防雷建筑物要求，但长金属物连接处可不跨接	—

续表

防雷类别 防雷措施特点	一类	二类	三类
防雷电入侵波	1. 低压线路宜将全线用电缆直接埋地敷设，入户端应将电缆的金属外皮、钢管接到防雷电感应的接地装置上 2. 架空金属管道，在进出建筑物处也应与防雷电感应的接地装置相连。距离建筑物100m内的管道，应每隔25m左右接地一次 3. 埋地的或地沟内的金属管道，在进出建筑物处也应与防雷电感应的接地装置相连	1. 当低压线路采用全线用电缆直接埋地敷设时，入户端应将电金属外皮、金属线槽与防雷的接地装置相连 2. 平均雷暴日小于30天/年的地区的建筑物，可采用低压架空线入户 3. 架空和直接埋地的金属管道在进出建筑物处应就近与防雷接地装置相连	1. 电缆进出线，就在进出端将电缆的金属外皮、钢管和电气设备的保护接地相连 2. 架空线进出线，应在进出处装设避雷器，避雷器应与绝缘子铁脚、金具连接并接入电气设备的保护接地装置上 3. 架空金属管道在进出建筑物处应就近与防雷接地装置相连或独自接地
防侧击雷	1. 从30m起每隔不大于6m沿建筑物四周设环形避雷带，并与引下线相连 2. 将30米及以上外墙上的栏杆、门窗等较大的金属物与防雷装置连接	1. 高度超过45m的建筑物应采取防侧击雷及等电位的保护措施 2. 将45m及以上外墙上的栏杆、门窗等较大的金属物与防雷装置连接	1. 高度超过60m的建筑物应采取防侧击雷及等电位的保护措施 2. 将60m及以上外墙上的栏杆、门窗等较大的金属物与防雷装置连接
引下线间距	不大于12m	不大于18m	不大于25m

【项目二】建筑物的安全用电

随着电能应用的不断拓展，以电能为介质的各种电气设备广泛进入企业、社会和家庭生活中，与此同时，使用电气所带来的不安全事故也不断发生。为了实现电气安全，对电网本身的安全进行保护的同时，更要重视用电的安全问题。因此，学习安全用电的基本知识，掌握常规触电防护技术，是保证用电安全的有效途径。

【任务一】电气危害的种类

电气危害有两个方面：一方面是对系统自身的危害，例如，短路、过电压、绝缘老化等；另一方面是对用电设备、环境和人员的危害，例如，触电、电气火灾、电压异常升高造成用电设备损坏等，其中尤以触电和电气火灾危害最为严重。触电可直接导致人员伤残、死亡，或引发坠落事故致人等二次伤亡；电气火灾是近二十年来在我国迅速蔓延的一种电气灾害，我国电气火灾在火灾总数中所占的比例已达 30%左右。另外，在有些场所，静电产生的危害也不能忽视，它是电气火灾的原因之一，对电子设备的危害也很大。

触电又分为电击和电伤。

（1）电击指电流通过人体内部，造成人体内部组织、器官损坏，甚至死亡的一种现象。电击在人体内部，人体表皮往往不留痕迹。

（2）电伤指由电流的热效应、化学效应等对人体造成的伤害。电伤是对人体外部组织造成的局部伤害，而且往往会在肌体上留下伤疤。

【任务二】电对人体的危害因素

电危及人体生命安全的直接因素是电流，而不是电压，而且电流对人体的电击伤害的严重程度与通过人体的电流大小、频率、持续时间、流经途径和人体的健康情况有关。现就其主要因素分述如下。

（一）电流的大小

通过人体的电流越大，人体的生理反应亦越大。人体对电流的反应虽然因人而异，但相差不甚大，可视作大体相同。根据人体反应，可将电流划为三级。

1. 感知电流

引起人感觉的最小电流，称感知阈。感觉轻微颤抖刺痛，可以自己摆脱电源，此时大致为工频交流电 1 毫安。感知阈与电流的持续时间长短无关。

2. 摆脱电流

通过人体的电流逐渐增大，人体反应增大，感到强烈刺痛、肌肉收缩。但是由于人的理智还是可以摆脱带电体的，此时的电流称为摆脱电流。当通过人体的电流大于摆脱阈时，受电击者自救的可能性就小。摆脱阈主要取决于接触面积，电极形状和尺寸及个人的生理特点，因此不同的人摆脱电流也不同。摆脱阈一般取 10mA。

3. 致命电流

当通过人体的电流能引起心室颤动或导致呼吸窒息而死亡时，称为致命电流。人体心脏在正常情况下，是有节奏地收缩与扩张的。这样，可以把新鲜血液送到全身。当通过人体的电流达到一定数量时，心脏的正常工作受到破坏。每分钟数十次变为每分钟数百次以上的细微颤动，称为心室颤动。心脏在细微颤动时，不能再压送血液，血液循环终止。若在短时间内不摆脱电源，不设法恢复心脏的正常工作，将会死亡。

引起心室颤动与人体通过的电流大小有关，还与电流持续时间有关。一般认为 30 毫安以下是安全电流。

（二）人体的电阻抗和安全电压

1. 人体的电阻抗

人体的电阻抗主要由皮肤阻抗和人体内阻抗组成，且电阻抗的大小与触电电流通过的途径有关。

（1）皮肤阻抗可视为由半绝缘层和许多小的导电体（毛孔）构成，为容性阻抗，当接触电压小于 50V 时，其阻值相对较大；当接触电压超过 50V 时，皮肤阻抗值将大大降低，以至于完全被击穿后阻抗可忽略不计。

（2）人体内阻抗则由人体脂肪、骨骼、神经、肌肉等组织及器官所构成，大部分为阻性的，不同的电流通路有不同的内阻抗。

据测量，人体表皮 0.05～0.2mm 厚的角质层电阻抗最大，约为 1000～10000 欧，其次是脂肪、骨骼、神经、肌肉等。但是，若皮肤潮湿、出汗、有损伤或带有导电性粉尘，人体电阻会下降到 800～1000 欧。所以在考虑电气安全问题时，人体的电阻只能按 800～1000 欧计算。

2. 安全电压

安全电压是指人体不戴任何防护设备时，触及带电体不受电击或电伤。人体触电的本质是电流通过人体产生了有害效应，然而触电的形式通常都是人体的两部分同时触及了带电体，而且这两个带电体之间存在着电位差。因此在电击防护措施中，要将流过人体的电流限制在无危险范围内，即在形式上将人体能触及的电压限制在安全的范围内。国家标准制定了安全电压系列，称为安全电压等级或额定值，这些额定值指的是交流有效值，分别为：42V、36V、24V、12V、6V 等几种。

要注意安全电压指的是一定环境下的相对安全，并非是确保无电击的危险。对于安全电压的选用，一般可参考下列数值：隧道、人防工程手持灯具和局部照明应采用 36V 安全电压；潮湿和易触及带电体的场所的照明，电源电压应不大于 24V；特别潮湿的场所、导电良好的地面、锅炉或金属容器内使用的照明灯具应采用 12V。

（三）触电时间

人的心脏在每一收缩扩张周期中间，约有 0.1～0.2 秒称为易损伤期。当电流在这一瞬间通过时，引起心室颤动的可能性最大，危险性也最大。

人体触电，当通过电流的时间越长，能量积累增加，引起心室颤动所需的电流也就越小；触电时间愈长，愈易造成心室颤动，生命危险性就愈大。据统计，触电1分钟后开始急救，90%有良好的效果。

（四）电流途径

电流途径从人体的左手到右手、左手到脚，右手到脚等，其中电流经左手到脚的流通是最不利的一种情况，因为这一通道的电流最易损伤心脏。电流通过心脏，会引起心室颤动，通过神经中枢会引起中枢神经失调，这些都会直接导致死亡。电流通过脊髓，还会导致半身瘫痪。

（五）电流频率

电流频率不同，对人体伤害也不同。据测试，15~100Hz的交流电流对人体的伤害最严重。由于人体皮肤的阻抗是容性的，所以与频率成反比，随着频率增加，交流电的感知、摆脱阈值都会增大。虽然频率增大，对人体伤害程度有所减轻，但高频高压还是有致命的危险的。

（六）人体状况

人体不同，对电流的敏感程度也不一样。一般地说，儿童较成年人敏感，女性较男性敏感。患有心脏病者，触电后的死亡可能性就更大。

【任务三】触电方式

按照人体触及带电体的方式和电流通过人体的途径，触电可分为以下三种情况。

（一）单相触电

单相触电是指人体在地面或其他接地导体上，人体某一部分触及一相带电体的触电事故。大部分触电事故都是单相触电事故。单相触电的危险程度与电网运行方式有关。图12-6为电源中性点接地运行方式时，单相的触电电流途径。图12-7为中性点不接地的单相触电情况。一般情况下，接地电网里的单相触电比不接地电网里单相触电的危险性大。

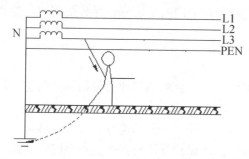

图12-6 中性点接地的单相触电

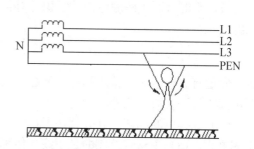

图12-7 中性点不接地的单相触电

（二）两相触电

两相触电是指人体两处同时触及两相带电体的触电事故。其危险性一般是比较大的。

（三）跨步电压触电

当带电体接地有电流流入地下时，电流在接地点周围土壤中产生电压降。人在接地点周围，两脚之间出现的电压即跨步电压。由此引起的触电事故叫跨步电压触电，如图12-8所示。高压故障接地处，或有大电流流过的接地装置附近都可能出现较高的跨步电压。离接地点越近、两脚距离越大，跨步电压值就越大。一般10米以外就没有危险。

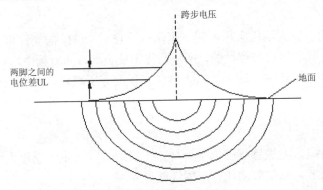

图12-8 跨步电压触电

【任务四】触电急救

现场急救对抢救触电者是非常重要的，因为人触电后不一定立即死亡，而往往是"假死"状态，如果现场抢救及时，方法得当，呈"假死"状态的人就可以获救。据国外资料记载，触电后1分钟开始救治者，90%有良好效果；触电后6分钟救治者，10%有良好效果；触电后12分钟开始救治者，救活的可能性就很小。这个统计资料虽不完全准确，但说明抢救的时间是个重要因素。因此，触电急救应争分夺秒不能等待医务人员。为了做到及时急救，平时就要了解触电急救常识，对与电气设备有关的人员还应进行必要的触电急救训练。

（一）解脱电源

发现有人触电时，首先是尽快使触电人脱离电源，这是实施其他急救措施的前提。解脱电源的方法有如下几种。

（1）如果电源的闸刀开关就在附近，应迅速拉开开关。一般的电灯开关、拉线开关只控制单线，而且不一定控制的是相线（俗称火线），所以拉开这种开关并不保险，还应该拉开闸刀开关。

（2）如果闸刀开关距离触电地点很远，则应迅速用绝缘良好的电工钳或有干燥木把的利器（如刀、斧、掀等）把电线砍断（砍断后，有电的一头应妥善处理，防止又有人触电），或用干燥的木棒、竹竿、木条等物迅速将电线拨离触电者。拔线时应特别注意安全、能拨的不要挑，以防电线甩在别人身上。

（3）若现场附近无任何合适的绝缘物可利用，而触电人的衣服又是干的，则救护人员可用包有干燥毛巾或衣服的一只手去拉触电者的衣服，使其脱离电源。若救护人员未穿鞋或穿湿鞋，则不宜采用这样办法抢救。

以上抢救办法不适用于高压触电情况，遇有高压触电应及时通知有关部门拉掉高压电源开关。

（二）对症救治

当触电人脱离了电源以后，应迅速根据具体情况作对症救治，同时向医务部门呼救。

（1）如果触电人的伤害情况并不严重，神志还清醒，只是有些心慌、四肢发麻、全身无力或虽曾一度昏迷，但未失去知觉，只要使之就地安静休息1~2小时，不要走动，并作仔细观察即可。

（2）如果触电人的伤害情况较严重，无知觉、无呼吸，但心脏有跳动（头部触电的人易出现这种症状），应采用口对口人工呼吸法抢救。如果有呼吸，但心脏停止跳动，则应采用人工胸外心脏挤压法抢救。

（3）如果触电人的伤害情况很严重，心跳和呼吸都已停止，则需同时进行口对口人工呼吸和人工胸外心脏挤压。如果现场仅有一人抢救时，可交替使用这两种办法，先进行口对口吹气两次，再做心脏挤压15次，如此循环连续操作。

实际操作中，往往采用"一看、二听、三摸"的方法，如图12-9所示。

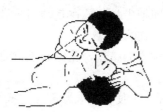  

图12-9　对触电者进行现场诊断

（三）人工呼吸法和人工胸外心脏挤压法

1. 口对口人工呼吸法

（1）迅速解开触电人的衣领，松开上身的紧身衣、围巾等，使胸部能自由扩张，以免妨碍呼吸。置触电人为向上仰卧位置，将颈部放直，把头侧向一边掰开嘴巴，清除其口腔中的血块和呕吐物等。若舌根下陷，应把它拉出来，使呼吸道畅通；若触电者牙关紧闭，可用小木片，金属片等从嘴角伸入牙缝慢慢撬开，然后使其头部尽量后仰，鼻孔朝天，这样，舌根部不会阻塞气流。

（2）救护人站在触电人头部的一侧，用一只手捏紧其鼻孔（不要漏气），另一只手将其下颌拉向前方（或托住其后颈），使嘴巴张开（嘴上可盖一块纱布或薄布），准备接受吹气。

（3）救护人作深吸气后，紧贴触电人的嘴巴向他大量吹气，同时观察其胸部是否膨胀，以决定吹气是否有效和适度。

（4）救护人员吹气完毕换气时，应立即离开触电人的嘴巴，并放松捏紧的鼻子，让他自动呼气。

按照以上步骤连续不断地进行操作，每5秒钟一次。具体做法如图12-10所示。

(a) 清除口腔杂物　　(b) 深呼吸后紧贴嘴吹气　　(c) 舌根抬起气道通　　(d) 放松嘴鼻换气

图12-10　口对口人工呼吸救护法

2. 人工胸外心脏挤压法

（1）使触电人仰卧，松开衣服，清除口内杂物。触电人后背着地处应是硬地或木板。

（2）救护人位于触电人的一边，最好是跨骑在其胯骨（腰部下面腹部两侧的骨）部，两手相叠，将掌根放在触电人胸骨下三分之一的部位，即把中指尖放在其颈部凹陷的下边缘，即"当胸一手掌、中指对凹膛"，手掌的根部就是正确的压点。

（3）找到正确的压点后，自上而下均衡地用力向脊柱方向挤压，压出心脏里的血液。对成年人的胸骨可压下3～4厘米。

（4）挤压后，掌根要突然放松（但手掌不要离开胸壁），使触电人胸部自动恢复原状，心脏扩张后血液又回到心脏里来。

按以上步骤连续不断地进行操作，每秒钟一次。挤压时定位必须准确，压力要适当，不可用力过大过猛，以免挤压出胃中的食物，堵塞气管，影响呼吸，或造成肋骨折断、气血胸和内脏损伤等。但也不能用力过小，而达不到挤压的作用。具体做法如图12-11所示。

触电急救应尽可能就地进行，只有在条件不允许时，才可把触电人抬到可靠的地方进行急救。在运送医院途中，抢救工作也不要停止，直到医生宣布可以停止时为止。

抢救过程中不要轻易注射强心针（肾上腺素），只有当确定心脏已停止跳动时才可使用。

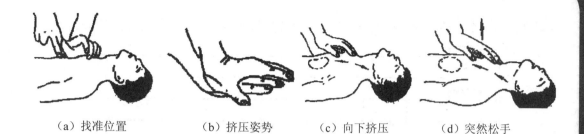

(a) 找准位置　　　　(b) 挤压姿势　　　　(c) 向下挤压　　　　(d) 突然松手

图 12-11　心脏胸外挤压救护法

【任务五】供电系统的接地形式

低压配电系统是电力系统的末端，分布广泛，几乎遍及建筑的每个一角落，平常使用最多的是 380V/220V 的低压配电系统。从安全用电等方面考虑，低压配电系统有三种接地形式，即 IT 系统、TT 系统、TN 系统。TN 系统又分为 TN—S 系统、TN—C 系统、TN—C—S 系统三种形式。

（一）IT 系统

IT 系统就是电源中性点不接地、用电设备外壳直接接地的系统，如图 12-12 所示。IT 系统中，连接设备外壳可导电部分和接地体的导线，就是 PE 线。

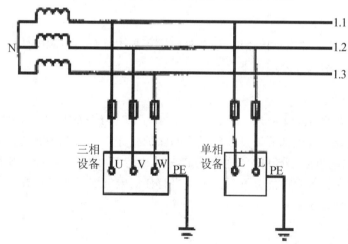

图 12-12　IT 系统接地

（二）TT 系统

TT 系统就是电源中性点直接接地、用电设备外壳也直接接地的系统，如图 12-13 所示。通常将电源中性点的接地叫做工作接地，而设备外壳接地叫做保护接地。TT 系统中，这两个接地必须是相互独立的。设备接地可以是每一设备都有各自独立的接地装置，也可以若干设备共用一个接地装置，图 12-13 中单相设备和单相插座就是共用接地装置的。

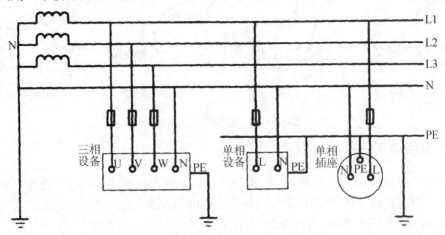

图 12-13 TT 系统接地

在有些国家中 TT 系统的应用十分广泛，工业与民用的配电系统都大量采用 TT 系统。在我国 TT 系统主要用于城市公共配电网和农村电网，现在也有一些大城市（如上海等）在住宅配电系统中采用 TT 系统。

（三）TN 系统

TN 系统即电源中性点直接接地、设备外壳等可导电部分与电源中性点有直接电气连接的系统，它有三种形式，分述如下。

1. TN—S 系统

TN—S 系统如图 12-14 所示。图中中性线 N 与 TT 系统相同，在电源中性点工作接地，而用电设备外壳等可导电部分通过专门设置的保护线 PE 连接到电源中性点上。在这种系统中，中性线和保护线是分开的，这就是 TN—S 中"S"的含义。TN—S 系统的最大特征是 N 线与 PE 线在系统中性点分开后，不能再有任何电气连接。TN—S 系统是我国现在应用最为广泛的一种系统。

2. TN—C 系统

TN—C 系统如图 12-15 所示，它将 PE 线和 N 线的功能综合起来，由一根称为保护中性线的 PEN 线同时承担保护和中性线两者的功能。在用电设备处，PEN 线既连接到负荷中性点上，又连接到设备外壳等可导电部分。

TN—C 现在已很少采用，尤其是在民用配电中已基本上不允许采用 TN—C 系统。

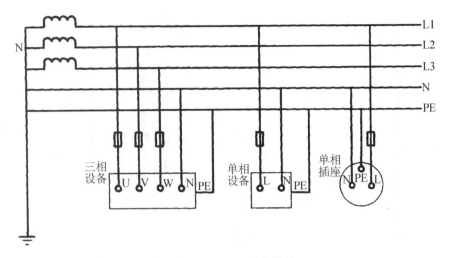

图 12-14 TN—S 系统接地

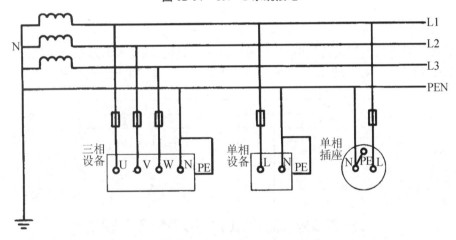

图 12-15 TN—C 系统接地

3. TN—C—S 系统

TN—C—S 系统是 TN—C 系统和 TN—S 系统的结合形式,如图 12-16 所示。TN—C—S 系统中,从电源出来的那一段采用 TN—C 系统只起电能的传输作用,到用电负荷附近某一点处,将 PEN 线分开成单独的 N 线和 PE 线,从这一点开始,系统相当于 TN—S 系统。

TN—C—S 系统也是现在应用比较广泛的一种系统。这里采用了重复接地这一技术。

【任务六】电击的防护措施

为降低因绝缘破坏而遭到电击的危险,对于不同的低压配电系统形式,电气设备常采用保护接地、保护接零、重复接地等不同的安全措施。

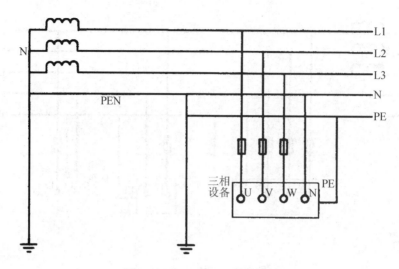

图 12-16 TN—C—S 系统接地

（一）保护接地

保护接地是将与电气设备带电部分相绝缘的金属外壳或架构通过接地装置同大地连接起来，如图 12-17 所示。保护接地常用在 IT 低压配电系统和 TT 低压配电系统的形式中。

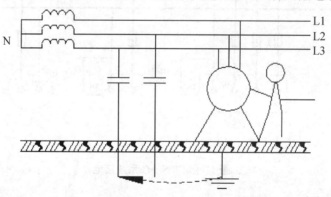

图 12-17 保护接地

（1）在 IT 中性点不接地的配电系统中保护接地的作用：若用电设备设有接地装置，当绝缘破坏外壳带电时，接地短路电流将同时沿着接地装置和人体两条通路流过。流过每一条通路的电流值将与其电阻的大小成反比。通常人体的电阻（1000Ω 以上）比接地体电阻大几百倍以上，所以当接地装置电阻很小时，流经人体的电流几乎等于零，因而，人体触电的危险就会大大降低。

（2）在 TT 配电系统中的保护接地的作用：若用电设备设有接地装置，当绝缘破坏外壳带电时，多数情况下，能够有效降低人体的接触电压，但要降低到安全限值以下有困难，因此需要增加其他附加保护措施，实现避免人体触电危险的目的。

（二）保护接零

保护接零是把电气设备正常时不带电的金属导体部分（如金属机壳），同电网的PEN线或PE线连接起来，如图12-18所示。保护接零适用于TN低压配电系统形式。在中性点接地的供电系统中，当电气设备发生碰壳短路，即形成单相短路时，设备采用保护接零可以使保护设备迅速动作断开故障设备，从而减小人体触电危险。

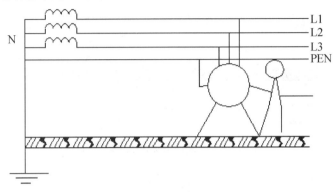

图 12-18　保护接零

在 TN 低压配电系统中，若采用保护接地的方法则不能有效地防止人身触电事故，此时一相碰壳引起的短路电流为

$$I_d = \frac{U_p}{R_0 + R_e} = \frac{220}{4+4} = 27.5A$$

式中：R_0——系统中性点接地电阻，取 4 欧；

R_e——用电设备接地电阻，取 4 欧。

由于这个短路电流不是很大，通常无法使保护设备动作切断电源，所以此时设备外壳对地的电压为

$$U_d = I_d R_e = 27.5 \times 4 = 110V$$

该电压大于安全电压，当人触及带电的外壳时是十分危险的。因此在低压中性点接地的配电系统中不能采用保护接地的方法，而必须采用保护接零，如图12-19所示。

在采用保护接零方法时，注意要适当选择 PE 导线的截面，尽量降低 PE 线的阻抗，从而降低接触电压。同时要注意在 TT 和 TN 低压配电系统中不得混用保护接地和保护接零的方法。

（三）重复接地

将电源中性接地点以外的其他点一次或多次接地，称为重复接地。重复接地是为了保护导体在故障时尽量接近大地电位。当系统中发生碰壳或接地短路时，重复接地的作用是：①可以降低 PEN 线的对地电压；②当 PEN 线发生断线时，可以降低断线后产生的故障电

压；③在照明回路中，也可避免因零线断线所带来的三相电压不平衡而造成电气设备的损坏。

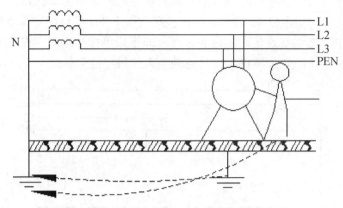

图 12-19 不能使用保护接地的情况

（四）漏电保护器

以上分析的电击防护措施是从降低接触电压方面进行考虑的，但实际上这些措施往往还不够完善，需要采用其他保护措施作为补充。例如，采用漏电保护器、过电流保护电器和等电位联结等补充措施。

漏电保护器的作用：人体触及带电导体时，有一部分泄漏电流会通过人体，这时系统中若配有漏电保护器，漏电保护器就能检测到泄漏电流，并在人受伤害之前，快速切断电源，从而达到保护目的。漏电保护器的工作原理如图 12-20 所示。主要检测元件是零序电流互感器，它将测到的泄漏电流与预定的基准值比较，若大于预定值，便借助于脱扣线圈使脱扣器动作，切断电源回路。

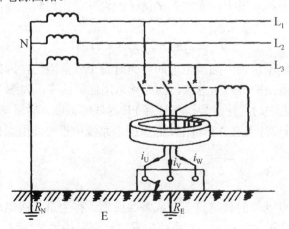

图 12-20 漏电保护器工作原理

实 训 练 习

1. 实训目的：掌握防雷、接地装置及用电措施。通过对接地装置的测试，学会接地电阻测量仪表的使用和注意事项；能够运用各种接地装置的测试方法，对接地装置进行测试；能够识别接地装置的类型、形式；能够对接地装置进行维护。
2. 实训地点：住宅小区或学校
3. 实训措施：参观接地线——引下线——埋地装置、接地装置。
4. 实训内容
（1）观察接地装置的组成。
（2）学习接地电阻测量仪表的使用和注意事项。
（3）学习接地装置的测试方法。
（4）学习接地装置的管理和维护。

复习思考题

1. 什么叫雷击距？雷击距大小与哪些因素有关？
2. 雷电的危害主要体现在哪些方面？
3. 什么叫滚球法？接闪器的保护范围如何确定？建筑物防雷等级与滚球半径有何关系，为什么？
4. 引下线的数量与什么有关？
5. 自然接地体与人工接地体有哪些区别？
6. 为什么垂直接地体之间要保持一定的距离？
7. 水平接地体有哪三种形式？
8. 什么叫保护接地？什么叫保护接零？什么情况下采用保护接地？什么情况下采用保护接零？
9. 重复接地有哪些功能？
10. 同一供电系统中，为什么不能同时采取保护接零和保护接地的方法？

第十三章

建筑弱电系统

【学习目标】

1. 学会火灾自动报警及灭火系统的内容及作用。
2. 学会广播音响系统的分类及组成。
3. 认识有线电视系统的组成及各种设备。
4. 了解安全防范系统的相关内容。
5. 认识电话通信系统的组成及程控用户交换机的软硬件系统。
6. 学会计算机网络系统的功能和拓扑结构。
7. 认识建筑弱电系统的维护和管理。

【能力目标】

◆ **项目一：火灾自动报警系统**
   1. 认识火灾自动报警系统的组成及工作原理
   2. 了解火灾探测器的类型
   3. 了解火灾自动报警控制器的作用和分类
   4. 了解消防联动控制系统的内容

◆ **项目二：广播及有线电视系统**
   1. 了解广播音响系统的分类和组成
   2. 认识有线电视系统的组成及各种设备

◆ **项目三：安全防范系统**
   1. 了解安全防范系统的作用和组成
   2. 认识各种安全防范子系统的具体内容

◆ **项目四：电话通信与计算机网络系统**
   1. 了解电话通信系统的组成以及程控用户交换机的软硬件系统
   2. 认识计算机网络系统的功能和拓扑结构

◆ **项目五：建筑弱电系统的管理和维护**
   1. 了解电话通信系统的维护管理
   2. 认识有线电视系统的维护管理
   3. 认识安全防范系统的维护管理
   4. 了解火灾自动报警系统的维护管理

【项目一】火灾自动报警系统

人类社会的发展一直与火密切相关，火造福于人类，但与此同时火灾也给人类社会带来了巨大的危害。

火灾的发生必须具备一定的条件，但是火灾发生的时间、地点却是难以预测的。火灾的种类很多，但是建筑火灾的发生率最高，损失也最严重。现代高层民用建筑一旦发生火灾，烟雾和火势就会沿着高层建筑的各种井道、楼梯间和电梯间等途径迅速蔓延到其他各层，给建筑物的防火与灭火设计以及城市消防工作增添了许多难度。

随着自动控制技术的发展，现在的自动消防报警及灭火控制系统已日臻完善。自动消防报警系统，可实现自动监测现场，自动确认火灾，自动发出声、光报警信号，自动启动灭火设备自动灭火，自动排烟，自动封闭火区等功能。还能实现向城市或地区消防队发出救灾请求，进行对讲联络。

自动消防系统的设计，已经大量融入了计算机控制技术、智能电子技术以及现代自动控制技术，并且消防设备及仪器的生产已经系列化、标准化。组成自动消防系统的设备、器件结构紧凑，反应灵敏，工作可靠，具有良好的性能指标。智能化设备及器件的开发与应用，使自动化消防系统的结构趋向于微型化及多功能化。

【任务一】火灾自动报警系统的组成及工作原理

火灾自动报警系统主要由火灾探测器、火灾报警控制器以及消防联动控制系统构成。

系统的工作原理：火灾探测器不断向减湿现场发出检测信号，监视烟雾浓度、温度、火焰等火灾信号，并将探测到的信号不断送给火灾报警器。报警器将代表烟雾浓度、温度数值及火焰状况的电信号与报警器内存储的现场正常规定值进行比较，判断确定火灾。当确认发生火灾时，在报警器上发出声光报警，并显示火灾发生的区域和地址编码并打印出报警时间、地址等信息，同时向火灾现场发出声光报警信号。值班人员打开火灾应急广播通知火灾发生层及相邻两层人员疏散，各出入口应急疏散指示灯亮，指示疏散路线。为防止探测器或火警线路发生故障，现场人员发现火灾时也可手动启动报警按钮或通过火警对讲电话直接向消防控制室报警。

在火灾报警器发出报警信号的同时，火警控制器可实现手动/自动控制消防设备。例如，关闭风机、防火阀、非消防电源、防火卷帘门，迫降消防电梯；开启防烟、排烟风机和排烟阀；打开消防泵，显示水流指示器、报警阀的工作状态等。以上控制均由反馈信号发送至火警控制器上。

火灾自动报警系统构成原理如图13-1所示。

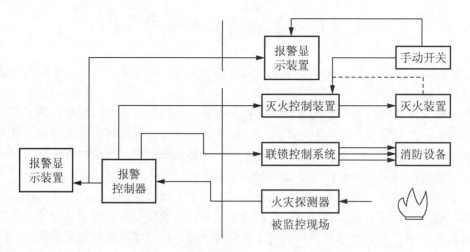

图13-1 火灾自动报警系统构成原理图

【任务二】火灾探测器

火灾探测器是火灾自动报警装置中最关键的部件,它好比火灾自动报警及控制系统的"眼睛"。火灾探测器把感受到的火灾参数转变成电信号,由信号线传输到火灾报警控制器。火灾报警控制器判断识别出火灾信息后,控制火灾警报器使其发出声响报警和灯光报警,并指示出报警位置。

根据火灾发生的机制,应采用不同的检测方法,选择合适类型的火灾探测器。

(一) 火灾发生的典型过程

在叙述火灾探测器的类型之前,先简述一下典型火灾发生的过程。

物质燃烧的基本现象是燃烧过程里一般伴随着烟、火、温度等反应,在燃烧过程中将有下列情况。

1. 温度(热)

物质燃烧时,必然有热量释放,使物体的周边环境温度升高。如果物质燃烧速度非常慢,温度变化的测试不易被鉴别出来。

2. 燃烧的气体与烟雾

一般燃烧物体在开始燃烧时都将释放出燃烧气体。由于燃烧气体和烟雾具有流动性和毒性,能够在建筑物内任意传播和扩散。所以,燃烧气体和烟雾是重要的火灾探测参数。在防火术语中把物质燃烧产生的燃烧气体和烟雾统称为烟雾气溶胶。

3. 火焰

火焰是物质着火产生的灼热发光的气体部分,也是物质的全燃部分。这时,物质燃烧反应的放热提高了温度,并引起燃烧物质放出各种波长的光,所以火焰作为燃烧的基本特征,也是重要的火灾探测参数。

作为火灾的典型起火过程,普遍可燃物质的表现形式是:产生燃烧气体烟雾;在氧气供应充分的条件下达到完全燃烧,产生火焰并发出一些可见光和不可见光,同时释放出大量的热,使环境温度升高,普遍可燃物由开始燃烧到火势渐大,最终酿成火灾。

对于化学品、油品等物质起火,由于起火速度快,并迅速达到全燃阶段,形成很少有烟雾遮蔽的明火火灾。这些都为火灾的自动探测提供了可靠的基础。

(二)火灾探测器的分类

依据不同的探测方法,火灾探测器可分为不同类型的探测器。例如,按其待测的火灾参数可以分为感烟式火灾探测器、感温式火灾探测器、感光式火灾探测器、可燃气体探测器以及烟温、温光、烟温光等复合式探测器。

1. 感烟式火灾探测器

感烟式火灾探测器是利用一个小型传感器来影响悬浮在其周围附近大气中的燃烧或热能产生的烟雾气溶胶的一种火灾探测器。

常用的有离子型感烟探测器、光电式感烟探测器以及电容式感烟探测器等。

2. 感温式火灾探测器

感温式火灾探测器是利用一个点或线缆式传感器来影响其周围附近的气流异常温度或升温速率的火灾探测器。

感温式火灾探测器根据其作用原理分为三类。

(1)定温式探测器,是指在规定时间内,火灾引起的温度上升超过某个定值时启动报警的火灾探测器。该探测器包括线型定温式探测器和点型定温式探测器两种。其中线型定温式探测器是当局部环境温度上升达到规定值时,可熔绝缘物熔化使两导线短路,从而产生火灾报警信号。点型定温式探测器是利用双金融片、易熔金属、热电偶热敏半导体电阻等元件,在规定的温度值上产生火灾报警信号。

(2)差温式探测器,是指在规定时间内,火灾引起的温度上升速率超过某个规定值时启动报警的火灾探测器。它也有线型和点型两种结构。线型差温式探测器是根据广泛的热效应而动作的,点型差温式探测器是根据局部的热效应而动作的,主要感温器件是空气膜盒、热敏半导体电阻元件等。

（3）差定温式探测器结合了定温和差温两种作用原理，并且将两种探测器结构组合在一起。差定温式探测器一般多是膜盒式或热敏半导体电阻式等点型组合式探测器。

3. 感光式火灾探测器

感光式火灾探测器是根据燃烧火焰的特征和火焰的光辐射而构成的用于响应火灾时火焰特性的火灾探测器。

感光式火灾探测器主要是指火焰光探测器，目前广泛使用紫外式和红外式两种类型。紫外火焰探测器是应用紫外光敏管（光电管）来探测 0.2~0.3pm 以下的由火灾引起的紫外辐射，多用于油品和电力装置火灾监测；红外火焰探测器是利用红外光敏元件（硫化铅、硒化铅、硅光敏元件）的光电效应来探测低温产生的红外辐射，光波范围一般大于 0.76pm。由于自然界中只要物体高于绝对零度都会产生红外辐射，所以利用红外辐射探测火灾时，一般还要考虑燃烧火焰的间歇性形成的闪烁现象，以区别于背景红外辐射。

4. 可燃气体探测器

可燃气体探测器是利用各种气敏元件或传感器来响应火灾初期气体中某些浓度或液化石油气等可燃气体浓度的探测器。

可燃气体探测器目前主要用于宾馆、厨房或燃料气储备间、汽车库、炼油厂、燃油电厂等存在可燃气体的场所。

可燃气体探测器的原理，可分为热催化型原理和气敏型原理等。

（1）热催化原理是指利用可燃气体在有足够氧气和一定高温条件下，发生在铂丝催化元件表面的无焰燃烧，放出热量并引起铂丝元件电阻的变化，从而达到可燃气体浓度探测的目的。

（2）气敏原理是利用灵敏度较高的气敏半导体元件吸附可燃气体后电阻变化的特性来达到测量的目的。

5. 复合式火灾探测器

复合式火灾探测器是可以响应两种或两种以上火灾参数的火灾探测器，主要有感温感烟型、感光感烟型、感光感温型等。

【任务三】火灾自动报警控制器

火灾自动报警控制器是全自动化消防系统的心脏，它是一个能分析、判断、记录和显示火灾情况的智能化装置。火灾报警控制器不断向探测器（探头）发出巡测信号，监视被控区域的烟雾浓度、温度等，探测器则将代表烟雾浓度、温度等的电信号反馈给报警控制器，报警控制器将这些反馈回来的信号与其内存中存储的各区域正常规定值进行比较分析，判断是否有火灾发生。当确认出现火灾时，报警控制器首先发出声光警报，提示职守人员，在控制器上还将显示探测出的烟雾浓度、温度等值以及火灾区域或楼层房号的地址编码，并将这些值以及火灾发生时间等记录下来。同时向火灾现场及相邻楼层发出声光报警信号。

火灾报警控制器按使用的范围分为区域火灾报警控制器、集中火灾报警控制器和控制中心火灾报警控制器三种形式。由区域报警控制器、集中报警控制器和控制中心报警控制器分别构成了火灾报警的三种模式，即区域报警系统、集中报警系统和控制中心报警系统。

（一）区域报警系统

区域报警系统由火灾探测器、手动报警器、区域控制器、火灾警报装置等构成。这种系统主要用于完成火灾探测和报警任务，通常应用在建筑规模较小，保护范围不大，且多为局部性保护的场所。例如，可单独用于工矿企业的要害部位（计算机房）和民用建筑的塔式公寓，办公楼等场所。区域报警系统的组成如图13-2所示。

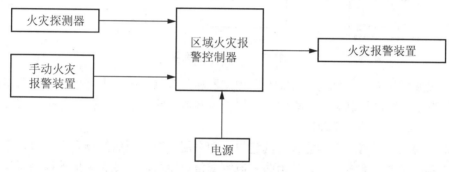

图13-2 区域报警系统

采用区域报警系统应注意以下几个问题。

（1）单独使用的区域报警系统，一个报警区域宜设置一台区域火灾报警控制器，必要时可使用两台。如果需要设置的区域火灾报警控制器超过两台，应当考虑采用集中报警控制系统。

（2）当用一台区域火灾报警控制器警戒多个楼层时，为了在火灾探测器报警后，管理人员能及时、准确地到达报警地点，迅速采取救火措施，应在每个楼层的楼梯口或消防电梯前室等明显的地方设置识别着火楼层的灯光显示装置。

（3）区域火灾报警控制器应设置在有人值班的房间或场所。如果确有困难，应安装在楼层走道、车间等公共场所或经常有值班人员管理巡逻的地方。

（二）集中报警系统

集中报警系统是由集中火灾报警控制器、区域火灾报警控制器、火灾探测器、手动火灾报警按钮以及火灾警报装置等组成的功能较复杂的火灾自动报警系统，其功能如图13-3所示。

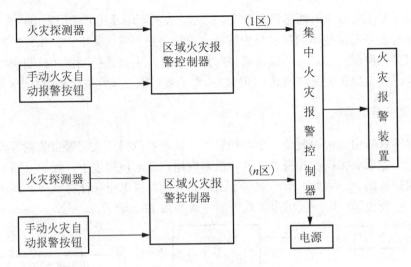

图 13-3 集中报警系统

集中报警系统应由一台集中火灾报警控制器和两台以上区域火灾报警控制器组成,系统中应设置消防联动控制设备。集中火灾报警控制器应能显示火灾报警部位的信号和联动控制状态信号,亦可进行联动控制。

集中报警系统通常用于功能较多的建筑,如高层宾馆、饭店等场合。这时,集中火灾报警控制器应设置在有专人值班的消防控制室或值班室内,区域火灾报警控制器设置在各层的服务台处。系统设备的布置应注意以下几个问题。

(1) 集中火灾报警控制器的输入、输出信号线,要通过控制器上的接线端子连接,不得将导线直接接到控制器上。输入、输出信号线的接线端上应有明显的标记和编号,以便于线路的检查、维修和更换。

(2) 集中火灾报警控制器应设置在有专人值班的房间或消防控制室。控制室的值班人员应当经过当地公安消防机构培训后,持证上岗。

(3) 集中火灾报警控制器所连接的区域火灾报警控制器应当满足区域火灾报警控制器的要求。

(三) 控制中心报警系统

控制中心报警系统是由设置在消防控制室的消防控制设备、集中火灾报警控制器、区域火灾报警控制器、火灾探测器以及手动火灾报警按钮等组成的功能复杂的火灾报警系统。其中消防控制设备主要包括火灾报警装置、火警电话、火灾应急照明、火灾应急广播、防排烟、通风空调、消防电梯等联动装置以及固定灭火系统的控制装置。控制中心报警系统的组成如图 13-4 所示。该系统适用于大型建筑群、高层及超高层建筑以及大型商场和宾馆等。控制中心报警系统是智能型建筑中消防系统的主要类型,是楼宇自动化系统的重要组成部分。

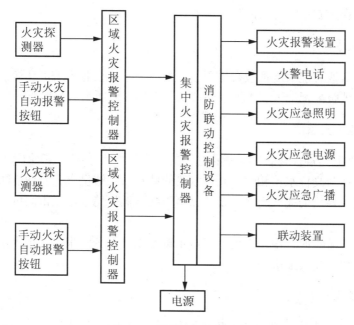

图13-4 控制中心报警系统

控制中心报警系统的设计应符合下列要求。

（1）系统中至少设有一台集中火灾报警控制器、一台专用消防联动控制设备和两台以上区域火灾报警控制器。消防控制设备和集中火灾报警控制器都应设在消防中心控制室。

（2）系统应能集中显示火灾报警部位信号和联动控制状态信号。设在消防中心控制室以外的各台区域火灾报警控制器的火灾报警信号和消防设备的联动控制信号均应按规定接到中心控制室的集中火灾报警控制器和联动控制盘上，显示其部位和设备号。

【任务四】消防联动控制系统

随着现代化、智能化建筑的发展，建筑物层次的增多，火灾的危害性也越来越大。由于高层建筑的特点，一旦发生火灾，火灾蔓延迅速，人员疏散困难。如果仅靠消防人员人工灭火，由于受各种条件限制，消防人员很难迅速靠近火区灭火。因此，在现代高层内部均要求设置火灾自动报警及联动控制系统，消防联动控制系统设计的好坏直接影响整个消防系统及灭火过程的成败。正由于消防联动控制系统在整个灭火过程中的重要作用，它越来越被广大电气设计工作者所关注。

（一）消防联动控制系统

火警报警后，主要的消防联动控制系统包括：①消防供水系统；②消火栓灭火系统；

③自动喷水灭火系统；④气体灭火系统；⑤泡沫灭火系统；⑥电动防火卷帘、防火、防烟、排烟系统；⑦电梯控制系统；⑧消防排水系统。

（二）消防供水系统

通常高层建筑或智能大厦都设有地下层，而在地下层设有水池，在楼层或大楼的天面也都备有水池，消防泵把地下层水池中的水抽至楼层或天面水池，增压，然后再供水。

（三）消火栓灭火系统

现代建筑，尤其是高层建筑和智能化建筑的消火栓供水系统在屋面上均设有高位水箱，消火栓的供水箱网与高位水箱相连。高位水箱的储水量足够供火灾初期消防泵投入前的灭火用水，消防泵投入后的灭火用水主要依靠消防泵从低位储水池或市区供水管网把水注入消防管网。

采用气压给水装置时，由于采用了气压水罐并以气压分隔来保证供水压力，所以，水泵的功率较小，也不需人工操作。

（四）自动喷水灭火系统

自动喷水灭火系统是一种固定式灭火系统，它适用于一类建筑中的剧场舞台、观众厅、展览厅、多功能厅、餐厅、厨房、商场、办公室及易燃品仓库等场所。

自动喷水灭火系统可分为两类：湿式系统和干式系统。这两类自动喷水灭火系统的区别主要在于吸水管道中是否处于充水状态。

自动喷水灭火系统从细划分，有以下几种：①干式喷水灭火系统；②湿式喷水灭火系统；③预作用喷水灭火系统；④雨淋喷水灭火系统；⑤水幕喷水灭火系统；⑥水喷雾灭火系统。

（五）气体灭火系统

气体灭火系统适用于不能使用水或泡沫灭火的场合，例如，大楼的变压器房、高低压配电室、柴油机发电机房、电话机房、档案资料室、计算机机房以及可燃气体及易燃液体仓库等。

气体灭火系统按其使用的气体可分为：①卤代烷灭火系统；②二氧化碳灭火系统；③氮气灭火系统；④蒸汽灭火系统。

（六）泡沫灭火系统

泡沫灭火系统是气体灭火系统的一种补充，一般泡沫灭火系统与气体灭火系统同时使用。

气体灭火系统无疑是一种非常好的灭火系统，它的最大优点是具有很高的灭火效率，但在释放气体之前,需要有一段延时的时间用于人员的疏散,这样给火势的蔓延提供了时间,给灭火工作增加了难度,特别是气体灭火系统保护区里的那些柴油机房及储油间或易燃物仓库,一旦着火,火势的发展是非常迅速的,若不能及时扑灭其后果是不堪设想的,尤其是发电机组遭受火灾破坏,将直接影响到整座大楼的供电系统。如果气体灭火系统与泡沫灭火系统同时安装在一个区域,在火灾发生时,泡沫灭火系统由于无延迟时间的影响可以立即启动投入灭火工作,迅速控制火势的发展,这比起气体灭火在延时后释放气体就快了一倍,灭火的效果比起气体灭火系统孤军作战要强的多。

泡沫灭火系统按发泡倍数可分为三种:①低倍数泡沫灭火系统;②中倍数泡沫灭火系统;③高倍数泡沫灭火系统。

(七)防火门、防火卷帘

防火门、防火卷帘的作用是防火、防烟、控制火势蔓延。

1. 防火门

防火门按门的固定方式一般分为两种:一种是防火门被永久磁铁吸住处于开后状态,火灾时可通过自动控制或手动将其关闭;另一种是防火门被电磁锁的固定锁扣住呈开后状态,火灾时由消防监控中心发出指令后电磁锁动作,固定门的锁被解开,防火门依靠弹簧把门关闭。

2. 防火卷帘

防火卷帘一般设在大楼防火分区通道口处,一旦消防监控中心对火灾确认之后,通过消防控制器控制卷帘的电机转动,使卷帘下落。其后,具有水幕保护系统的防火卷帘开启水幕电磁阀,消防控制器启动水幕泵,向防火卷帘喷水。

(八)防排烟系统

火灾发生时产生的烟雾主要是以一氧化碳为主,这种气体具有强烈的窒息作用,对人员的生命构成极大的威胁,其人员的死亡率可达到50%~70%以上,换言之,火灾时一氧化碳是人员伤亡的祸首。另外,火灾发生所产生的烟雾对人的视线的遮挡,使人们在疏散时无法辨别方向。因此,火灾发生后应该立即使防排烟系统工作,把烟雾以最快的速度迅速排除,尽量防止烟雾扩散到楼梯、消防电梯以及非火灾区域是当务之急。

防排烟系统的主要设备包括:①正压送风机;②油流排烟机;③排烟口;④送风口。

(九)电梯控制

电梯生产厂家在电梯控制系统中都已经设计了火灾紧急控制程序,在电梯的轿厢内又设有火灾紧急广播系统,用于疏散电梯内的人员。当电梯自身配备的火灾紧急控制程序完成了它的功能而停于首层后,火灾控制系统便启动火灾联动控制程序,切断电梯的电源(消防电梯除外）。

（十）应急照明与通信

1. 应急照明

应急照明包括事故照明和疏散照明指示灯，一般在市电停运时使用。在高层楼宇的疏散楼梯、防烟楼梯间、消防电梯及其前室、配电室、消防控制中心等重要地方设置火灾事故工作照明灯，并应保证其亮度达到继续工作所需要的亮度。

在商场营业厅、展览厅、多功能厅、娱乐场所等人员密集的地方以及疏散走道等地方设置火灾事故疏散照明灯。

疏散指示标志灯通常安装在疏散通道、通往楼梯或通向室外的出入口处，并采用绿色标志，安装在门的上部。

2. 消防专业通信

火灾发生后，为了便于组织人员和组织救灾活动，必须建立独立的通信系统用于消防监控中心与火灾报警器设置点及消防设备机房等处的紧急通话。火灾事故紧急电话通常采用集中式对讲电话，主机设在消防监控中心，分机分别设在其他部位。在建筑物消防报警系统中，大楼的各楼层的关键部位及机房等重地均设有与消防监控中心紧急通话的插孔，巡视人员所带的话机可随时插入插孔进行紧急通话。

【项目二】广播及有线电视系统

【任务一】广播音响系统

广播音响系统是指建筑物（群）自成体系的独立有线广播系统，是一种宣传和通信工具。由于该系统的设备简单、维护和使用方便、听众多、影响面大、工程造价低、易普及，所以在工程中被普遍采用。通过广播音响系统可以报送报告、通知、背景音乐、文娱节目等。

（一）广播音响系统的分类

在民用建筑工程中，广播音响系统可以归纳为以下三种类型。

1. 公共广播系统

公共广播系统包括背景音乐和紧急广播功能，平时播放背景音乐和其他节目；当出现紧急情况时，强切转换为报警广播。这种系统中的广播用的传声器与向公共广播的扬声器一般不处在同一个房间内，故无声反馈的问题。

（1）面向公众区的公共广播系统，这种公共广播系统主要用于语言广播。这种系统平时进行背景音乐广播，在出现灾害或紧急情况时，可切换成紧急广播。公共广播系统的特点是服务区域面积大，空间宽旷，声音传播以直达声为主。如果扬声器的布局不合理，因声波多次反射而形成超过 50m 以上的延迟，会引起双重声或多重声，甚至出现回声，影响声音的清晰度和声像的定位。

（2）面向宾馆客房的广播音响系统，这种系统包括客房音响广播和紧急广播，通常由设在客房中的床头柜放送。客房广播包含收音机的调幅（AM）、调频（FM）广播波段和宾馆自播的背景音乐等多个可供自由选择的波段，每个广播均由床头柜扬声器播放。在紧急广播时，客房广播即自动中断，只有紧急广播的内容强切传到床头扬声器。这时，无论选择器在任何位置或关断位置，所有客人均能听到紧急广播。

2. 厅堂扩声系统

厅堂扩声系统使用专业音响设备，要求使用大功率的扬声器系统，由于演讲或演出用的传声器与扩声用的扬声器同处一个厅堂内，存在声反馈的问题。所以，厅堂扩声系统一般采用低阻值直接传输方式。

（1）面向体育馆、剧场、礼堂为代表的厅堂扩声系统，这种扩声系统是应用最广泛的系统。它是一种专业性较强的厅堂扩声系统，不仅要考虑电声技术，还要涉及建筑声学。室内扩声系统往往有综合性、多用途的要求，不仅可供会场语言扩声使用，还可用于文艺演出，对声质的要求很高，受建筑声学条件的影响较大。对于大型现场演出的音响系统，要用大功率的扬声器系统和功率放大器，在系统的配置和器材选用方面有一定的要求。

（2）面向歌舞厅、宴会厅、卡拉 OK 厅的音响系统。这种系统应用于综合性的多用途群众娱乐场所，由于人流多，杂声或噪声较大，要求音响设备具有足够的功率，较高档次的还要求有很好的重放效果，故应配备专业的音响器材，在设计时注意将供电线路与各种灯具的调光器分开。对于歌舞厅、卡拉 OK 厅还要配置相应的视频图像系统。

3. 会议系统

会议系统包括会议讨论系统、表决系统和同声传译系统。这类系统一般也设置由公共广播提供的背景音乐和紧急广播两用系统。因有其特殊性，常在会议室和报告厅单独设置会议广播系统。对要求较高的国际会议厅，还需另外设计同声传译系统、会议表决系统以及大屏幕投影电视。会议系统广泛应用于会议中心、集团公司、大学学术报告厅等场所。

（二）广播音响系统的组成

广播音响系统由节目源设备、信号的放大和处理设备、传输线路和扬声器系统四部分组成。

1. 节目源设备

节目源通常有无线电广播，普通唱片，激光唱片（CD）和盒式磁带等；相应的节目源设备有 FM/AM 调谐器，电唱机，激光唱机和录音卡座等，还包括传声器，电视伴音和电子乐器等。

2. 信号的放大和处理设备

信号的放大和处理设备包括调音台、前置放大器、功率放大器和各种控制器及音响加工设备。信号的放大是指电压放大和功率放大；其次是信号的选择，即通过选择开关选择所需的节目源信号。调音台和前置放大器的功能是完成信号的选择和前置放大，担负对重放声音的音色、音量和音响效果进行各种调整和控制任务。

3. 传输线路

对于厅堂扩声系统，由于功率放大器与扬声器的距离不远，通常采用低阻大电流的直接馈送方式。而对于公共广播系统，由于服务区域广，距离长，为了减少传输线路引起的损耗，往往采用高压传输方式。

4. 扬声器系统

扬声器系统又称音箱或扬声器箱，它的作用是将音频电能转换成相应的声能。音箱由扬声器、分频器、箱体等组成。

（三）广播音箱系统设备的选择

1. 节目源设备的选择

节目源设备主要有传声器、AM/FM 调谐器、磁带录音机、电唱机和激光唱机。

（1）传声器也称麦克风，它可将声音转换成相应的电信号。

传声器的分类有以下三个方面：①按使用场合分为普通传声器、立体传声器、无线传声器、测量传声器和佩戴式传声器等；②按指向性分为双向传声器、单向传声器和无指向传声器；③按换能原理分为电容式传声器、压电式传声器、电磁式传声器和电动式传声器。

无论哪种类型的传声器都有一个振动系统，该系统由声波作用而引起振动，产生相应的电压变化、电容变化或电阻变化。

（2）调谐器可分为调幅调谐器和调频调谐器两种。调幅调谐器接收调幅（AM），调频调谐器接收调频广播信号（FM）。调谐器由高频放大器、本地振荡器、混频器等组成。

（3）磁带录音机是利用磁带进行录音和放音的电声设备，它是一种常用的节目源设备。

磁带录音机按使用方式分为：①盘式录音机，这种录音机质量好，稳定性好，主要用于录音公司、电视台等专业性强的单位；②盒式录音机，这种录音机使用的是供带盘和卷带盘同装在一个盒内的盒式磁带，它的使用范围最广；③卡式录音机使用卡式磁带，它主要用于广播电台播音和汽车放音。

2. 信号放大和处理设备的选择

信号放大和处理设备主要有调音台、前置放大器、功率放大器和频率均衡器等。

（1）调音台是专业音响系统的中心控制设备，它的任务是对各种输入信号进行匹配放大、混合、处理和分配控制。

调音台的基本功能包括：放大功能、处理功能、混合功能和分配功能。

（2）前置放大器的任务是将各种节目源送来的信号进行电压放大和各种处理，它包括均衡、节目源选择电路，音调控制，音量控制以及放大电路等。其输出信号送往后续功率放大器进行功率放大。

3. 扬声器的选择

扬声器又称扬声器箱（音箱），它的作用是将音频电能转换成相应的声能。扬声器箱主要由扬声器分频器和箱体组成。

扬声器箱按照用途分为：①高保真音响；②公共广播音箱；③防火、防水报警音箱；④监听音箱。

【任务二】有线电视系统

有线电视系统分为共用天线电视系统（CATV）和有线电视邻频系统。共用天线电视系统是以接收开路信号为主的小型系统，功能较少，其传输距离一般在 1km 以内，适用于一栋或几栋楼宇；有线电视邻频系统由于采用了自动电平控制技术，干线放大器的输出电平是稳定的，传输距离可达 15km 以上，适用于大、中、小各种系统。在城市中有限电视系统今后的发展方向为有线电视邻频系统，但是在资金缺乏地区，共用天线电视系统（CATV）仍然占有优势。习惯上，人们仍然称有线电视系统为共用天线电视系统。

（一）有线电视系统的组成

有线电视系统的组成，与接收地区的场强、楼房密集程度和分布、配接电视机的多少、接收和传送电视频道的数目等因素有关。它由信号源、前端系统、干线系统和用户分配系统四个部分组成。

1. 信号源

信号源是有线电视系统电视节目的来源，包括电视接收天线、调频广播接收天线、卫星地面接收设备、微波接收设备、自办节目设备等，主要作用是对开路信号、闭路信号、自办节目信号进行接收和处理。所谓的开路信号是指无线传输的信号，包括电视台无线发射的电视信号、微波信号、卫星电视信号、调频广播信号等；闭路信号是指有线传输的电视信号；自办节目信号是指 CATV 系统自备的节目源，如 DVD、VCD、CD、摄录像机等。

2. 前端系统

前端系统是指处于信号源之后和干线系统之前的部分,包括滤波器、天线放大器、调制解调器、频道变换器及混合器等。前端系统的主要作用是把从信号源送来的信号进行滤波、变频、放大、调制和混合等。由于 CATV 系统的规模不同,前端系统的组成也不尽相同。

3. 干线系统

干线系统是一个传输网络,是处于前端的混合器输出端到用户分配系统之间的部分,主要包括各种类型的干线放大器、干线电缆或光缆、光发射机、光接收机和调频微波中继等设备。干线系统的主要作用是把前端输出的电视射频信号高质量地传输给分配系统。

4. 用户分配系统

用户分配系统主要包括支线放大器、分配器、分支器、分支线、用户线及用户终端等。对于双向传输系统还配有相应的调制器、解调器、机顶盒、数据终端等设备。

分配系统的主要作用是:对于单向传输系统来说是把干线输出的下行信号有效地分配给千家万户;对于双向传输系统来说,是既要进行信号分配,还要把用户发出的上行信号传输给干线传输部分。

(二)有线电视系统的主要设备

1. 接收天线

(1)接收天线的作用包括:①磁电转换,指接收电视台向空间发射的高频电磁波,并将其转换为相应的电信号;②选择信号,就是在空间多个电磁波中,有选择地接收指定的电视射频信号;③放大信号,即对接收的电视射频信号进行放大,提高电视接收机的灵敏度,改善接收效果;④抑制干扰,即对指定的电视射频信号进行有效的接收,对其他无用的干扰信号进行有效的抑制;⑤改善接收的方向性,指电视台发射的射频信号是按水平方向极化的,而且近似于光波的传播性质,方向性强,这就要求接收机必须用接收天线来对准发射天线的方向才能最佳接收。

(2)天线的种类很多,随着无线电技术的不断发展,接收天线的种类也在不断更新。常见的分类有以下几种。①按工作频道分为单频道天线、多频道天线和全频道天线等;②按方向性分为定向天线和可变方向天线;③按功过频段分类主要有 VHF(甚高频)天线、UHF(特高频)天线、SHF(超高频)天线和 EHF(极高频)天线。

2. 混合器

混合器是将两路或多路不同频道的电视射频信号混合成一路输出的部件。

(1)混合器按工作原理可分为有源混合器和无源混合器;按工作频率分为频道混合器、

频段混合器和宽带混合器；按混合路数可以分为二混合、三混合、四混合和多混合器等。

（2）混合器的作用包括：①把多路射频信号混合成一路，共用一根电缆传输，以便实现多路复用；②对干扰信号进行滤波，提高系统的抗干扰能力；③可以把无源滤波器的输入端与输出端互换，构成分波器。

3. 放大器

放大器是对 CATV 系统传输的信号进行放大，以保证用户端信号电平在一定范围的一种部件。

（1）放大器的作用：①放大信号，保证信号电平幅度。放大即是对天线接收的电视信号进行放大，并对 CATV 系统本身的损耗、传输电缆的损耗、分配分支损耗和各个部件的插入损耗进行补偿，以保证信号的有效传输。②稳定信号输出电平。在 CATV 系统中，各个频道的信号强弱相差很大，一般都设置有自动增益控制电路或自动电平控制电路，自动调节放大器的增益和输出电平，以保证信号电平基本一致。由于信号在电缆里传输的损耗与频率的平方根成正比，频率越高损耗越大，所以还需要考虑自动斜率控制电路以自动控制放大器的斜率。

（2）放大器是 CATV 系统中各类放大器的总称，常见的放大器有以下几种。①天线放大器又称前置放大器，通常安装在天线的附近，对天线输出的微弱信号进行放大。②频道放大器，即单频道放大器。一般用在混合器的前面，对弱信号的频道进行放大，以提高前端信号的均匀性。③干线放大器是用在干线中补偿干线电缆传输损耗的放大器。④分配放大器安装在干线的末端，用来对信号进行放大、分配的放大器。它的主要作用是提高干线末端信号电平，以满足分配、分支的需要。⑤线路延长放大器是安装在支干线上，用来补偿支线电缆传输损耗和分支器的分支损耗与插入损耗的放大器。它的显著特点是只有一个输入端和一个输出端。

4. 调制器

调制器是一种把 AV（音频和视频）信号调制到高频信号上去的一种部件。

（1）调制器的主要作用有两个：一是将自办节目中的摄像机、录像机、VCD、DVD、卫星接收机、微波中继等设备输出的视频信号与音频信号加载到高频载波上面去，以便传输；二是把 CATV 系统开路接收的甚高频与特高频信号经过解调和调制，使之符合邻频传输的要求。

（2）调制器按工作原理分为中频调制式和射频调制式；按组成的器件分为分离元件调制器和集成电路调制器。

5. 解调器

解调器是一种从射频信号中取出图像和伴音信号的部件。解调器主要用在大、中型 CATV 的前端系统，从开始接收的射频信号中取出音、视频信号，然后与调制器配对，把音、视频信号重新调制到符合邻频传输要求的频道上，以便充分利用频道资源。

【项目三】安全防范系统

【任务一】安全防范系统的作用和组成

安全防范系统是物业管理中的重要组成部分，它不仅保护用户的财产及人身安全，而且保护重要文件、技术资料、图纸等知识资产。安全防范系统的设立是为了防止各种盗窃和暴力事件的发生，当不法分子侵入防范区域时，安全防范系统能使保安人员及时发现并能通过电视监视系统了解其活动。若发现有犯罪行为发生，报案系统能采取相应的防范措施，同时还有事件发生前后的信息记录，以便事后对事件发生经过进行分析。

另外，安全防范系统还具有保护知识资产的作用。在信息社会中，计算机及计算机网络的应用已十分普及，大量的文件和数据都存在计算机中。所谓保护知识资产一方面是防止信息网的泄露和被干扰，另一方面还要特别防止信息、数据被破坏，被删除和被篡改以及系统非法或不正确使用。

（一）安全防范系统的作用

安全防范系统是为了防止偷盗和各种暴力事件的发生而建立的，它为建筑物提供三个方面的保护。

1. 外部入侵时的保护

外部入侵时的保护是为了防止无关人员从外部侵入建筑物，具体来说是防止罪犯从窗户、门、天窗或通风管道等侵入建筑物中，把犯罪分子排除在保卫区域以外。

2. 区域保护

如果犯罪分子突破了第一道防线，进入楼内，安全防范系统将探测得到的信息发往控制中心，进行报警，由控制中心根据实际情况作出相应处理决定。

3. 目标保护

目标保护是安全防范系统对具体的物体（如保险柜、重要文件、重要场所等）进行的保护。

（二）安全防范系统的组成

安全防范系统主要由以下六方面组成：
（1）出入口控制系统；
（2）防盗报警系统；

(3) 方可管理系统；
(4) 闭路电视监视系统；
(5) 安保人员巡更系统；
(6) 停车场管理系统。

【任务二】安全防范子系统

（一）出入口控制系统

出入口控制系统也叫门禁管理系统，它对建筑物正常出入通道进行管理，控制人员出入，控制人员在楼内或相关区域的行动。

通常实现出入口控制方式有以下三种：

(1) 在需要了解其通行状态的门上安装门磁开关，如办公室门、通道门、营业大厅门等；

(2) 在需要监视和控制的门上（如楼梯间通道门、防火门等），除了安装门磁开关以外，还要安装电动门锁；

(3) 在需要监视、控制和身份识别的门或有通道门的高保安区（如金库门、主要设备控制中心机房、计算机房、配电室等），除了安装门磁开关、电控锁之外，还要安装磁卡识别器或密码键盘等出入口控制装置，由中心控制室监控；采用计算机多重任务处理，对各通道的位置，通行对象及通行时间等进行实时控制或设定程序控制，并将所有的活动用打印机或计算机记录，为管理人员提供系统所有运转的详细记录。

（二）防盗报警系统

防盗报警系统就是利用探测器对建筑内外重要地点和区域进行布防。它可以及时探测非法入侵，并且在探测到有非法入侵时，及时向有关人员示警。比如门磁开关、玻璃破碎报警器等可有效探测外来的入侵，红外探测器可感知人员在楼内的活动等。一旦发生入侵行为，能及时记录入侵的时间、地点，同时通过视频控制系统录下现场情况。

一个完整的防盗报警系统包括以下五部分。

1. 探测器

探测器是用来探测入侵者移动或其他动作的、由电子和机械部件所组成的装置。探测器通常由传感器和信号处理器组成。传感器是一种物理量的转化装置，在入侵探测器中，传感器通常能把压力、振动、声响和光强等物理量转换成易于处理的电量（电压、电流和电阻等）；信号处理器的作用是把传感器转化成的电量进行放大、滤波和整形处理，使之成为一种合适的信号，能在系统的传输信道中顺利的传送，通常把这种信号称为探测电信号。

防盗报警探测器主要分为以下四类。

(1) 点型报警探测器，是指报警范围仅是一个点的探测器。点型报警探测器又可分为开关入侵探测器和震动入侵探测器。

（2）直线型报警探测器，是指报警范围是一条直线的探测器。直线型报警探测器又可分为红外入侵探测器和激光入侵探测器。

（3）面型报警探测器，是指报警范围是一个面的探测器。面型探测器又可分为面型震动探测器和电磁感应入侵探测器。

（4）空间型报警探测器，是指报警范围是整个空间的探测器。空间型探测器又可分为声入侵探测器、微波探测器和视频运动探测器。

2. 信道

信道是探测电信号传送的通道。信道的种类较多，通常分为有线信道和无线信道两种。有线信道是指探测电信号通过双绞线、电话线、电缆或光缆向控制器传输；无线信道则是将探测电信号先调制到专用的无线电频道由发送天线发出，然后控制器的天线接收机将空中的无线电波接收下来，解调还原出控制报警信号。

3. 报警控制器

报警控制器由信号处理器和报警装置组成。报警信号处理是对信号中传来的探测电信号进行处理，判断电信号中"有"或"无"情况，输出相应的判断信号。若探测电信号中含有入侵者入侵信号，则信号处理器发出报警信号，报警装置发出声光报警，引起防范工作人员的警觉；反之，若探测电信号中无入侵者的入侵信号，则信号处理器送出"无情况"的信号，报警器不发出声光报警信号。

4. 响应力量

响应力量又称警卫力量。根据报警控制器发出的报警信号，警卫力量迅速前往出事地点，抓获入侵者，中断其入侵活动。

5. 验证设备

由于报警器不能做到绝对的不误报，所以往往附加电视监控和声音监听等验证设备，以确切判断现场发生的真实情况，避免警卫人员因误报而疲于奔波。

（三）楼宇对讲系统

楼宇对讲系统，又称访客对讲系统。它的作用是为来访客人与住户之间提供双向通话或可视通话，并由住户遥控防盗门的开关或向保安管理中心进行紧急报警的一种安全防范系统。

楼宇对讲系统按功能分为单对讲系统和可视对讲系统两种。

1. 单对讲系统

单对讲系统一般由电控防盗安全门、对讲系统、控制系统和电源等组成。

（1）楼宇对讲系统使用的电控防盗安全门是在一般防盗安全门的基础上加上电控锁、闭门器等构件组成，防盗门可以是栅栏式的或复合式的，关键是安全性和可靠性。

（2）对讲系统主要由传声器和语音放大器、振铃电路等组成，要求对讲语言清晰、失真度低。

（3）控制系统一般采用总线制传输、数字编码方式控制。只要访客按下户主的代码，对应的户主拿下话机就可以与访客通话，以决定是否需要打开防盗安全门。

（4）电源系统把电源提供给语音放大器、电气控制等部分。

2. 可视对讲系统

可视对讲系统适用于单元式的公寓和经济条件比较富裕的家庭，它由视频、音频和可控防盗安全门等系统组成。视频系统的摄像机可以是彩色的也可以是黑白的，最好选用低照度摄像机或外加灯光照明；摄像机的安装要求隐蔽且防破坏。户主从监视器的屏幕上看到访客的形象并且与其通话，决定是否打开可控的防盗安全门。

（四）闭路电视监控系统

电视监控系统是一种先进的、防范能力极强的安全系统。它的主要功能是通过遥控摄像机及其辅助设备，监视被控场所且把监测到的图像、声音内容传输到监控中心。

1. 电视监控系统的组成

闭路电视监控系统根据其使用环境、使用部门的不同和系统的不同功能而具有不同的组成方式。无论系统规模的大小和功能的多少，一般电视监控系统都由以下四个部分组成。

（1）摄像部分的作用是把系统所监视的目标，即把被摄物体的光、声信号变成电信号，然后送入系统的传输分配部分进行传送。摄像部分的核心是电视摄像机，它是光电信号转换的主体设备，是整个系统的眼睛。

（2）传输部分的作用是将摄像机输出的视频信号馈送到中心机房或其他监视点。控制中心的控制信号同样通过传输部分送到现场，以控制现场的云台和摄像机工作。

（3）控制部分的作用是在中心机房通过有关设备对系统的现场设备（摄像机、云台、灯光、防护罩等）进行远距离遥控。

（4）图像处理是指对系统传输的图像信号进行切换、记录、重放、加工和复制等。显示部分则是使用监视器进行图像重放，有时还采用投影电视来显示其图像信号。

2. 电视监控系统的分类

根据系统的技术和功能要求、系统的组成形式，电视监控系统可分为单头单尾系统、单头多尾系统、多头单尾系统和多头多尾系统。

（1）单头单尾系统是最简单的组成方式，它由一台摄像机和一台监视器组成，在一处连续监视一个固定目标。

(2) 单头多尾系统在多处监视同一个分散目标时，选用摄像机、电缆、视频分配器等。它是由一台摄像机向许多监视点输送图像信号，由各个点上的监视器同时观看图像。

(3) 多头单尾系统用在一处集中监视多个分散目标时，选用摄像机、电缆、切换控制器与监视器等。它除了具有控制功能外，还具有切换信号的功能。如果系统中没有动作控制的要求，那么它就是一个视频信号选切器。

(4) 多头多尾系统用在多处监视多个目标时，选用摄像机、传输电缆、切换分配器和视频分频器等。

（五）电子巡更系统

电子巡更系统是小区安全防范系统的重要补充，通过对小区内各区域及重要部位的安全巡视，可以实现不留任何死角的小区防范。

电子巡更系统是在小区各区域内及重要部位安装巡更站点，保安巡更人员携带巡更记录器按指定的路线和时间到达巡更点并进行记录，并将记录信息传送到管理中心。管理人员可调阅打印各保安巡更人员的工作情况，加强对保安人员的管理，实现人防和技防的结合。如果在指定的时间内，信号没有发到中央控制中心，或不按规定的次序出现信号，系统认为异常。有了巡更系统后，如果保安人员出现问题或危险，会很快被察觉，从而增加了大楼的安全性。

电子巡更系统一般分为有线巡更和离线巡更两种。

（六）停车场管理系统

建筑物的停车场管理系统是为了满足住户对车辆管理的需要，避免车辆被盗、被破坏，避免车辆乱停、乱放，同时可以加强对外来车辆的管理，是整治环境的具体措施。

现代化的停车场管理系统将机械技术、电子计算机技术、自动控制技术和智能卡技术有机地结合起来，通过计算机管理，实现了对车辆进出记录的管理并能自动储存，以备核查。图像对比识别技术有效地防止车辆被换、被盗；车位管理有效地提高了停车场的利用率；收费系统能自动核算收费，有效地解决了管理中费用流失或乱收费现象的出现。

【项目四】电话通信与计算机网络系统

【任务一】电话通信系统

现代社会正迈入信息时代，信息通信已成为建筑物必备的功能之一，而电话通信网是实现这一功能的基本设施。运用电话通信已成为人们日常生活、生产、办公、商业活动不可缺少的手段。在办公自动化的过程中需要实现语音、图像、数据、文件的传输和交换，而电话网和程控数字交换机是实现建筑对这些多元化通信功能的基础。其中，话音通信功能是最常见的基本功能之一。

（一）电话信息系统的组成

通信的目的是实现某一地区内任意两个终端用户间的信息交换，要完成这一目的，必须要解决三个问题：

（1）信号的发送和接收；

（2）信号的传输；

（3）信号的交换。

第一个问题由用户终端设备来解决（如电话机、PC 机等），它的主要功能是进行待发送的信息与信道上传送的信号之间的转换，它还能产生和识别系统内的信令或协议；第二个问题由各种类型的传输设备解决，从简单的音频传输线到复杂的多路载波设备、微波设备、数字通信设备以及光纤设备等，它的主要功能是有效可靠地传输信号；第三个问题由各种类型的交换设备来解决，它的主要功能是完成信号的交换，有电路交换、分组交换等。

因此，一个完整的电话通信网络应由终端设备、传输设备、交换设备三大部分组成。其中，终端设备为电话机，传输设备为用户线、中继线，交换设备为电话交换机。这三个组成部分构成一个电话网络的"硬件"。此外，还有一套"软件"，即各种规定，如信令、协议等。

（二）程控用户交换机的硬、软件系统

程控用户交换机是利用计算机来控制的交换机，它以预先编好的程序来控制交换机的持续动作。它的控制方式叫做"存储程序控制"（简称"程控"）。所用电话接续中需要做的工作及其步骤，都由交换机生产厂家预先编好程序，连同必要的数据存储在交换机中。当计算机识别到用户拨叫电话的信息后，便根据所存储的程序和数据，按步骤进行处理，完成预定的电话接续。

1. 硬件系统

程控用户交换机按其技术结构可以分为程控模拟机和程控数字交换机两类，目前，数字交换机在逐渐取代模拟交换机。数字程控用户交换机的主要特征是其交换矩阵中的信号是数字化的，它由话路设备和控制设备组成。

话路设备的具体组成随交换机的类型和用途而异，最基本的话路设备是用户线、中继线的终端接口以及连接通路的交换网络。此外还有一些信号部件也连接到交换网络，对用户交换机而言，还具有话务台。

2. 软件系统

在程控交换机中，软件是必不可少的，没有软件，程控交换机就不能实现各种控制，正是由于软件和硬件的有机结合，方有程控交换的实现。程控交换机的软件主要采用高级语言，部分程控交换机也采用汇编语言编写。在我国多采用C语言，还有不少的用户交换机的软件系统是用汇编语言编写的。

程控交换机的软件非常复杂，其程序可达几万条甚至几十万条。总体说来，程控用户交换机的软件可分为运行软件和支援软件两大部分。运行软件是程控用户交换机运行的必需部分；支援软件比运行软件大得多，它的任务是将设计、开发、运行到管理整个软件计算机化。

（1）运行软件大致可分为三个部分：系统软件、应用软件和数据。交换机软件的系统软件由操作系统构成，统一管理交换机的所有硬件软件资源。操作系统是交换机硬件和应用软件之间的接口。应用软件直接面向用户服务程序，它包括呼叫处理、运行管理、维护管理三部分。

（2）程控交换机支援软件的任务主要是从设计、开发到运行整个软件的软件周期来完成程控交换机软件的设计、开发、生产、管理和维护工作，是一种"支援软件的软件"，运行该软件可以节省大量的人力劳动。支援软件大体上包括以下几个方面：软件开发支援软件、应用工程支援软件、软件加工支援软件和交换局管理支援软件。

【任务二】计算机网络系统

计算机网络技术是计算机技术与通信技术的结合，是建筑物的核心技术，涉及通信网络系统、办公自动化系统和建筑设备自动化系统，它通常延伸到大厦的各个楼层及角落。计算机网络系统已成为建筑物的重要基础设施之一。

（一）计算机网络的定义和功能

计算机网络是通过通信设备将地理上分散的多个计算机系统连接起来，按照协议互相通信，达到信息交换、资源共享、可互操作和协作处理的系统。

尽管每个计算机网络都有着很强的应用背景，其功能也不尽相同，但一般而言，大部分计算机网络都具有以下基本功能。

1. 共享外设

在独立个人计算机中，所有设备的使用都是独占式的，例如，打印机只能接到某一台计算机的打印端口。如果其他计算机需要使用，则需要将打印机搬过去，重新安装和设置才可以使用。而某些外设（如激光打印机），由于价格昂贵，安装过程麻烦，不可能给每一台计算机都配备，这样使用时就更加不方便。而外设最大的特色是外围设备的共享。例如，我们在网络中只需要配置一个高容量的硬盘或一台打印机，那么所有的用户都能共同使用它。计算机外设的共享使得网络中的每一位用户都可以享受到网络中所有的共用设备，而且同本地设备的使用几乎没有区别，这一点对于合理配置设备，最大限度增大设备的利用率有很大的意义。

2. 资源共享

在日常的工作或学习中，我们经常要进行资料的收集、整理、发布，或进行文件交换。文件交换是一件很麻烦的事情，而在网络中这一切就变得很轻松。在网络中只要建立一份资料文件，所有的用户都可以随意查看、复制这些资料，而网络的快速的数据传输和高度的可靠性，使得文件和资料交换变得轻松、方便。

在网络中还可以做到数据库和软件的使用共享。很多商用软件都可以安装到服务器上，在客户端只需安装一小部分组件就可以享受到所有的功能，这样就可以省下每一台计算机安装该程序的存储空间。

3. 网络通信

通过网络我们不但可以方便地进行资源的共享，还可以轻松地进行网络通信，网络通信的高效、快捷是其他通信方式无法比拟的。

在网络系统中，我们可以很方便地将数据传递给别人，当然也可以接收别人传给我们的数据，这样可以在最短的时间内获得我们所需的信息。例如，很多单位的各个部门可以利用网络相互传递所需要的数据资料、内部公文等。

在计算机网络中，我们可以通过网络通信软件进行联系。通过一些即时消息传送软件，我们可以随时保持联系；通过另一种信息传递形式"电子邮件"（E-Mail），我们可以随时随地的发送和接收邮件。

（二）常见网络拓扑结构

网络的拓扑结构就是网络的布线方式。目前最常见的局域网络拓扑有总线型、星型和环型三种，每一种拓扑都有其优缺点。

1. 总线型拓扑

在总线型拓扑结构中，网络的结构类似于小河汇入长江。所有主机节点都串接在同一条传输线上，所有的信号在中央的总线上传递，并流经每一个节点，就像是公共汽车不停地在各站点之间来回行驶。

在总线型拓扑中，数据的传输方式比较简单。某一台主机发出的数据信号，将会在拓扑中传递，向整个网络区段进行广播，每个节点都可以接收到这个数据信息，并且会对这个数据信号进行监测，看是否和自己的地址相符合。如果相符合，则接收数据，否则就不予理会。由于总线型拓扑所有的节点共用一条传输线，并且不需要其他网络设备，所以组网成本较低，但是整个网络中没有中央接点。所以在网络中发生故障时，对于故障点的查找比较困难。

2. 星型拓扑结构

星型拓扑是目前最为流行的网络结构，它的连接方法是将所有的主机都以点对点的方式连接到某一中枢设备，由该中枢设备进行网络数据的转发。由于中枢设备连接着所有的节点，因此任何两台主机之间的通信，都必须通过该中枢设备。

星型拓扑的优点就是所有的节点都连接到中枢设备，可以集中管理，在网络查找故障点很容易，并且任何一台主机的故障一般都不会影响到其他主机，因此是现在网络布线的首选。星型拓扑当然也有缺点，因为使用星型拓扑，网络以点对点布线，所以需要的线缆较多，成本相对较高。另外，由于所有信息都必须经过中央设备，因此一旦该设备瘫痪，则整个系统无法使用。

3. 环型拓扑

环型拓扑是将所有的主机都串联在一个封闭的环路中。数据信号一次性通过所有的工作站，最后再回到发送信号的主机。每一个主机都依次查看线路上的信息，对比信息中的目标地址，决定是否接收该信息。

在环型拓扑中，每一台主机都具有类似中继器的作用。在主机接收到网络数据信息后，会将该信息恢复为默认的强度再发送出去。因此在环型拓扑中，信号的强度一般都能够得到保证。环型拓扑的最大困难就是扩充很不容易，灵活性小。而且只要有一台主机发生故障，整个网络都将停止运行。所以现在已经较少应用了。

(三) 局域网和因特网

1. 局域网

在企业和各单位中，局域网在信息发布和办公室运作等各方面已经扮演了核心的角色。推动局域网广泛应用的主要因素是个人计算机使用数量的飞速增长，如果把这些个人计算机运用网络技术互相连接起来，将可以极大地提高它们的使用效率。

局域网是一种各种设备互相连接的通信网络，并提供在这些设备之间进行信息交换的途径。局域网一般覆盖范围比较小，通常为一栋大楼或相邻的一些办公室，而且往往是通过把个人计算机连接起来而形成小型网络。从局域网的名称和意义来看，我们可以联想到它是受到地理上距离的限制。事实上，我们通常将传输距离在1000m以下的网络称为局域网。

总而言之，局域网基本上是由连接各个 PC 及工作站所需的软硬件组合而成的，以便达到资源共享、交换信息、提高工作效率的目的。局域网的拓扑形式选用总线型、环型、星型结构，这些结构不需要进行复杂的路径选择。局域网的传输介质一般为双绞线、同轴电缆、光纤等。

2. 因特网

因特网称为国际互联网，是通过 TCP/IP 协议将各种网络连接在一起的网络。因特网除了具有资源共享和分布式处理的特点以外，它最大的特点是交互性，即每一个联网终端既可以接收信息，又可以在网上发送自己的信息；每个入网的用户即是网络的使用者，同时也是信息的提供者。因而连接的网络越多，因特网提供的信息也就越丰富，因特网就越有价值。由于因特网的入网方式简单，不需要用户了解网络的具体形式，也不需要考虑用户使用的机型，只要具有一台计算机和一个调制解调器，就可以进入到世界的任何一个网络，和其他网上的用户进行联系。因此，它已逐渐成为人们与现代社会密切联系的重要窗口。

【项目五】建筑弱电系统的管理和维护

【任务一】电话通信系统的维护管理

电话通信系统的维护主要有以下几方面。

（一）交换系统本身的维护

设置在总机室内的交换系统是连接外线和内线的核心设备。要减少系统故障，首先是保证这一核心设备的运转正常。现在的交换系统多为自动电话系统，要做到防尘、防震和防腐蚀性气体，并最好能使其维持在一定的温度和湿度范围内工作。

（二）供电电源保障

一个电话通信系统一般应有交流—整流和蓄电池—直流的两路独立电源。两路电源的切换要方便，这样才可保障即使某一供电系统发生故障也不会对电话通信产生较大的影响。

（三）程控交换机房的维护管理

完好的设备是优质服务的基础，电话通信部门的管理人员和操作人员要非常重视设备管理工作，要按照有关的制度要求，认真做好用户程控交换机的维护和管理。

1. 用户程控交换机房的工作制度

（1）机房内应有人进行 24 小时值班，值班人员应认真做好当班记录，并做好交接班工作。

（2）严格遵守岗位职责和有关的各项规章制度。

（3）严禁与机房无关的人员进入机房，非本专业人员严禁操作、使用机房内的有关设备。

（4）严格遵循程控交换机机房的各项操作规程，按时完成周期检测，做好日常维护工作，确保程控交换机的正常运行。

（5）未经同意，不得随意修改各类管理数据。

（6）注意安全，避免发生人为故障。不得随意拆卸机器、设备零件，如遇较大故障，应及时逐级上报。

2．用户程控交换机机房的环境卫生制度

（1）机房环境应保持在最佳条件下，即温度在 20℃～25℃，相对湿度在 20%～70%范围内。

（2）严格控制机房内的极限条件，即温度在 10℃～40℃，相对湿度在 20%～80%范围内。

（3）机房的防尘要求为每年积尘应限制在＜$10g/m^2$ 范围内。

（4）进入机房要在过滤门廊内换鞋以保证地面整洁。

（5）防静电地板要每天吸尘，绝对不能用扫帚清除。

【任务二】有线电视系统的维护管理

有线电视系统的维护管理主要有以下几方面。

1．保证系统选用器件的质量标准

电子器件的质量高低对系统优劣影响很大。例如，放大器的噪声系数大小是限制其灵敏度的主要因素，所以一般的天线放大器要求其噪声系数为 5～8dB，线路放大器为 8～12dB。

2．保证输出端正常运行

系统组成和传输网络要合理，线路和器件的敷设要牢固，特别是接点不能有松动和虚焊，输出端不能短路。

3．调试用户端电平

要使用户能获得 4 级电视图像，一般应有 60dB 的信号电平才合理，否则图像质量变坏，并会产生雪花干扰。但信号太强也会使图像质量下降，一般彩电控制在 75dB 左右，黑白电视在 70dB 左右为宜。

4．调控较高的载噪比

噪声是反映各种内外干扰电压的总称。如果噪声过大，电视图像会有网状白线、黑线；画面会出现翻滚扭曲和重影等问题，同时伴音质量也会大为降低。因此，在 CATV 系统中，载噪比一般不应低于 43dB。

5．交调与互调指数要符合规定

交调与互调都是反映信号对电视图像的干扰。交调的干扰反映在画面上是有一条白而光的条带水平移动，即出现"雨刷现象"。互调干扰则是出现网纹或斜纹的干扰图像。我国规定交调指数 CM＞49dB，互调指数 IM＞54dB。

6. 定期维护管理

经常对线路巡检，对天线分配器、放大器、分支器等重要器件定期进行调试，保证参数的正确和合理。

【任务三】安全防范系统的维护管理

下面介绍一下安全防范系统中的防盗与对讲系统的维护管理。

（1）维修保养工作应指定专人进行，其他人员不得随意波动解码器开关，不得对主机箱开盖检测箱内元件。

（2）检查机箱电源电压是否合乎要求，紧固各电线接头，清扫机箱内外灰尘。

（3）防盗门启闭机械装置要定期润滑，及时更换因疲劳原因失去功能的零件。

（4）每半年对整个系统的主机、线路、层楼解码器进行一次检查。

（5）进行建筑维修时，应避免对主机产生较大震动，并注意防止水流入主机箱内。

【任务四】火灾自动报警系统的维护管理

保证火灾自动报警系统的连续正常运行和可靠性对建筑物的消防安全是十分重要的。火灾自动报警系统必须经当地消防监督机构验收合格后方可使用，任何单位和个人不得擅自决定使用。

（一）维护管理应注意的事项

（1）应有专人负责火灾自动报警系统的管理、操作和维护，无关人员不得随意触动。系统的操作维护人员应由经过专门培训，并由消防监督机构组织考试合格的专门人员担任。值班人员应熟练掌握本系统的工作原理及操作规程，应清楚了解建筑物报警区域和探测区域的划分以及火灾自动报警系统的报警部位号。

（2）火灾自动报警系统应保持连续正常运行，不得随意中断运行。如果一旦中断，必须及时通报当地消防监督机构。

（3）为了保证火灾自动报警系统的连续正常运行和可靠性，应根据建筑物的具体情况制订出具体的定期检查试验程序，并依照程序对系统进行定期的检查试验。在任何试验中，都要做好准备，以防出现不应有的损失。

（二）定期检查和试验的内容

1. 每日的试验和检查

使用单位每日应检查集中报警控制器和区域报警控制器的功能是否正常。检查方法：有自检、巡检功能的，可通过扳动自检、巡检开关来检查其功能是否正常；没有自检、巡检功能的,可采用给一只探测器加烟(或加温)的方法使探测器报警,来检查集中报警控制器或区域报警控制器的功能是否正常。同时,检查复位、消音、故障报警的功能是否正常。如果发现不正常,应在日登记表中记录并及时处理。

2. 季度试验和检查

使用单位每季度对火灾自动报警系统的功能应做下列试验和检查。

(1) 按生产厂家说明书的要求,用专用加烟(或加温)等试验分期分批试验探测器的动作是否正常。试验中发现有故障或失效的探测器应及时更换。

(2) 检验火灾报警装置的声光显示是否正常。试验时,可一次全部进行试验,也可部分进行试验,试验前一定要做好妥善安排,以防造成不应有的恐慌或混乱。

(3) 对备用电源进行1~2次充放电试验,进行1~3次主电源和备用电源自动切换试验,检查其功能是否正常。

(4) 有联动控制功能的系统,应自动或手动检查消防控制设备的控制显示功能是否正常。

(5) 检查备品备件、专用工具及加烟、加温试验器等是否齐备,并处于安全无损和适当保护状态。检查所有消防用电设备的动力线、控制线、报警信号传输线、接地线、接地盒及设备等是否处于安全无损状态。

(6) 巡视检查探测器、手动报警按钮和指示装置的位置是否准确,有无缺漏、脱落和丢失。

3. 年度检查试验

使用单位每年对火灾自动报警系统的功能应做全面检查试验,并填写年检登记表。

实 训 练 习

1. 实训目的:掌握火灾自动报警及灭火系统的内容及作用、广播音响系统的分类及组成、有线电视系统的组成及各种设备、安全防范系统的相关内容、电话通信系统的组成及程控用户交换机的软硬件系统、计算机网络系统的功能和拓扑结构、建筑弱电系统的维护和管理。

2. 实训地点:住宅小区、办公楼、商业楼

3. 实训措施:参观各种建筑的建筑弱电系统中的火灾自动报警系统、广播音响系统、有线电视系统、安全防范系统以及电话通信系统和计算机网络系统。

4. 实训内容

(1) 学习火灾自动报警系统及灭火系统的内容。

(2) 学习在建筑物内广播音响系统的组成及不同种类。

（3）学习有线电视系统中的各种设备。
（4）学习建筑内安全防范系统的内容。
（5）学习电话通信系统的组成。
（6）学习计算机网络系统的功能及结构。
（7）学习建筑弱电系统的维护和管理。

复习思考题

1. 简述火灾自动报警系统的工作原理。
2. 火灾探测器有哪些分类？每种火灾探测器是如何工作的？
3. 控制中心报警系统的功能是什么？控制中心报警系统由哪些设备组成？
4. 消防联动系统由哪几部分组成？
5. 简述广播音响系统的组成及分类。
6. 在有线电视系统中放大器的作用有哪些？
7. 简述安全防范系统的作用及组成。
8. 一个完整的防盗报警系统由哪几部分组成？简述防盗探测器的种类。
9. 简述计算机网络的作用。
10. 分别介绍计算机网络的三种拓扑结构。
11. 简单说明在建筑弱电系统的维护管理中需要注意的问题。

第十四章
建筑智能化简介

【学习目标】

1. 了解智能建筑的产生背景、现状及发展趋势。
2. 熟悉建筑智能系统的系统组成及系统结构。
3. 掌握智能化系统的实际应用以及管理中应注意的事项;能够对各类建筑智能系统进行一般管理。

【能力目标】

◆ **项目一:建筑智能化的基本概念**
   1. 认识建筑智能化
   2. 认识建筑智能化的组成和功能
   3. 认识建筑智能化的特点
   4. 认识建筑智能化的发展趋势

◆ **项目二:建筑智能化系统简介**
   1. 认识综合布线系统(GCS)
   2. 认识 3A 系统
   3. 认识建筑智能化系统的集成(SIC)

◆ **项目三:住宅小区的智能化系统**
   1. 认识小区智能化系统的组成
   2. 认识家庭智能化系统的组成
   3. 认识小区智能物业管理系统
   4. 认识小区通信网络系统

◆ **项目四:建筑智能化物业管理**
   1. 认识建筑智能化物业管理及特点
   2. 建筑智能化设备的运行与维护管理
   3. 建筑智能化的节能管理

【项目一】建筑智能化的基本概念

【任务一】建筑智能化

目前，世界各国对建筑智能化（Intelligent building，IB）尚没有统一的标准和定义。

1. 国外对"智能建筑"的定义

（1）美国智能化建筑学会（AIB Institute）对 IB 的定义是："IB 是将结构、系统、服务、运营及其相互联系全面综合，达到最佳组合，获得高效率、高功能与高舒适性的建筑。"

（2）日本智能大楼研究会的定义是："建筑智能化"就是有效地利用现代信息与通信设备，采用楼宇自动化技术高度综合管理的大楼。

（3）欧洲智能建筑界认为："IB 是能以最低的保养成本最有效地管理本身资源，从而让用户发挥最高效率的建筑。"它强调高效率地工作、环境的舒适及低资源浪费等。

（4）新加坡要把全岛建成"智能花园"，其规定 IB 必须具备以下条件：一是具有先进的自动化控制系统，能够自动调节室温、湿度、灯光以及控制保安和消防等设备，创造舒适安全的环境；二是具有良好的通信网络设施，使信息能方便地在建筑内或与外界进行流通。

2. 我国对"智能建筑"的定义

我国智能建筑设计标准（GB/T 50314-2000）的定义是：智能建筑是以建筑为平台，兼备建筑设备、办公自动化及通信网络系统，集结构、系统、服务、管理及它们之间的最优化组合，向人们提供一个安全、高效、舒适、便利的建筑环境。

其基本内涵是：以综合布线系统为基础，以计算机网络系统为桥梁，综合配置建筑物内的各功能子系统，全面实现对通信系统、办公自动化系统、大楼内各种设备（空调、供热、给排水、变配电、照明、电梯、消防、公共安全）等的综合管理。

无论是智能大厦还是智能小区，国外和国内的专家所阐述的概念虽然文字各异，但都从方法、功能、目的三个层面叙述了智能建筑的基本内涵，即：运用现代高科技与现代建筑艺术相结合的方法，实现安全、便利、舒适、快捷的基本功能，达到服务于人的最终目的。

【任务二】建筑智能化的组成和功能

1. 建筑智能化的组成

智能建筑主要由以下几个基本部分构成：建筑物本体、各类管道、各类设备、各子系统、中央控制室及系统集成、综合布线、各类传感器、控制器和执行器。以上各个基本部分可构成建筑智能化的三大系统，即通信自动化系统（Communication Automation System，简称 CAS）、办公自动化系统（Office Automation System，简称 OAS）和建筑设备自动化系统（Building Automation system，简称 BAS），称为"3A"，如图 14-1 所示。

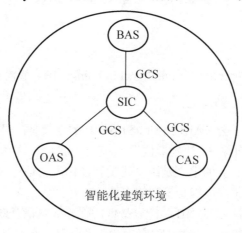

图 14-1　建筑智能化的组成

如果把智能建筑比作一个具有思维能力的"人"，则建筑物本体是这个人的"身躯"；各智能化系统是这个人的"四肢"；种类繁多的设备是这个人的"手足"；林林种种的管道是这个人的"血管"；综合布线是这个人的"神经系统"；各类传感器、执行器是这个人的"感官"；而中央控制室和系统集成就是这个人的"大脑"。

2. 建筑智能化的功能

（1）安全功能：该功能包括周界防卫系统、电视监控系统、巡更系统、门禁对讲系统及室内安全防范系统。

（2）通信功能：除了传统的电视网络和电话网络外，Internet 通信接入网是智能建筑和智能小区必不可少的设施。

（3）管理功能：该功能包括楼宇设备自控系统、车库出入口管理系统、广播音响系统、灯光控制系统、远程抄表系统及家电远程控制系统。

【任务三】建筑智能化的特点

建筑智能化具有以下五个方面的特点。

1. 高效

在信息时代，时间就是金钱。智能系统可以大大提高工作效率。

2. 节能

在满足使用者对环境要求的前提下，智能大厦可以最大限度地减少能源消耗。

3. 灵活

智能建筑的建筑结构设计具有智能功能，是开放式框架剪力墙结构，允许用户迅速而方便地改变建筑物的使用功能或重新规划建筑平面。室内办公场所必需的通信与电力供应也具有极大的灵活性。

4. 舒适

智能建筑有全套安保、消防、各类设备的自动控制系统。这些为人们带来了更加安全、健康、舒适的生活和工作环境。

5. 经济

依靠智能系统的智能化管理功能，可降低机电设备的维护成本，同时由于系统的高度集成，系统的操作和管理也高度集中，人员安排更合理，使得人工成本大大降低。

【任务四】建筑智能化的发展趋势

1. 建筑智能化外延的变化

（1）智能化材料与智能化结构的发展：开始使用自修复混凝土，光纤混凝土，智能化平衡结构。

（2）建筑智能化的种类与地理范围的扩展：建筑智能化正向智能小区、智能城市发展，与数字国家和数字地球接轨。

2. 建筑智能化技术与绿色生态建筑的结合

在生态建筑中，可通过采用智能化系统来监控环境的空气、水、土的温湿度，自动通风、加湿、喷灌；监控管理三废（废水、废气、废渣）的处理等，并实现节能。

3. 信息技术的发展和标准化将不断提升建筑智能化系统的质素

高新技术在建筑智能化中的应用与发展，智能传感技术与智能控制技术的发展和应用，建筑智能化本身就是传统的建筑技术与新兴的信息技术相结合的产物。

【项目二】建筑智能化系统简介

【任务一】综合布线系统

1. 综合布线系统的概念

综合布线系统（Premises Distribution System，简称PDS）是一套集成化通用的传输系统，是一种开放式的传输平台，它综合了智能建筑中的语音、数据、图像信号，并将多种设备纳入这套标准的配线系统，各种设备可以方便地插入统一的、标准的信息插座，有效地提高了传输系统的兼容性，满足了设备扩充和重新组合的需要，促进了通信、信息网络结构的通用化、集成化和模块化。

2. 综合布线系统的作用

综合布线系统对于智能大厦来说，就如体内的神经系统，其特点是将所有语音、数据、视频、弱电监控信号等信息传输所需要的布线，经过统一的规划设计，综合在一套标准的布线系统中；将智能大厦的各项智能化系统（包括 BA 系统、CA 系统、OA 系统、FA 系统和 SA 系统等）有机地互相连接起来，为智能大厦提供统一的物理传输介质。

3. 综合布线系统的应用类型

针对智能大厦中不同的应用要求，综合布线系统的设计分为下列三种不同的类型。

（1）智能大厦通信与网络设备综合布线系统：系统布线主要是针对智能大厦及建筑群中所有计算机、通信设备的布线而设计，在此布线系统上，传输信号以语音、数据信号为主，这是应用得最为广泛的综合布线系统。

（2）智能大厦各通信设备和电子设备综合布线系统：系统布线主要为智能大厦中通信电子设备系统的集成，提供了一个灵活的、模块化的、智能化的连接平台，系统布线在通信设备综合布线的基础上加以扩展，它不但支持传输语音、数据、图像信号，而且还支持传输其他的弱电信号。

（3）智能化园区或工业厂区各通信设备和电子设备综合布线系统：该类布线系统主要支持分布地域比较广的智能建筑园区中各类信息的传输，系统布线以光纤线缆为主干线来连接园区内各个建筑物中的计算机子网和通信设备。每个建筑物内的计算机子网及通信设备所需的物理传输介质则由上述两类综合布线系统构成。

【任务二】3A 系统

（一）建筑设备自动化系统

建筑设备自动化系统是将建筑物（或建筑群）内的电力、照明、空调、运输、防灾、保安、广播等设备以集中监视、控制和管理为目的而构成的一个综合系统。它使建筑物成为安全、健康、舒适、温馨的生活环境和高效的工作环境，并能保证系统运行的经济性和管理的智能化。建筑设备自动控制系统的组成及功能如下所述。

1. 电力系统

确保电力系统安全、可靠的供电是智能建筑正常运行的先决条件。除满足继电保护与备用电源自动投入等功能要求外，还必须具备对开关和变压器的状态，系统的电流、电压、有功功率与无功功率等参数的自动监测，进而实现全面的能量管理。

2. 照明系统

智能照明控制在保证照明使用的基础上，重点解决照明系统的节能性。在应用中通过声控和照明区域亮度的感应实现人走灯熄，并结合用程序设定开／关灯时间，利用钥匙开关、红外线、超声波及微波等测量方法，达到照明节能的效果。

3. 空调与冷热源系统

尽量降低空调系统的能耗，主要节能控制措施有以下几种。
（1）设备的最佳启／停控制。
（2）空调及制冷机的节能优化控制。
（3）设备运行周期控制。
（4）蓄冷系统最佳控制等。

4. 环境监测与给排水系统

监测空气的洁净与卫生度，采取排风与消毒等措施。

5. 电梯系统

电梯系统利用计算机实现群控，以达到优化传送、控制平均设备使用率与节约能源运行管理等目的。电梯楼层的状况、电源状态、供电电压及系统功率因数等亦需监测，并联网实现优化管理。

6. 火灾自动报警系统

火灾自动报警系统（automatic fire alarm system，AFAS）能够及时报警和输出联动控制信号，是早期报警的有力手段，特别是在高层建筑物和人员密集的公共场所。FAS 由火灾探测器、火灾报警控制器、火灾报警装置及火灾信号传输线路等组成，基本功能有以下几点。

（1）具有火灾的声、光信号报警功能，能显示失火位置并有记忆功能。
（2）具备故障自动监测功能。当发生断线、接触不良或探测器被盗等问题时，系统会发出报警信号。另外，当故障与火灾同时发生，则系统具有火警优先功能。
（3）具有对探测器及其报警回路进行自检的功能，可确保系统经常处于正常状态，提高其可靠性。

7. 智能建筑安防系统

楼宇中设立安防系统，在具有办公自动化系统的智能建筑内，不仅要对外部人员进行防范，而且要对内部人员加强管理。对于重要地点、物品还需要特殊的保护。所以，现代化大楼需要多层次、立体化的安防系统。智能建筑安防系统具有以下功能。

（1）防范。安防系统使罪犯不可能进入建筑内部或在企图犯罪时就能察觉，从而采取措施。把罪犯拒之门外的设施主要是机械式的,如安全栅、防盗门、门障及保险柜等;也有机械电气式的,如报警门锁、报警防暴门等,还有电气式的各类探测触发器等。

为了实现防范的目的,报警系统具有布防和撤防功能。当工作人员离开时应能布防,当工作人员正常进入后,则通过开"锁",使系统撤防,不至于产生误报。

(2)报警。当安全被破坏时,系统能在安防中心和有关地方发出各种特定的声光报警,并把报警信号通过网络送到保安部门。

(3)监视与记录。在发生报警的同时,系统应能迅速地把出事现场的图像和声音传送到安防中心,并实时记录下来。

(4)系统自检和防破坏。一旦线路遭到破坏,系统应能触发出报警信号;系统在某些情况下布防应有适当的延时功能,以免工作人员还在布防区域时就发出报警信号,造成误报。

(二)通信自动化系统

智能建筑通信自动化系统是保证建筑物内的语音、数据、图像传输的基础,包括程控电话系统、广播电视卫星系统和计算机信息网络等。

智能化建筑通信自动化系统的组成与功能比较复杂,归纳起来一般包括以下12个方面。

1. 程控电话系统

程控电话系统是各类建筑物都要设置的系统。智能建筑中的程控电话系统交换设备一般采用用户程控交换机,不仅能提供传统的语音通信方式,还能实现数据通信、计算机局域网互联。

2. 广播电视卫星系统

广播电视卫星系统通过架设在房顶的卫星地面站可直接接收广播电视的卫星信号。

3. 有线电视系统

智能建筑CATV要求信号双向传输,并可支持混合光纤同轴电缆。

4. 视频会议系统

视频会议系统是利用图像压缩编码和处理技术、电视技术、计算机网络通信技术和相关设备、线路,实现远程点对点或多点之间图像、语音、数据信号的实时交互式通信。

5. 公共/紧急广播系统

公共/紧急广播系统包括一般广播、紧急广播和音乐广播等部分。

6. VSAT 卫星通信系统

VSAT 卫星通信系统具有小口径天线的智能化的地球站，可以单向或双向传输数据、话音、图像及其他综合电信和信息业务。

7. 同声传译系统

译员通过专用的传译设备提供的即时口头翻译的系统。

8. 接入网

主要是解决智能建筑内部网络与外部网络的沟通。从现代网络功能角度看，通信网由传输网、交换网和接入网三部分组成。电信网的接入网是指本地交换机与用户间连接的部分；有线电视的接入网是指从前端到用户之间的部分；而数据通信网的接入网是指通信子网的边缘路由器与用户 PC 之间的部分。

9. 计算机信息网络

在智能建筑中，无论是 OAS 网络、BMS/IBMS 管理层网络，还是 Internet 和 Intranet，都属于计算机信息网络范畴。

10. 计算机控制网络

在智能建筑中，无论是各建筑设备的监控，还是各建筑智能化子系统（BAS、FAS、SAS 等）都是建立在计算机控制网络基础之上的。

11. 微小蜂窝数字区域无绳电话系统

微小蜂窝数字区域无绳电话系统是一种介于固定电话和蜂窝移动电话之间的微小区或微微小区的无线技术，作为有线电话网的无线终端与延伸，主要向低速移动用户提供无线接入。

12. 移动通信中继系统

当建筑物地下层或地上部分某些区域由于屏蔽效应出现移动通信盲区时，可设置移动通信中继系统（基站），与公用网移动电话系统相连接。

（三）办公自动化系统

办公自动化系统分为通用办公自动化系统和专用办公自动化系统。其中通用办公自动化系统具有以下功能：建筑物的物业管理营运信息、电子账务、电子邮件、信息发布、信息检索、导引、电子会议以及文字处理、文档等的管理；专业型办公建筑的办公自动化系统除了具有上述功能外，还应按其特定的业务需求，建立专用办公自动化系统。

专用办公自动化系统是针对各个用户不同的办公业务需求而开发的，如证券交易系统、银行业务系统、商场POS系统、制造企业资源管理系统及政府公文流转系统等。

1. 办公自动化系统的硬件

办公自动化系统的硬件分办公设备和网络设备两种。

（1）办公设备，一般可分为输入设备、处理设备、存储设备、输出设备、复制设备、通信设备及销毁设备七大类。

（2）网络设备，包括调制解调器或网络接口卡、传输介质（双绞线、光缆）、集线器（HUB）及网络互联设备（网桥、路由器、网关）等。

2. 办公自动化系统的软件

办公自动化系统的软件一般说来可分为系统软件、支撑软件和应用软件三种。

（1）系统软件，主要是操作系统，如Windows、Unix、Linux等。

（2）支撑软件，指那些通用的、用于开发办公自动化系统应用软件的工具软件。例如，各种数据库管理系统（Visual Foxpro、SQL Sever、Access、Oracle、SyBase、DB2等）、通用数据库应用程序开发工具（VB、C++、Delphi、PowerBuilder等）、压缩/解压缩软件、浏览器软件及音/视频播放软件等。

(3) 应用软件，指支持具体办公活动的应用程序，按照对不同层次办公活动的支持，应用软件又可以进一步划分为办公事务处理应用软件、管理信息系统应用软件和决策支持应用软件三个子层。

【任务三】建筑智能化系统的集成

1. 系统集成的概念

系统集成就是通过结构化综合布线技术和计算机网络技术，把构成智能建筑和子系统的信息资源集成到一个统一的信息平台上，通过对信息资源的处理、重组、统计和分析，使资源达到充分的共享，管理实现高度的集中。从而实现对整个建筑物的综合管理、合理决策、优化控制。

2. 系统集成的原则

系统集成是智能建筑的核心技术领域，它能实现对整个建筑物及其设备的高效管理、合理决策、优化控制，但必须进行深入的需求分析和论证，即根据综合楼的不同性质、不同功能，在充分考虑使用需要、投资力度、经济效益和工作效率等多方面因素后方可实施。

在实践中，智能化综合楼系统集成和设置应考虑以下原则；

（1）系统集成应从用户的实际需求出发；

（2）实施智能建筑系统集成，应根据需要采用分层次集成的原则；

（3）系统的集成设计要体现先进性、开放性和可扩充性；
（4）采用综合一体化集成思路进行系统集成设计；
（5）智能建筑系统集成应遵循"以人为本"的原则。

3. 系统集成的功能

（1）集成化的体系可以在一个总的系统内部实现对各类机电设备、电力、照明、空调、电梯、保安和消防浑然一体的控制。

（2）采用了一体化集成设计后，楼宇的总体设计可以统一考虑各个子系统的硬件和软件配置，不会再重复设置而减少冗余。

（3）集成化采用了统一的模块化硬件和软件组成的体系结构，使智能建筑物业管理人员易于掌握管理技术和参与系统的保养、维修。

（4）实现了一体化系统集成，各个子系统的管理集中到多个中央监控管理主机上，并采用统一的并行处理和分布式操作结构。

（5）集成化体系结构，便于采用弱电总承包的施工方式，这将有利于工程进度，保证工程质量。

（6）集成化体系结构以分布设置并行处理技术为基础，具有分步实施性。

（7）一体化集成体系结构，采用模块化分布处理方式，具有很强的灵活性，可以满足那些对建成项目有经常修改调整要求的投资商。

（8）集成系统通过对空调、照明等子系统的综合控制管理，带来了明显的节能效益。集成系统的建设，将逐步形成一个完整的、科学的和实用的数字化信息网，这对建立和完善我国城市现代化管理体系，促进建筑技术学科发展，具有重要的推动作用。智能建筑系统集成是发展环保技术、美化城市环境的一项行之有效的措施。

【项目三】住宅小区的智能化系统

【任务一】小区智能化系统的组成

小区智能化系统包括家庭智能化系统、小区智能物业管理系统和小区通信网络系统三个部分，如图14-2所示。

【任务二】家庭智能化系统的组成

家庭智能化系统是指对业主家中的温度、湿度、电器、照明、安全防范及通信等进行集中智能化操作控制，使整个住宅运作处于最佳状态。因此，家庭智能化系统实际上就是围绕着物业的各种功能能否发挥出最佳效果而进行设计的。

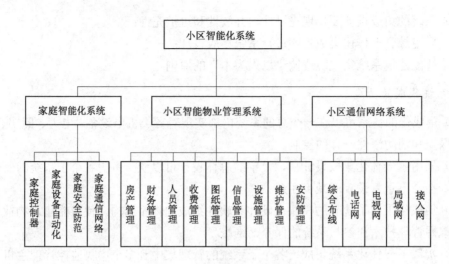

图 14-2　小区智能化系统的组成

1. 家庭控制器

家庭控制器将家中的通信设备、家用电器和家庭保安装置，通过家庭总线技术连接到一个家庭自动化系统上，进行集中的或异地的监视、控制，并保持这些家庭设施与住宅环境的和谐与协调。家庭控制器是智能小区集成管理系统网络中的智能节点，既是家庭智能化系统的"大脑"，又是家庭与智能小区管理中心的联系纽带。它把家庭控制器主机、家庭通信网络单元、家庭设备自动化单元和家庭安全防范单元四个大部分有机地结合起来。

家庭控制器主机是由中央处理器（CPU）和通信模块组成，通过总线与各种类型的模块相连接，通过电话线路、计算机互联网及 CATV 线路与外部相连接。家庭控制器主机根据其内部的软件程序，向各种类型的模块发出各种指令。

2. 家庭设备自动化单元

家庭设备自动化单元由照明监控模块，空调监控模块，电器设备监控模块和电表、水表、暖气、煤气四表数据采集模块组成。家庭设备自动化主要包括电器设备的集中遥控、远距离异地的监视、控制及数据采集。

（1）家用电器的监视和控制：按预先设定程序的要求对微波炉、开水器、家庭影院、窗帘等家用电器设备进行监视和控制。

（2）电、水、煤气和暖气自动抄表：对水、电、煤气、暖气四表采用自动抄表的户外远程计量方式，保证了数据的准确性、一致性，提高了工作效率，减少了物业管理的开支，增加住户的安全感。

（3）空调机的监视、调节和控制：按预先设定的程序根据时间、温度、湿度等参数对空调机进行监视，调节和控制。

(4) 照明设备的监视、调节和控制：按预先设定的时间程序分别对各个房间照明设备的开、关进行控制，并可自动调节各个房间的照明度。

3. 家庭安全防范单元

家庭安全防范单元由火灾报警模块、煤气泄漏报警模块、防盗报警模块和安全对讲及紧急呼救模块组成。

家庭安全防范主要包括防火灾发生、防煤气（可燃气体）泄漏、防盗报警、安全对讲及紧急呼救等功能。家庭控制器内按等级预先设置若干个报警电话号码（如家人单位电话号码、手机电话号码、寻呼机号码和小区物业管理安保部门电话等），在有报警发生时，按等级的次序依次不停地拨通上述电话进行报警（可显示出家中是哪个系统报警）。

（1）防火灾发生：通过设置在厨房的感温探测器和设置在客厅、卧室等感烟探测器，监视各个房间内有无火灾的发生。如果有火灾发生，家庭控制器会发出声光报警信号，通知家人及小区物业管理部门。家庭控制器还可以根据有人在家或无人在家的情况，自动调节感温探测器和感烟探测器的灵敏度。

（2）防煤气（可燃气体）泄漏：通过设置在厨房的煤气（可燃气体）探测器，监视煤气管道、灶具有无煤气泄漏。如果有煤气泄漏，家庭控制器会发出声光报警信号，通知家人及小区物业管理部门。

（3）防盗报警：① 住宅周界防护，指在住宅的门、窗上安装门磁开关；② 住宅内区域防护，指在主要通道、重要的房间内安装红外探测器。

当家中有人时，住宅周界防护的防盗报警设备（门磁开关）设防，住宅内区域防护的防盗报警设备（红外探测器）撤防。当家人出门后，住宅周界防护的防盗报警设备（门磁开关）和住宅区域防护的防盗报警设备（红外探测器）均设防。当有非法侵入时，家庭控制器发出声光报警信号，通知家人及小区物业管理部门。另外通过程序可设定报警点的等级和报警器的灵敏度。

（4）安全对讲：住宅的主人通过安全对讲设备与来访者进行双向通话或可视通话，确认是否允许来访者进入；住宅的主人利用安全对讲设备，可以对大楼入口门或单元门的门锁进行开启和关闭控制。

（5）紧急呼救：当遇到意外情况（如疾病或有人非法侵入）发生时，按动报警按钮向小区物业管理部门进行紧急呼救报警。

4. 家庭通信网络单元

家庭通信网络单元由电话通信模块、计算机互联网模块及CATV模块组成。通过电话线路双向传输语音信号和数据信号；通过互联网实现信息交互、综合信息查询、网上教育、医疗保健、电子邮件及电子购物等；通过CATV线路实现VOD点播和多媒体通信。

【任务三】小区智能物业管理系统

住宅小区物业管理系统一般包括房产管理、收费管理、环境管理、车辆管理、设备管理、治安保卫管理、维修管理、物业管理公司内部管理等基本子系统以及其他可选配的智能化系统,它们的管理内容如表 14-1 所示。

表 14-1 小区智能化物业管理系统内容

管 理 项 目	管 理 内 容
房产管理	查找/打印房号所对应的住户详细信息,例如,房产档案、业主档案、出租管理和产权管理等,并可对大量资料及时进行分类、加工处理、保存和传递
财务管理	实现小区财务的电子化管理,与相关银行合作,实现业主费用的直接划拨
人员管理	主要包括对小区的管理人员的人事管理、合同管理、工资管理及考勤管理
收费管理	通过 IC 卡缴纳各种物业费用。包括:租金、月收费、四表收费及各种日常服务收费(如有线电视、停车、洗衣、清洁和网络服务等)。物业管理部门应定期公布收费标准的变更状况,收费的计算方法,费用的结算方式,针对具体住户列出各种费用的收、欠状况
物业以及配套设施设备等图纸管理	管理小区的各种建设图以及各类设备设施图纸,为小区的维护和功能变更提供有力保障
信息管理	在小区局域网络上,能够向用户发布各种信息和提供外连服务,如天气预报、电视节目、新闻等,并能满足用户对费用查询、报修、投诉要求、网上购物和网上订票等服务
设施管理	对小区内的公共设施、设备运行状况进行监控,并对公共设施、设备及时进行维护和修理。发现影响小区道路交通、环境卫生、楼内电梯等设备运行、供电、供水、供气及排水等问题,应及时处理,保障小区内的基础设施正常有效地运转
维护管理	根据不同住宅的实际状态,提出维修方案、费用和养护手段
安防管理	主要包括门禁系统、巡更系统、报警系统和住宅安防的一卡通等

【任务四】小区通信网络系统

住宅小区通信网络系统是智能小区的系统支撑平台,是一个非常重要的系统,而且发展速度最快。它也是未来小区增值服务的主要方向,其功能主要包括以下几个方面。①把用户的智能控制系统、语音、视频点播及 Internet 服务有机地联系起来。②把小区的公共服务系统联系起来。③把小区与外界以适当的方式联系起来。④把单个住宅与小区物业管理联系起来。

【项目四】建筑智能化物业管理

【任务一】建筑智能化物业管理及特点

1. 建筑智能化物业管理的概念

建筑智能化物业管理是指由专门的机构和人员,依照合同和契约,在建筑智能化系统的支持下,采用先进和科学的方法与手段,对已竣工验收投入使用的建筑智能化、附属配套设施、设备资产及场地以经营的方式进行管理;同时对建筑的环境、清洁绿化、安全保卫、租赁业务、机电设备运行与维护实施一体化的专业管理,并向建筑的使用者与承租户提供高效和完善的优质服务。

2. 建筑智能化物业管理的特点

智能化物业管理有三大特点。

(1)集成性:智能建筑物业管理的最主要特征是信息系统集成。智能建筑物业管理的信息化建立在网络集成、系统集成和数据库集成的一体化信息系统集成平台上。

(2)交互性:智能建筑物业管理充分体现了现代管理的理念,即管理无时不在、管理无处不在;同时管理是双向的,管理者和被管理者共同参与管理。

(3)动态性:智能建筑物业管理信息的采集是通过网络,自动实现信息的采集和综合、信息的分析和处理、信息的交换和共享。信息采集的动态性具体表现为实时性和可靠性。①实时性表现在物业管理的数据库大都可以自动生成,还表现在智能建筑物业管理可以通过智能系统所提供的机电设备运行状态和各种信息,对突发事件和现场形势进行有效控制;②可靠性表现在智能建筑物业管理的实时监控信息是由系统提供的,可以避免人为抄写和传递过程中的误差,大大提高了采集数据的可靠性。

3. 建筑智能化物业管理的目标

智能物业管理更应该贯彻"以人为本"的思想,创造安全、舒适、和谐的人居环境;发挥物业最大的使用价值;使物业尽可能保值、增值。把提高人们物质生活和精神生活水平,实现资源有效配置作为总目标。具体可以分解为服务目标和经济目标。

(1)服务目标:安全、舒适、效率及可靠。

(2)经济目标:提高企业知名度,提升物业价值,推动经济效益提高,提高房地产的投资效益。

4. 建筑智能化物业管理的内容

建筑智能化物业管理的内容不但包括原传统物业管理的内容(即日常管理、清洁绿化、安全保卫、设备运行和维护），还增加了新的管理内容（如固定资产管理、租赁业务管理），同时赋予日常管理、安全保卫、设备运行和维护等新的管理内容和方式。

【任务二】建筑智能化设备的运行与维护管理

智能建筑的设备维修保养，应注重以预防性维修为主的指导思想，要根据不同设备性能的特点制订不同时限的设备维修保养计划和严格的保养标准，使设备保养维修工作达到标准化和表格化；建立设备维修保养数据库，收集和整理完整的维修图纸、历史记录等文档。设备的预测性维护保养，不仅能达到防患于未然，减少故障维修的工作量，还可以使设备长期处于良好的工作状态。另外还必须制订相应的操作规程和管理制度，并且要特别注重人员的培训。

（一）设备的运行管理

保证设备正常运行和完好率是设备运行管理的重要环节，其管理的主要内容包括制订系统操作规程、操作员责任界面、交接班制度等。

1. 系统操作规程

制订操作规程的目的是为了保证设备和系统的正常运行，达到设备最佳的性能和体现系统设计目标，同时规范设备和系统运行时的基本操作要求，正确的操作是保证设备完好的重要基础。智能大厦设备与系统运行时的操作规程，通常包括以下内容：①操作员进入系统，输入操作者编号和密码；②通过图形方式检索设备运行状况的操作；③设定设备故障报警或撤消报警；④设备报警信息和确认；⑤设备手动方式的控制和调节；⑥控制程序的手动方式执行；⑦设备运行时间的累计；⑧设备预防性维护提示；⑨设备运行参数和统计报表的打印；⑩操作员交班时，退出系统的操作；操作员填写和签署值班日志。

2. 操作员责任界面

操作员责任界面主要包括设备运行和报警信息的确认与处理。设备运行和报警信息确认与处理是指系统处于正常运行时，监控管理计算机 CRT 显示系统总图，当发生设备故障报警或运行状态过限报警时，CRT 上立即弹出故障设备位置图或设备运行图，操作员应在规定的时间内（如 30 秒内）完成对该设备报警点的确认；操作员在 CRT 图形上确认报警点后，应立即通知工程维修部门进行检修。操作员并将该设备报警点的有关报警内容填入值班日志，其内容包括：报警点地址编号、报警时间、确认时间、报警状态（故障或过限）及复核结论。

3. 交接班制度

操作员在交接班时，交班人员应退出自己所监控管理的计算机，接班人员应以自己的编号和密码进入自己所监管的计算机，保卫部门和工程管理部门将按进入系统操作员的编号来进行系统和设备的安全管理,以便必要时进行查证。

(二)设备的维护管理

设备的维护管理是为了使设备运行保持正常水平。正常水平是指,按照设备出厂时的技术指标规定达到的主要性能和能力水平或是根据使用要求所规定要达到的水平。

设备维护管理主要分为故障性维修和预防性维护两类,如图14-3所示。

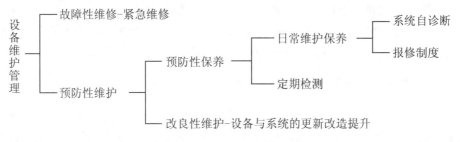

图14-3 设备维护管理的分类

1. 故障性维修

设备或系统器材由于外界原因或产品质量问题造成意外事故,由此使设备或系统器材损坏而进行的紧急维修称为故障维修。通常故障性维修在迅速诊断出设备器材的故障部位后,用备品备件来进行更换,使得设备或系统在尽可能短的时间内恢复正常运行。

2. 预防性维护

为了有效地延长设备使用年限和运行完好率、推迟更新大修的时间、提高设备的利用率和使用价值、使设备长期保持正常运转状态、设备性能不会迅速减弱或损坏以及避免发生重大设备故障,必须进行预防性维护。通过预防性维护对设备在使用期内进行定期保养和检测,防止设备和系统器材可能发生的故障和损坏。预防性维护保养也包括改良性维护,改良性维护是指对设备和系统的更新和改造提升,从而保证设备和系统能够不断地满足智能大厦功能的需要。

【任务三】建筑智能化的节能管理

(一)建筑智能化节能管理的概念

所谓建筑智能化的节能问题,就是指在建筑智能化内能源的消费和合理利用之间的平衡关系。建筑智能化能源的消费(或称为耗能量)是指建筑建成以后,在使用过程中每年所需耗能量的总和。建筑物耗能也是一个国家总耗能的重要组成部分。欧美一些国家的建筑物耗能大约占全国总耗能的30%左右。

美国国家建筑规范标准会议(NC SBCS)于1973年制定了《新建筑物节能暂行标准》;

美国国家标准局于 1974 年制定了《新建筑物节能统计及评价标准》（1976 年修订）；美国政府于 1978 年 11 月颁布《国家能源法》，就能源政策中对建筑物节能提出了详细的法律规定，大大促进了美国在建筑物节能方面的工作；日本于 1986 年 2 月以来连续颁布了《建筑能源使用合理化的判断标准》、《已建和新建建筑物空调设备节能指南》等；法国、联邦德国、英国、加拿大等国政府在 20 世纪 80 年代前后颁布了《建筑物节能法》；我国建筑行业也在着手制订相应的建筑物节能管理措施和节能评估标准方面的工作。

据欧美国家建筑能耗分配比例综合统计，在建筑物耗能中，采暖、通风和空调耗能占 65%，生活热水占 15%，照明电梯、电视占 14%，厨房炊事占 6%，即用于建筑物采暖、通风和空调的能耗约占欧美十国总能耗的 19.5%，这是一个相当可观的数字。

（二）建筑智能化节能管理的措施和方法

建筑智能化节能管理不但包括传统建筑所采用的节能方法，更重要的是还采用了先进的科技来达到更准确的高效和控制，使能源的消耗更趋合理。通常建筑物节能的内容和对象包括建筑设计、空调系统、照明与设备。

1. 建筑设计

（1）采用南北朝向，而不采用东西朝向。

（2）采用外表面小的圆形或方形建筑。

（3）缩小窗户面积。

（4）用吸热玻璃、反射玻璃、双层玻璃。

（5）采用内、外遮阳。

（6）尽量减少建筑物的外墙面积。

（7）改善外墙和屋顶的保温性能，采用热容量大的隔热材料。

2. 空调系统

在满足人体舒适条件下，根据室外温、湿度变化，动态调节室内温、湿度设定值；温度 17℃～28℃，相对湿度 40%～70%。冬季取低值，夏季取高值。

（1）冬、夏季取用最小新风量；过渡季采用全新风量。

（2）检测一氧化碳浓度，控制室外空气的取入量。

（3）根据室内人员变化情况，增减室外新风量。

（4）采用全热交换器，减少新风冷热负荷。

（5）在预冷、预热时停止取用新风。

（6）根据对不同温、湿度的要求进行合理的温、湿度控制区域的划分。

（7）加大冷热水的送风温差，以减少水流量、送风量和输送动力。

（8）用变风量末端控制（VAV）、变流量控制（VWV），节省风机、水泵和冷水机组电力消耗。

（9）降低风道风速，减少系统阻力。
（10）采用高效的节能冷热源设备。
（11）采用热泵热回收系统。
（12）防止过冷过热，增加控制精度。
（13）进行最佳启停和运行时间控制。
（14）采用计算机节能控制算法，克服设备运行冗余。

3. 照明与设备

（1）适当降低照明度，充分利用日光照明。
（2）根据外界光线变化，自动调节照度变化。
（3）根据不同区域对照明度的要求，进行照明度的合理分区。
（4）自动控制公共区域和建筑外立面照明的开启和关闭。
（5）自动调速和控制机电设备（如电梯和排风机）的启停和运行时间。
（6）克服不必要的设备运行冗余。

4. 建筑智能化中的一些综合节能措施

（1）提高室内温、湿度控制精度。建筑内温、湿度的变化与建筑节能有着紧密的相关性。据美国国家标准局统计资料表明，如果在夏季将设定值温度下调1℃，将增加9%的能耗；如果在冬季将设定值温度上调1℃，将增加12%的能耗。因此将建筑内温、湿度控制在设定值精度范围内是建筑空调节能的有效措施。

选择高控制精度的建筑设备监控系统，是满足建筑室内温、湿控制精度的前提要求。据统计测试，超过空调系统控制精度1℃范围所造成的能耗损失将在10%以上。因此空调系统温、湿度控制精度越高，不但舒适性越好，同时节能效果也越明显。

（2）新风量控制。从卫生的要求出发，建筑内每人都必须保证有一定的新风量，但新风量取得过多，将增加新风耗能量。新风量大小主要根据室内允许的二氧化碳浓度来确定，二氧化碳允许浓度值取0.1%，每人所需新风量约为每小时$30m^3$左右。但是以二氧化碳浓度作为指标，不仅要考虑二氧化碳对人体的有害影响，也要综合考虑温湿度、废气和粉尘等其他污染因素的影响。因而在除了二氧化碳气体之外的其他因素良好的情况下，可以考虑减少新风量。可以实施新风量控制的措施有以下两种方法。①在回风道上设置二氧化碳检测器，根据回风中二氧化碳气体浓度自动调节新风风门的开启度；②根据建筑内人员变动规律，并采用统计学的方法，建立新风风阀控制模型，以相应的时间而确定的运行程式进行程序控制新风风阀，以达到对新风量的控制。

（3）空调设备最佳启停控制。通过BAS系统对空调设备进行建筑预冷、预热的最佳启停时间的计算和控制，以缩短不必要的预冷、预热的宽容时间，达到节能的目的；同时在建筑预冷、预热时，关闭室外新风风阀，不仅可以减少设备容量，而且还可以减少获取新风带来的冷却或加热的能量消耗。

（4）空调水系统平衡与变流量控制。通过科学合理的空调系统节能控制算法，不但可以达到温、湿度环境的自动控制，同时可以得到相当可观的节能效果。

空调系统的热交换本质是：一定流量的水通过表冷器与风机驱动的送风气流进行能量交换，因此能量交换的效率不但与风速和表冷器温度对热效率的影响有关，同时更与冷热供水流量与热效率相关。通常在没有采用对空调系统进行有效的空调供水系统平衡与变流量管理时，以恒定供回水压力差的方式来设定空调控制算法，结果温、湿度控制精度很差，能量浪费也是极其明显的。这是由于在恒定的供回水压力差之下，自平衡能力很差，流量值与实际热交换的需要量相差甚远，往往会造成温、湿度失控，能量浪费和设备受损。

在不同供能状态和不同运行状态下，通过对空调系统最远端和最近端（相对于空调系统供回水积水器而言）的空调机的流量和控制效果进行测量参数分析，可知空调系统具有强烈的动态特点。运行状态中自控系统按照热交换的实际需要，动态地调节着各台空调机的电磁阀，控制流量进行相应变化，因此总的供回水流量值也始终处于不断变化之中，为了响应这种变化，供回水压力差必须随之有所调整以求得到新的平衡。从这一点出发，在硬件一定的条件下流量的监控是节能的关键，必须随时调节，并且通过实验数据建立相应的变流量节能控制数学模型（算法），将空调供回水系统由开环系统变为闭环系统。

（5）克服暖通设计中带来的设备容量的冗余。由于目前大部分建筑设计院暖通专业的设计者，对建筑智能化所采用的 BAS 的功能了解得不够，通常在设计时，还是采用传统的冷热负荷的计算方式，没有足够的、准确的依据来进行科学核定空调系统热效率和能源消耗，因而造成设计中出现一定的设备容量和动力冗余，造成能源的浪费，而这种冗余是很难用人工监控的方式加以克服的。由于建筑智能化科学地运用建筑设备自动化系统的节能控制模式和算法，动态调整设备运行和投入台数，所以能够有效地克服由于暖通设计中带来的设备容量和动力冗余而造成的能源浪费。

复习思考题

1. 住宅小区物业管理系统一般包括有哪些管理项目？
2. 作为智能小区系统支撑平台的通信网络系统，其功能主要包括哪几个方面？
3. 建筑智能化物业管理可以实现哪些管理目标？
4. 建筑智能化物业管理包括哪些内容？
5. 谈谈建筑智能化节能管理的概念。

参 考 文 献

[1] 中华人民共和国国家标准[S]. 建筑设计防火规范. 北京：中国计划出版社，2006.

[2] 中华人民共和国国家标准[S]. 通风与空调工程施工质量验收规范. 北京：中国建筑工业出版社，2002.

[3] 中华人民共和国国家标准[S]. 建筑给水排水及采暖工程施工质量验收规范. 北京：中国建筑工业出版社，2002.

[4] 王付全. 建筑设备[M]. 武汉：武汉理工大学出版社，2005.

[5] 王东平. 建筑设备工程[M]. 哈尔滨：哈尔滨工业大学出版社，2002.

[6] 刘传聚. 建筑设备[M]. 上海：同济大学出版社，2001.

[7] 陶根根. 建筑智能系统的应用与管理[M]. 北京：机械工业出版社，2007.

[8] 卜宪华. 物业设备设施维护与管理[M]. 北京：高等教育出版社，2003.

[9] 芮静康. 现代物业设备的运行维护指南[M]. 北京：机械工业出版社，2008.